中国科普研究所

中国科普研究所·教材系列

Tutorial to Science &Technology
Communication and Popularization

科技传播与普及教程

任福君　翟杰全◎著

中国科学技术出版社

·北 京·

图书在版编目（CIP）数据

科技传播与普及教程/任福君，翟杰全著. —北京：中国科学技术出版社，2012.8

ISBN 978 – 7 – 5046 – 6197 – 5

Ⅰ. ①科⋯　Ⅱ. ①任⋯ ②翟⋯　Ⅲ. ①科学技术 – 传播 – 高等学校 – 教材 ②科学普及 – 高等学校 – 教材　Ⅳ.①G206 ②N4

中国版本图书馆 CIP 数据核字（2012）第 185616 号

策划编辑	徐扬科
责任编辑	徐扬科　王晓义
封面设计	耕者设计工作室
责任校对	焦对诗
责任印制	李春利

出　　版	中国科学技术出版社
发　　行	科学普及出版社发行部
地　　址	北京市海淀区中关村南大街 16 号
邮　　编	100081
发行电话	010 – 62173865
传　　真	010 – 62179148
投稿电话	010 – 62176522
网　　址	http://www.cspbooks.com.cn

开　　本	700mm×1000mm　1/16
字　　数	274 千字
印　　张	14.75
印　　数	1—8000 册
版　　次	2012 年 8 月第 1 版
印　　次	2012 年 8 月第 1 次印刷
印　　刷	北京正道印刷厂

书　　号	ISBN 978 – 7 – 5046 – 6197 – 5/G·589
定　　价	25.00 元

前　言

20 世纪以来的全球范围内，在科技与社会发展的强力推动、公众和社会需求的巨大牵引、传播新技术应用的全面促进之下，科技传播与普及在各方面都取得了巨大发展，其理念和观念发生变革，途径和渠道得到拓展，手段和形式不断创新。科技传播与普及已经发展成为一个由政府机构、教育组织、大众媒体、工业部门、科学共同体、科普团体、科普设施、公众群体等多种社会主体共同参与的实践领域，呈现出参与主体多元化、传播关系复杂化、社会功能高级化、传播途径多样化、传播手段现代化等新的特点。提高公众科学素质、促进公众理解科学、服务公众参与公共事务、服务科学技术创新成为科技传播与普及的重要目标。当代科技传播与普及已经进入一个全新的发展阶段。

在我国，科技传播与普及工作历来受到党和政府的高度重视。"普及科学和技术知识"早在 20 世纪 50 年代就被写进中华人民共和国的第一部宪法，在政府推动和社会参与的促进之下，我国科技传播与普及工作取得了多方面的巨大成就，在提升群众科学文化素质、服务科学技术推广应用方面发挥了重要作用。进入 21 世纪以来，我国先后颁布了《中华人民共和国科学技术普及法》《全民科学素质行动计划纲要（2006—2010—2020 年）》（以下简称《全民科学素质纲要》）等重要法规与文件，使得科技传播与普及事业的政策体系和社会环境得以优化，科普理念和观念得到提升，科普资源和渠道建设受到重视，科普实践的领域和范围不断拓展，科普内容也更加贴近时代发展和公民科学素质提升的需求，大联合、大协作与多方联动、全民参与的"大科普"发展格局和社会化科普工作机制正在形成。

科学技术的飞速发展、广泛应用及其与经济社会之间关系的日益紧密，极大地提升了科学技术创新、传播、应用在经济社会发展中的重要性，也对国民科学素质的不断提升提出了更高的要求。科学技术教育、传播、普及是提升公众科学素质的基本途径，对科学技术事业和经济社会的发展也具有基础性作用。胡锦涛同志在纪念中国科协成立50周年大会的讲话中就明确指出，科技工作包括创新科学技术和普及科学技术这两个相辅相成的重要方面，普及科学技术，提高全民科学素质，既是激励科技创新、建设创新型国家的内在要求，也是营造创新环境、培育创新人才的基础工程。

科技传播与普及在当代社会发展中是具有基础地位的一项社会事业，也是一个快速发展的实践领域，涉及许多重要的理论、实践以及政策问题。为了研究和追踪当代科技传播与普及实践和理论的发展，分析和概括我国科技传播与普及事业发展的成果，思考和探索科技传播与普及领域的理论实践问题，我们撰写并出版了《科技传播与普及概论》一书（中国科学技术出版社2012年3月第1版）。本教程就是在《科技传播与普及概论》一书的基础上编写的一部科技传播与普及专业教材。教程共十九讲内容，第一讲简要概述了科技传播与普及从早期到当代的历史发展，第二讲讨论了科技传播与普及概念的基本理解，第三讲、第四讲分析了科技传播与普及的主体、内容、渠道等构成要素，第五讲介绍了学者们关于科技传播与普及模式和模型的一些基本观点，第六讲、第七讲分析了科技传播与普及的当代需求和目标任务，第八讲讨论了科技传播与普及的社会形态及其与公民科学素质建设的关系，第九讲到第十二讲介绍了我国《全民科学素质纲要》的基本内容及其实施成效，第十三讲到第十六讲分别讨论了科技传播与普及资源和能力建设、科普政策、科普人才、科普产业问题，第十七讲、第十八讲分析了科普实践活动的策划、实施、监测、评估中的一些共性问题，第十九讲讨论了我国当代科技传播与普及发展特点、趋势和重要课题。

本教程是为推进我国科普人才工程、培养培训各类科普人才而编写的一本科技传播与普及教材，可供高等学校科技传播普及专业、科学技术教育、科学技术哲学、新闻传播等相关专业作为研究生、本科生、专科生的科技传播课程教材，也可供政府部门、科技团体、社会组织作为各类科普工作培训、科普人才培训的教材，还可以为科学技术工作者、科技管理工作者、科技新闻工作者、科技服务工作者、大众媒体从业者、科普设施从业人员、科学技术专业师生了解科技传播与普及提供参考。同时，本教程也可作为公众了解科技传播与普及相关知识的高级科普读物。

在经济社会高速发展以及全面实施《全民科学素质纲要》的推动之下，近些年来我国科技传播与普及事业获得全面发展，科技传播与普及人才的培养也受到社会的高度关注，《全民科学素质纲要》在"十二五"实施方案中就专门提出了"科普人才建设工程"，中国科协、科技部等也在积极推进科普人才工程。编写本教程就是为满足我国科技传播与普及人才培养需求所做的一个初步尝试。由于我们学浅才疏以及能力水平所限，再加上科技传播与普及实践正处于快速发展、科技传播与普及研究正处于不断深化之中，本教程中定有许多错误和疏漏之处，希望专家、学者、同行、读者能给予批评指正，共同推动我国科技传播与普及教材建设和人才培养工作、推进我国科技传播与普及教育事业的发展。

本教程的编写得到了中国科学技术出版社和中国科普研究所大力支持，中国科学技术出版社的苏青社长、颜实总编辑、徐扬科主任、吕鸣和王晓义编辑以及中国科普研究所的姚义贤副所长、石顺科研究员、郑念研究员、何薇研究员、陈玲研究员等同行和同事给予本教程的编写以极大的支持和热情的鼓励，并为本教程的编写提出了许多建设性的意见和建议。同时，还要感谢本教程参考文献部分所提到的各位专家、学者，他们的著述让我们学习到了许多新知识和新理论，他们的观点也给我们许多重要的启发，从而让我们能够完成本教程的编写。

作　者

2012 年 6 月于北京

目　　录

第一讲　科技传播与普及的历史发展

科技传播与普及是从人类传播现象中逐渐分化出来的一个特殊分支，服务科学技术知识在社会成员之间的扩散、传播和普及，促进社会成员对科学技术知识的分享。科技传播与普及和科学技术知识的创造、应用活动紧密相连，与科学技术创新、科学技术应用共同构成科学技术领域的三大基本现象。科技传播与普及在近代科学阶段获得相对独立，在 20 世纪受科学技术发展、经济社会发展、现代传播技术应用等多种因素推动而获得快速发展，成长为对社会发展有着广泛影响的社会事业和社会现象。

1　科技传播与普及的早期历史

科技传播与普及孕育于人类文明发展的早期，和科学技术具有同样悠久的历史，与科学技术相伴而生、一同成长，始终如影随形般地伴随在人类的科学技术活动中，伴随着科学技术的发展而演进，为科学技术的传承、积累和发展奠定了重要基础。科技传播与普及在古代从属于社会的知识传承，到近代科学阶段慢慢成长为社会传播的一种特殊形态，如在欧洲一些国家开始出现了科学学会、科学院等科学组织以及专门服务科学交流的科学杂志。

1.1　科技传播与普及的早期发展

人类最初关于自然的知识和技能源于狩猎采集、刀耕火种的过程，并伴随着这种过程在族群中不断扩散，这就是人类文明中特有的知识传播现象。就是在这种简单粗糙并依附于生存劳动的知识传播现象中，孕育了科学技术知识传播和普及的最初源头。我们可以把这一时期的科技传播与普及称为"前科技传播与普及"发展阶段。那时的科技传播与普及虽然简单粗糙，却有非凡的价值与意义，因为它促进了人类知识的传承和累积，为人类文明的成长和科学技术的发展奠定了基础。

"古代科学知识的传播，再加上劳动技能、生产经验的交流，就构成了古代的科学普及。"① 早期科技传播与普及发展的重要转型发生在文字语言和书写工具发明之后，特别是出现了最早一批"知识分子"和专门传授知识的"学校"组织之后。文字语言和书写工具的发明使知识传播有了特定的载体和媒介，学校的出现使知识传播有了专门的组织和场所，而"知识分子"群体则成为会聚并传承知识的核心。

专门传授知识的学校组织在古代几大文明中差不多是同时出现的。古埃及最早的学校是专门教授读写和计数的"文士"学校。古希腊时代的贤哲们开办有许多"学园"。学园重视数学、逻辑和科学教育。柏拉图创办的柏拉图学园的门口就曾挂着"不懂几何者不得入内"的牌子。中国古代在周代已建立了较为完备的官学系统，教育内容包括礼、乐、射、御、书、数，合称"六艺"。科学知识在古代学校教育中并未获得重要地位，但学校教育仍然是科学知识扩散的重要渠道。

古代科技传播与普及最具有典型意义的传播形态是利用科学著作进行的传播。例如，古希腊数学家欧几里得所著的《几何原本》不仅是那个时代最重要的科学文献和最成功的教科书之一，其所包含的科学思想和方法通过传播对后世数学乃至整个西方科学发展都产生了不可估量的影响。在中国古代，也曾出现过《墨经》和《考工记》等一些用以传播科技知识的重要著作。《考工记》在汉代即成为儒家经典的一部分，在社会中获得了较为广泛的传播。

1.2 科技传播与普及的近代兴起

欧洲文明在进入近代发展阶段之后，迈入全面变革的时代，思想的解放和社会的变革促进了科学的复兴和发展。科学领域在16～17世纪实现了第一次科学革命，建立了牛顿经典力学体系，并随后在数学、物理学、化学等领域获得了发展。技术领域则自18世纪开始了以蒸汽机的发明和应用为标志的第一次技术革命。近代科学技术的发展推动了科技传播与普及的发展和转型，科技传播与普及开始摆脱依附于知识传播的状况。

首先，科学技术和资本主义工商业的发展推动了欧洲近代教育的变革，科学技术知识被引进学校教育，学校成为传播科学知识、孕育新科学的重要阵地，即使是那些原来只限于教授神学、法律、人文的老大学也受到了影响。例如，剑桥大学（创建于1209年）就在1663年设立了卢卡斯数学教席，在1702年设立了化学教席；牛津大学（创建于1168年）在1669年设立了植物学教席。

其次，科学在近代阶段摆脱了神学"婢女"的地位，科学家慢慢成长为一个

---

① 周孟璞，松鹰. 科普学 [M]. 成都：四川科学技术出版社，2007：16～17.

社会群体。到 17 世纪时，欧洲一些国家出现了科学学会、科学院等科学家组织，出现了专门服务科学家交流的科学杂志。1665 年，在法国巴黎和英国伦敦诞生了世界上最早的科学杂志《学者杂志》（le Journal des Savants）和《哲学汇刊》（Philosophical Transactions of the Royal Society）。这两份杂志标志着科学传播获得了某种程度上的相对独立。

再次，科学交流领域中的许多正式或非正式渠道在这一时期也变得活跃起来，科学家们通过出版著作、发表单篇论文或是利用私人信函、科学杂志、科学讲座向同行和社会传播自己的新发现。在近代科学发展阶段，涌现出了许多伟大的科学著作，如哥白尼的《天体运行论》、哈维的《心血运行论》以及牛顿的《自然哲学的数学原理》；出现了许多传播新科学的科普书籍，如伽利略著名的《关于两种世界体系的对话》《关于两种新科学的对话》等。

最后，在科技传播与普及方面扮演了重要角色的科学技术类博物馆也孕育并出现于这一时期。自 17 世纪开始，欧洲的一些大学和城市陆续建立了最早的一批科技类博物馆——自然历史博物馆。从 18 世纪下半叶开始，受技术革命和工业进步的激发，欧美国家大量兴建以展示科学、技术与工业的新型博物馆——科学与工业博物馆。到 19 世纪，科技类博物馆已经通过向公众开放而逐渐发展成为传播科学技术的重要场所。

在近代科学发展阶段，科学技术的传播和普及尽管仍属于新知识、新思想传播的一部分，并没有实现彻底而完全独立，[①] 但科学杂志、科普书籍、科技类博物馆的出现成为科技传播与普及在近代兴起的重要标志。事实上，在当时，科学家和科学爱好者、科学交流与科学普及之间并没有像今天这样分明的界限，即使是那些看起来很专业的科学著作在当时也在科学爱好者中流传，并发挥着传播普及科学的作用。

2　科技传播与普及的现代形态

现代科技传播与普及的基本形态孕育于 19 世纪，成熟于 20 世纪上半叶。随着科学技术的不断发展，一方面是科学家群体内的传播得到快速发展，基本体系得以逐步确立；另一方面是面向社会普通大众的科学普及工作受到社会的关注。从 19 世纪开始到 20 世纪中叶之前的这一时期，是科技传播与普及逐步走向成熟的时期。经过这一阶段的发展，科技传播与普及手段不断成熟，途径不断分化，

---

　① 牛顿那部划时代的科学巨著《自然哲学的数学原理》仍然要冠以"自然哲学"的名字出版，就可以证明这一点。

科技传播与普及的现代体系逐步建立起来。

2.1 科技教育和科学交流体系的建立

19世纪的重大科学发现有能量守恒与转化定律、化学元素周期律、化学原子论、达尔文进化论、细胞学说、电磁学的基本理论。遗传学在这一时期也获得重要进展。这些重要成就使近代科学体系的基本构架初步显现。而19世纪的技术则随着发电机、电动机、内燃机的发明而实现了第二次革命，并促进了农业、工业、交通的大发展，科学、技术、生产之间也开始出现相互促进的关系。科学技术自19世纪开始进入了高歌猛进的大发展时期。

在20世纪上半叶，科学领域实现了一次新的革命性突破。爱因斯坦于1905年创立狭义相对论，揭开了第二次科学革命的序幕。随后，原子结构理论、量子力学也逐步成熟起来。这些科学理论使现代科学体系的基本构架确立下来，并在此基础上孕育出一系列新的分支学科和综合学科。技术领域也呈现出高速增长的势头，并孕育出了电子技术、核能技术等许多重大技术方向。科学、技术、生产、经济的互动关系开始显现，科学技术的社会功能受到关注。

随着科学技术的发展和科学技术在生产领域的应用，培养科学技术人才在这一时期受到重视。欧美一些资本主义国家自19世纪开始，掀起一场以强调实科教育、① 增加科技内容为特征的教育改革运动。基础教育引入了大量科学内容，大学里则设立了许多工程技术专业。例如，在英国，伯明翰大学设立了机械制造专业，诺丁汉大学设立了乳制品专业，谢菲尔德大学设立了玻璃制造专业，利物浦大学设立了建筑专业。

而在大洋彼岸的美国，为了促进新式大学的创办，国会专门通过了"莫里尔联邦赠地法案"。在该法案的支持下，自19世纪60年代开始，美国各地陆续创办了百余所农业和理工学院，这就是后来演变成美国州立大学系统的所谓"赠地大学"。麻省理工学院、霍普金斯大学等许多私立理工学院也创建于这一时期。到20世纪初的时候，科技教育体系已经在欧美发达资本主义国家基本建立起来，从许多方面为科技传播与普及的社会发展奠定了基础。

随着科学技术的加速发展，科学家队伍的不断壮大，科学研究逐步走向专业化，科学共同体内的科学交流体系得到快速发展，并在20世纪上半叶逐步成熟，科学杂志和科学期刊数量迅速增长，到1900年的时候已增加到约1万种，20世

---

① "实科教育"产生于欧美近代阶段，包括中等教育和高等教育两个层次，其特点是强调实用内容，面向职业需要，实行分科教育，教学内容以数学、物理、化学、生物以及机械、地理、绘图、法律等实用学科、实用技能为主。科学技术内容在实科教育中占有重要地位。

纪中叶则达到 10 万种；出现了以"三大索引"——SCI（《科学引文索引》）、ISTP（《科技会议录索引》）和 EI（《工程索引》）为代表的检索与评价工具，科技情报服务工作也逐渐发展成为一项专业化的社会工作。

2.2　科学普及的兴起与独立

科学技术自 19 世纪开始走上专业化的发展道路，科学家与公众的"知识鸿沟"开始显露。但与此同时，科学知识上的大量新发现、技术上的大量新发明，特别是电报、电话、机车等新奇发明的应用，也激发了公众对科学技术的兴趣。科学和发明甚至成为一种"时尚"，上流社会在举办晚餐聚会时都会找位科学家来做演讲。就连许多普通人也都热心于靠不断试验来搞发明，爱迪生就是从这些人中脱颖而出的传奇发明家。

科学技术的日新月异和公众对科学技术的兴趣，激发了科学家向公众传播科学技术的热情，使科学普及在 19 世纪进入十分活跃的时期，出现了许多热衷于科技知识普及的科学家、工程师、发明家、职业演说家。他们通过撰写文章、发表演说、演示表演，向社会大众宣传普及科学技术知识。例如在美国，从 1829 年到 1860 年，"职业演说家们在全国周游，讲演'科学方面的'论题，并常常演示其精心制作的、令人惊叹的科学景象。"①

科学普及因而在这一时期受到关注。表达"普及"含义的英文单词"popularize"（意思是"使……通俗化"）在 19 世纪 40 年代前后开始被用于科学与技术。"这个词最早用于 1797 年，而它以通俗形式表现技术科目的意思是在 1836 年首次出现的"，"随着专业化的进展，到 19 世纪中期，大多数的科学知识已经发展到超出一般大众所能理解的范围……一种新的职业正在开拓，那就是科学普及者（popularizer of science）和科学作家"。②

进入 20 世纪之后，科学技术普及工作受到更为广泛的关注和重视，科学作家、科学记者加入科学普及队伍中来，专门服务于科学技术普及的媒体（如科学广播、科普杂志、报纸的科学栏目等）和设施（如科技馆、天文馆等）也得到快速发展。科学技术普及最终在 20 世纪获得了独立，成长为一种特殊的社会传播形态。当然，这一时期的科普还属于"传统科普"阶段，科学家向公众通俗地"讲授"科学，展示科学技术的美好前景，而对科学充满敬意的公众则从科学家那里学习知识。

---

① Walter E Massey. Science Education in the United States：What the Scientific Community Can Do. Science，Vol. 245，1 September ，1989：915.

② 转引自：石顺科. 英文"科普"称谓探识 [J]. 科普研究，2007（4）：63～66.

贝尔纳在《科学的社会功能》一书中关于科学普及的观点比较典型地反映了这一阶段人们的一些基本看法：随着科学技术重要性的不断增长，有必要进行广泛的科学普及工作，将科学知识普及到人民中间去，让普通大众明白科学家在做什么，理解科学的成果、方法、前景以及科学所起的作用、对人类生活可能产生的影响，增加人们对科学重要性的全面认识，帮助人们消除对科学的误解和偏见，并给科学家的工作提供所需的支持。①

3 科技传播与普及的当代发展

科技传播与普及在 20 世纪下半叶进入现代发展阶段。科技传播与普及的各类渠道不断成熟，传播技术的发展和应用也为科技传播与普及提供了更多的新手段，促进了科学技术在社会范围内的传播、扩散和普及，为科学技术发展、创新和应用提供了重要的服务。但与此同时，科学技术与社会、科学技术与公众关系领域也出现了一些新的问题，引起了人们对科技传播与普及传统观念的反思，当代科技传播与普及正面临面向未来的重要转型。

3.1 科技与社会关系的推动

科学技术在 20 世纪下半叶发展到"大科学时代"，呈现出爆发式增长的新特点，表现为研究领域不断细化，学科领域加速分化，新学科不断涌现，知识更新速度加快，不同领域的交叉渗透也日渐活跃。在科学领域新理论的引导之下，在技术本身不断进步的基础上，20 世纪下半叶爆发了一场以信息技术为核心的新技术革命，在微电子技术、信息技术、新能源技术、新材料技术、新制造技术、生物技术、航空航天技术等各种新技术领域都获得了重要突破。

新技术革命的爆发改变了科学与技术的传统关系，使科学技术化、技术科学化、科学技术一体化成为科学技术发展的基本特征。新技术革命同时也深刻影响着经济社会发展的基本面貌，科学、技术、生产越来越走向一体化，科技成果应用的速度越来越快，向生产力转化的周期越来越短，传统产业得到改造，新兴产业不断产生，产业结构和经济增长越来越依靠科学技术的推动，社会经济在 20 世纪下半叶后期开始迈入知识经济时代。

在 20 世纪下半叶，科学技术的创新与应用成为经济增长的主导动力，科学研究、技术创新、产业发展、社会进步相互促进关系更加明显。社会发展的这种新特征提升了科技传播与普及的地位和作用，促进了科技知识创新、传播、应用

---

① ［英］J. D. 贝尔纳. 科学的社会功能［M］. 陈体芳，译. 北京：商务印书馆，1982：398～418.

的规模和速度不断提高，也对科技传播与普及提出了更多要求，需要科技传播与普及在社会范围内更加广泛地普及科学技术知识，为科学技术创新和扩散提供更强有力的服务。

特别是自 20 世纪 90 年代以来，发达国家政府对科技传播与普及高度重视，制定政策、采取措施、加大投入，推进科学技术教育改革，加强科普基础设施建设，组织科技周等大型科普活动，开展公众科学素质调查，甚至将科技传播与普及列入国家科技战略和科技政策。美国总统克林顿在 1994 年《为了国家利益的科学》的政策报告中就将"提高全民科学素质"列为美国科技政策的"国家目标"之一，提出"美国应当成为一个科学知识普及的社会"。①

3.2 传播新技术的促进

20 世纪的信息传播技术突飞猛进，引发了两次重要的媒介革命——电视革命和互联网革命，极大地推动了科技传播与普及的发展。随着电子通信技术、卫星通信技术等各种新技术的应用，电视走进了千家万户并逐渐成为大众传播的主导媒介。电视的普及将大众传播推进到影像传播和电子传播的时代，对包括科学普及在内的许多社会传播领域都产生了深刻影响。国内外许多相关调查都表明电视成为公众获得科技信息最重要的渠道之一。

由电子计算机技术、网络通讯技术、信息处理技术、数字通信技术催生的互联网革命，对人类社会的信息传播产生了更为广泛的影响。互联网技术的快速发展以及广泛普及，已经使互联网发展成为一个全新的传播媒介、传播平台，基于互联网的传播也逐渐发展成为一种拥有多种优势的新途径、新渠道。现实生活中许多私人交流和公共传播的过程目前已经被"复制"到了互联网上（如电子邮件、新闻传播等）。

互联网把许许多多的电脑、大大小小的网络互相连接起来，实现了异地计算机间的数据、信息的交换与传输，拥有强大的信息集散功能和传统传播手段所不具有的诸多优势。它可以以超媒体方式组织和扩散信息，跨越时空，双向交互，具有高度的开放性和交互性、即时性和远程化的特点，可以实现多媒体和超文本、大容量和高速度的信息传输。互联网改变了社会传播的基本面貌和传统格局，在科技传播与普及的许多领域也已得到广泛应用。②

网络化科技期刊、数字图书馆、科技网站、网络论坛、科学博客已经成为

---

① 刘为民. 试论"科普"的源流发展及其接受主体 [J]. 科学学研究, 2000 (1): 75~78.

② 翟杰全, 郑爽. 网络时代的科技传播 [J]. 北京理工大学学报 (社会科学版), 2000 (3): 48~50.

科学技术信息发布的重要工具，成为科技工作者相互之间传播交流信息的重要手段。大量专门致力于科学普及的网站以及科普机构数字化科普资源的上网，使互联网成为科技传播与普及的新平台和新途径。互联网为科技传播与普及提供了新媒介和新手段，正在为科技传播、科学普及打造一个全新的平台和体系。

3.3 科学与公众关系的挑战

随着科学技术的迅猛发展以及科学技术的大规模应用，科学技术与公众的关系在 20 世纪后半叶也发生许多复杂的变化。20 世纪后半叶的公众已经不再像以前那样对科学充满敬意与敬仰。大规模杀伤性武器、军备竞赛、环境污染、生态破坏等问题让人们意识到科学技术也有可能带来危险和威胁；基因工程、器官移植、克隆技术、信息技术的发展与应用引起了许多关于科学技术与人类尊严、社会伦理、个人隐私之间关系的社会争议。

欧共体、英国、美国等地的科学团体和政府部门早在 20 世纪 70～80 年代进行的大量关于公众科学态度的调查结果就反映出这种重要的变化：尽管公众对科学技术仍有浓厚的兴趣，并希望更多地了解科学，相信科学在未来会继续造福人类，但公众已经明显失去了对科学技术原有的赞赏态度，公众对源于科学技术的与日俱增的潜在风险有了更多的忧虑。[①] 在经济增长和工业发展越来越依赖科学技术的背景下，这种变化本身则很让人担忧。

在政府部门和科学团体看来，公众对科学技术的担忧和不安是因为公众对科学的理解是不充分的。1985 年，英国皇家学会发布的《公众理解科学》报告就极力倡导科学共同体、大众传媒、工业部门、学校教育共同促进公众对科学的理解。报告认为，科学技术在当代许多方面都发挥着举足轻重的作用，公众比以往任何时候都需要更多地理解科学，包括理解科学的事实、方法、科学探索的本性和科学的社会价值，理解科学带来的风险和不确定性。[②]

在 20 世纪 80 年代，发达国家采取了许多推进公众理解科学的具体措施。但科学与公众的"紧张"关系似乎并未得到有效改善。英国上议院科学技术特别委员会 2000 年发表的《科学与社会》报告认为，科学与公众关系到 90 年代已经变得十分紧张，出现了对科学的信任危机，特别是公众对生物工程和信息技术等领域的迅速发展表现出了担忧和不安。报告提出了创设良好的"对话"氛围、增进

---

① ［英］英国皇家学会.公众理解科学 ［M］.唐英英，译.北京：北京理工大学出版社，2004：11，1，3.

② ［英］英国皇家学会.公众理解科学 ［M］.唐英英，译.北京：北京理工大学出版社，2004.

科学与公众对话的建议。①

　　20 世纪 80 年代以来的公众理解科学的理论与实践，促进了社会对科学普及传统理论与观念的反思，促进了科技传播理论与实践的变革，从而将科学普及推进到现代发展阶段。传统科学普及在任务与目标上强调科学技术知识的普及和公众对这些知识的掌握。当代科技传播与普及则更强调增进公众对科学技术的全面理解，推进科学技术领域的对话交流和公众参与，重视发挥政府部门、科学共同体、科学教育、大众媒体、工业机构等各方面的作用。

　　综观当代科技传播与普及的发展，可以看到，在社会发展和传播技术的推动下，20 世纪下半叶以来的科技传播与普及出现了参与主体多元化、传播关系复杂化、社会功能高级化、传播途径多样化、传播手段现代化等一系列新特点，也因为科学技术与公众之间的紧张关系而遇到新挑战。当代科技传播与普及进入了机遇与挑战并存的重要转折期，正在面临着面向未来的全面转型，需要探索新的传播理念和传播模式、发展新的传播手段和传播体系。

本 讲 小 结

　　科技传播与普及伴随着科学技术的产生而出现，伴随着科学技术的发展而演进，但直到近代科学阶段才真正作为人类传播现象的一个特殊分支而得到发展，到 19 世纪才受到社会的关注并实现了某种程度的独立，在 20 世纪才确立了包括科学技术的教育、传播、普及在内的基本体系。20 世纪下半叶以来，在科学技术和经济社会发展、现代信息和传播技术应用的推动下，科学技术创新、传播、应用的规模和速度不断提高，科技传播与普及的作用和地位也日益提升，科技传播与普及进入到现代发展阶段。当代科技传播与普及既获得了来自多方面的巨大推动力，同时也因公众对待科学技术的态度变化、科学与公众关系的紧张而遭遇挑战，这些重要因素将极大地影响科技传播与普及的未来发展，推动科技传播与普及理论和实践发生深刻变革。

---

　　① ［英］英国上议院科学技术特别委员会. 科学与社会 ［M］. 张卜天，张东林，译. 北京：北京理工大学出版社，2004.

第二讲　科技传播与普及的概念理解

在过去二十余年中，科技传播与普及已在国际范围内成长为一个十分活跃的研究、实践领域和重要的政策议题，社会中的科技传播与普及活动、大学里的科技传播与普及课程稳步上升，科技传播与普及从业者和科技传播与普及研究者队伍也在不断壮大。但在科技传播与普及研究和实践领域，人们对许多问题的理解还不一致，关键术语的使用还不统一，一些比较基础的概念还没有共识性的定义。因此，对基础概念的讨论目前仍是科技传播与普及研究领域的一个重要而基础的任务。

1　国内研究与实践界对相关概念的理解

在国内科技传播与普及领域，最基础的概念是"科学技术普及"，通常被简称为"科学普及"、"科普"。"科技传播"、"科学传播"等术语在近些年来的研究文献和政策文本中也频繁出现。研究科学普及的一些学者就"科学普及"给出了一些不同定义，并积极推进"科普学"的建设。而对"科技传播"或"科学传播"的理解，到目前为止，仍然存在着一些争论。

1.1　国内学者对"科学普及"的定义

周孟璞、松鹰等在《科普学》一书中曾详细列举过国内学者给出的各种代表性的"科学普及"定义。① 章道义在 1983 年出版的《科普创作概论》一书中较早尝试对"科学普及"进行定义，书中将"科学普及"定义为"把人类已经掌握的科学技术知识和技能以及先进的科学思想和科学方法，通过各种方式和途径，广泛地传播到社会的有关方面，为广大人民群众所了解，用以提高学识，增长才干，促进社会主义的物质文明和精神文明。"

郭治在 1996 年出版的《科技传播学引论》一书中，从传播学的角度对科普

---

① 周孟璞，松鹰. 科普学 ［M］. 成都：四川科学技术出版社，2007：115～122.

概念作了这样的界定："从传播学的角度来看，科普工作是一种促进科技传播的行为，它的受传者是广大公众，它的传播内容有三个层次，包括科学知识和实用技术、科学方法和过程、科学思想和观念。科普工作要通过大众传播、组织传播和人际传播，引起科普对象（受众）头脑中的内向传播，从而达到提高公众科学素养的效果。"

国内不少学者把科学普及理解为科学传播活动。2002 年，袁清林在《科普学概论》中提出："科普是在一定背景下，以促进公众智力开发和素质提高为使命，利用专门的普及载体和灵活多样的宣传、教育、服务形式，面向社会，面向公众，适时适需地传播科学精神、科学知识、科学思想和科学方法，实现科学的广泛扩散、转移和形态转化，从而取得预想的社会、经济、教育和科学文化效果的社会化的科学传播活动。"

《科学技术普及概论》曾将在国内出现的"科学普及"定义区分为几类。例如，"法律上的定义"根据《中华人民共和国科学技术普及法》（以下简称《科普法》），将"科学普及"定义为：国家和社会采取易于公众理解、接受、参与的方式，普及科学技术知识、倡导科学方法、传播科学思想、弘扬科学精神的活动；"倚重传播学的定义"将科学普及界定为提高公众科学素质的科技传播活动；"系统角度的定义"将科学普及界定为利用多种手段和途径提高公众科学素质的系统过程。[①]

从国内科普界关于科学普及的理解，可以得到这样一些共识性的看法：科学普及的基本内容包括科学技术知识、科学方法、科学思想、科学精神，面向的基本对象是社会公众，目标是利用公众易于理解、接受、参与的方式，提高公众的科学文化素质。这些看法事实上已经反映在国家和政府颁布的一些相关法规政策文件（如 2002 年颁布的《科普法》以及 2006 年国务院颁布的《全民科学素质行动计划纲要》）中。

1.2　国内学者对"科技（学）传播"的理解

近些年来，国内关于"科技传播"、"科学传播"的研究逐渐活跃起来，也有学者尝试对"科技传播"、"科学传播"进行定义。例如，翟杰全曾在 1998 年将"科技传播"定义为"科技知识信息通过跨越时空的扩散而使不同的个体间实现知识共享的过程"，并将科技传播区分为专业交流、科技教育、科技普及三方面。吴国盛于 2003 年提出，科学传播包括科学界内部的传播、科学与其他文化之间的传播、科学与公众之间的传播三个层面，强调"多元、平等、开放、互动"的

---

①　科学技术普及概论编写组．科学技术普及概论［M］．北京：科学普及出版社，2002：45～46．

"传播"观念。①

黄时进在 2010 年出版的《科学传播导论》中对"科学传播"概念进行了广义和狭义的区分，将"科学传播"界定为：科学共同体和公众通过"平等"与"互动"的沟通，通过各种有效的媒介，将人类在认识自然和社会实践中所产生的科学、技术及相关的文化知识，在包括科学家在内的社会全体成员中传播与扩散，引发人们对科学的兴趣和理解，来倡导科学方法，传播科学思想，弘扬科学精神，并促进民主理念的启蒙。②

2 国际学者和相关组织关于"科学传播"的理解

在国际科技传播与普及研究领域，目前最常用的术语是"Science Communication"，但关键术语的使用同样很不统一，在研究文献或相关报告中经常还可以看到"Scientific Communication"、"Technical Communication"、"Public Communication of Science and Technology"等不同术语。这些术语虽然在不同作者那里、在不同语境之下，含义可能有所不同，但都和科技传播与普及密切相关。

2.1 贝尔纳对"Scientific Communication"的理解

最早关注并研究科技传播现象的学者是科学社会学奠基人之一、英国著名科学家贝尔纳（J. D. Bernal），在 1939 年出版的《科学的社会功能》一书中，他利用一章（第十一章）的篇幅专门讨论了科技传播（Scientific Communication）问题，③ 他认为"科学情报（Scientific Information）数量之多已使其传播成为巨大问题"，"需要极为认真地考虑解决科技传播的全盘问题，不仅包括科学家之间交流的问题，而且包括向公众传播的问题"。

贝尔纳将科技传播问题"划分为提供专门资料和提供一般资料两个部分；第一部分涉及科学出版物本身的职能和科学家之间个人联系的其他手段，第二部分涉及科学教育和科学普及（Popular Science）工作"，并特别强调了科学教育和科学普及工作的重要性，认为科学教育和科学普及对推动科学的发展和应用具有

---

① 吴国盛. 科学传播与科学文化再思考 [N]. 中华读书报，2003 - 10 - 29.

② 黄时进. 科学传播导论 [M]. 上海：华东理工大学出版社，2010：17～18.

③ 即《科学的社会功能》第十一章，标题为"Scientific Communication"（科技传播），国内中译本译为"科学交流"。参见 J. D. Bernal. *The Social Function of Science*. The MIT press，1967：292～308；中译本见：[英] J. D. 贝尔纳. 科学的社会功能. 陈体芳，译. 北京：商务印书馆，1982 年. 本节引文主要引自该书中译本的 398～418 页，个别用语根据原文做了调整。

重要作用：科学教育和科普工作有助于让公众理解科学所起的作用，了解科学对人类生活可能产生的影响。

贝尔纳的《科学的社会功能》包含有许多极富启发和极有远见的观点。例如，强调报纸、广播、出版等媒体对科技传播的重要作用，重视公众对科学作用、科学方法的理解，甚至还提出"群众参与科学"（Popular participation in science）的主张。贝尔纳认为，"除非普通大众……明白科学家在做什么，否则就不可能期望他们向科学家提供他们的工作所需要的支援……"

贝尔纳将科技传播划分为"科学家之间的交流"、"面向公众的传播"的观点在后来科技传播领域也有相当大的代表性。在国际科技传播研究领域有着广泛影响的《Science Communication》杂志就将"Science Communication"划分为研究共同体内的传播（Communication within research communities）和面向公众的科技信息传播（Communication of scientific and technical information to the public）两个方面。[①]

2.2 《科学与公众》报告对"Science Communication"的界定

2000年，英国科技办公室和维尔康信托基金在广泛调查英国公众对待科学的态度以及英国科学传播活动的基础上，发布了《科学与公众》报告，报告将"科学传播"（Science Communication）界定为："发生于这样一些群体或组织之间的传播：科学共同体内的群体（包括学术界和工业界中的群体）、科学共同体和媒体、科学共同体和公众、科学共同体和政府或其他权力权威部门、科学共同体和政府及其他影响政策的机构、工业界和公众、媒体（包括博物馆和科学中心）和公众、政府和公众。"[②]

《科学与公众》报告认为，科学正在通过多种方式推进和改变着我们的生活，科学给我们带来了许多积极后果，但也产生了许多让我们担心的问题。调查发现：包括学术团体、大学、公司、媒体组织、地方政府、科学中心、博物馆、公众群体等组织和群体积极参与科学传播活动，科学传播活动的类型呈现出复杂多样的特点，但人们对科学传播的理解仍然存在较大差异，"科学传播"的概念定义存在争论，对科学传播目的的看法也不尽相同。

《科学与公众》之所以要调查英国公众对待科学和科学家的态度以及科学传

---

① http：//www. sagepub. com/journals/Journal200892/aimsAndScope.

② Office of Science and Technology And Wellcome Trust. *Science and the public*：*A review of science communication and public attitudes to science in Britain* ［R］. London：2000. ［EB/OL］. http：//www. wellcome. ac. uk/stellent/groups/corporatesite/@msh＿peda/documents/web＿document/wtd003419. pdf.

播活动类型，其目的是要通过调查和分析来确定是否需要改善英国的科学传播实践，以便通过这种改善推进科学争论领域的公众参与（public engagement）。《科学与公众》报告强调了科学对话的重要性，认为当代科学的许多发展如此重要，以至于需要在国家层面进行广泛讨论，科学家和政治家不能在没有公众参与讨论的情况下做出决策，科学决策必须充分吸收公众的意见。

如果从界定"科学传播"概念的方面看，贝尔纳、《Science Communication》杂志、《科学与公众》报告使用的方式方法是基本一致的，可以称为描述式、列举式的界定方法。这些定义描述了科技传播的形态，列举了科技传播的类别，对我们理解科技传播有重要帮助，但并没有按照定义理论和定义方法的要求去说明科技传播的基本特征。正如有学者所指出的，这就像把"教书"定义成"教师所做的事情"一样，本身没有错误，却不能提升人们的理解。[①]

2.3　澳大利亚学者的"Science Communication"定义

2003 年，澳大利亚学者 T. W. 伯恩斯、D. J. 奥康纳、S. M. 斯托克麦耶在《科学传播：当代定义》中给出了一个可以简称为"AEIOU 定义"的科学传播定义："使用适当的方法、媒介、活动和对话来引发个人对科学的这样一种或多种反应：意识（Awareness）、愉悦（Enjoyment）、兴趣（Interest）、意见（Opinion）、理解（Understanding）"。[②] 相比上述几种定义方法，这一定义更符合定义理论和定义方法的基本要求。

"AEIOU 定义"中的"A"代表上述个人反映中的"意识"。科学意识本身有不同的层次，最基本的科学意识是能够意识到科学技术的重要性，了解科学技术的某些发展状况；而较高层次的科学意识意味着更高的科学素养和对科学技术的理解。提高公众的科学意识是科学传播人员的重要职责，所有的科学传播活动都要通过传播过程让公众熟悉科学技术的新发展，认识到科学技术与个人生活的密切联系。

E 代表"愉悦"。公众可以像欣赏艺术品一样欣赏科学，并得到相应的感受和体验。对科学的愉悦可以引发公众对科学的积极态度，这种态度随后可以带来

---

① 这类列举式定义在科学传播文献中实际上还有很多，甚至有学者就直接将"科学传播"定义为"专业传播者（新闻工作者、公共信息官员、科学家自身）的活动"，参见：D. Treise，M. Weigold. Advancing science communication：a survey of science communicators [J]. Science Communication ，2002 (3)：310~322.

② T. W. Burns, D. J. O'Connor, and S. M. Stocklmayer. Science communication：a contemporary definition [J]. Public Understanding of Science. 2003 (12)：183~202；T. W. 伯恩斯，D. J. 奥康纳，S. M. 斯托克麦耶. 科学传播的一种当代定义 [J]. 李曦，译. 科普研究，2007 (6)：19~33.

更为深刻的体验，从而促进公众对科学的积极学习。激发公众对科学的愉悦是科学传播追求的重要目标，无论这种愉悦是公众在参观科学展示或博物馆过程中获得的体验，还是在阅读科学书籍或参与科学活动时获得的满足。

I 代表"兴趣"。科学传播可以使用不同的方式方法来激发公众对科学的兴趣，有效的传播应该像阅读一部伟大的作品那样鼓舞人，像听一首美妙的音乐那样令人愉悦，或者像喜爱的体育运动项目那样激发人的参与和热情。科学传播可以引发公众的多种反应，兴趣就是其中的一种。科学传播活动应该能够促进公众（特别是年轻人）对科学的积极兴趣以及学习和参与科学的热情。

O 代表"观点"。科学传播不仅要提高公众的科学意识、引发公众的愉悦体验、激发公众的参与兴趣，还要促进公众形成自己对待科学的态度、看法和观点，或者使公众能够改变原来对待科学的态度、看法而形成新的观点。如果科学传播促使公众形成了自己的观点与态度，或者使他们肯定、反思、重塑了原有的观点和态度，那么这样的科学传播就是最有力（或者说是最有效的）的传播。

U 代表"理解"。科学传播的重要目标是促进公众理解科学，理解科学的知识内容，理解科学探究的过程，理解科学的应用及其对个人和社会的影响。公众对科学的理解并不意味着公众要拥有全面的知识，而是强调公众对科学内容、科学方法、科学进展、科学应用及其实质的认识和理解。公众对科学的理解是公众提高其科学素养的先决条件，也是社会培育科学文化的重要基础。

澳大利亚学者给出的这个"AEIOU 定义"从"科学传播所引发的个人对科学的反应"视角描述了科学传播的基本特征，形式上符合定义方法要求，也有助于理解科学传播的任务目标。在 T. W. 伯恩斯看来，如果有足够数量的个人展示了这类个人反应，那么这类反应就可以被看作属于公众群体的反应。因此，利用这一定义，也可以方便地讨论科学传播与体现在公众群体层面的公众科学意识、公众理解科学、科学素养、科学文化的关系。

3　科技传播与普及的术语选择和概念界定

国内的科技传播研究始于 20 世纪 80 年代中期，进入 21 世纪之后开始活跃起来。目前，通常使用"科技传播"的学者往往将科技传播置于科技创新与社会发展的背景下，关注科技传播的社会功能，强调科学技术的普及、促进公众对科学的理解、服务社会的科技创新；而通常使用"科学传播"的学者则往往将科学传播置于推进科学与公众对话的语境中，将科学传播问题与科学文化建设、公众参与科学问题联系在一起。

3.1 科技传播与普及的术语选择

在当代科学技术与社会发展背景下，考虑到发展科学技术普及、提高公众科学素养、促进公众理解科学、推进科学交流对话、服务科学技术创新等多个层面的需要，可以把"科技传播与普及"作为一个整合性、包容性、基础性术语来使用。"科技传播与普及"在表达上包括了"科技"、"传播"、"普及"三个关键的组成部分。"科技"涉及科技传播与普及的内容，也体现科技传播与普及的特点。

在目前国内外公众理解科学、科学传播研究领域，受习惯用法的影响，"公众理解科学"、"科学传播"等表达方式都用的是"科学"而非"科技"，但实际上这里的"科学"都指的是广义的科学，包括技术在内。事实上，这种习惯用法有时会引起一些不必要的麻烦和误解。为了避免误解，国际上一些政策文本、研究报告通常都会对其中的"科学"进行定义，以说明"科学"包括"技术"在内，实际上指的是"科学和技术"。例如，英国皇家学会1985年发布的《公众理解科学》报告就特别申明，"我们所理解的'科学'是广义的'科学'：它包括数学、技术、工程和医学"。[①] 英国上议院2000年发布的《科学与社会》报告中也指出，"科学"包括工程、技术和医学。[②] 美国科学促进协会在发布的《面向全体美国人的科学》报告中，还专门就报告的名称加以解释，说报告名称之所以只用"科学"，只是出于经济上的考虑（使报告名称在表达上更简洁），报告名称中的"科学"包括自然科学和社会科学、数学、工程和技术。[③]

"科技传播与普及"中的"传播"、"普及"涉及科技传播与普及的过程和方式，即科学技术通过传播、普及而达到特定的目标。"科技传播与普及"可以简称为"科技传播"（或"科学传播"），也可以简称为"科技普及"（或"科学普及"、"科普"）。当然，作为"科技传播与普及"简称的"科普"与传统"科普"是有区别的，它并不局限于基础知识（甚至是科学常识）的普及，而是包含当代传播内容、体现当代传播理念的现代"科普"。

当代科技传播与普及包括科学知识、科学方法、科学思想、科学精神以及科学与社会相互关系等多方面内容，包括普及科学技术知识、促进公众理解科学、提升公众科学素质、服务公众参与科学等多方面任务，既要强调普及的基础性和重要性，又要强调受当代传播理念的指导和对当代传播理论的应用。因此，选择

---

① ［英］英国皇家学会．公众理解科学［M］．唐英英，译．北京：北京理工大学出版社，2004：2.

② ［英］英国上议院科学技术特别委员会．科学与社会［M］．张卜天，张东林，译．北京：北京理工大学出版社，2004：11～12.

③ ［美］美国科学促进协会．科学素养的基准［M］．中国科学技术协会，译．北京：科学普及出版社，2001：247.

使用"科技传播与普及"符合当代科技传播与普及发展的基本特征。

3.2 "科技传播与普及"概念的界定

借鉴国内外学者关于科学普及、科技传播、科学传播的相关理解或定义，可以将"科技传播与普及"界定为："是指利用适当的传播方法、媒介、活动，通过科学技术知识、科学方法、科学思想、科学精神以及科学技术与社会发展信息的传播普及，促进科学技术的扩散和公众对科学技术的分享，激发公众个人、群体、社会组织对科学技术的意识、体验、兴趣、理解、意见的过程"。

科技传播与普及的基本特征和基本功能是传播者（个人或组织）使用适当的技能、方法、工具和媒介以及各类传播活动（包括科学对话活动），促进科学技术在社会范围内的广泛扩散，实现公众个人、群体以及社会组织对科学技术的分享，并激发他们对科学技术的反应（意识、体验、兴趣、理解、意见等）。适当的传播方法、媒介、活动是科技传播与普及的基础和"工具"。公众个人、群体和社会组织对科学的反应是科技传播与普及的目标和结果。

科技传播与普及的对象（受众）是公众个人、群体及社会组织。传统科学普及强调公众个人和群体对科学技术的学习与掌握，传播关系被简化为科学家或专业人士对普通公众和科学外行的关系。当代科技传播与普及则强调公众对科学技术的学习、理解、参与，传播关系中不仅包含社会组织，而且包含更多平等交流的特征。科学家群体、传播媒体、政府部门、工业界都是科学对话的重要参与者，因而也是科技传播与普及的重要对象。

激发公众个人、群体或社会组织对科学技术的意识、体验、兴趣、理解、意见，是科技传播与普及的任务。意识、体验、兴趣、理解、意见之间不是"并且"的关系，而是"或者"的关系，而且就一般情形而言，其间存在某种递进关系，公众对科学技术的意识和体验，有助于增加公众的兴趣，影响公众的态度；公众只有对科学技术有了自己的认识和理解，才可能形成自己的意见。公众拥有自己的理解和意见是参与科学对话的重要基础。

科技传播与普及包括两个基本的子过程：科学技术知识的传播扩散过程和公众对科学技术知识的学习分享过程。传播扩散是公众学习分享的基础，公众学习分享是传播扩散的结果。这两个基本过程是科技传播与普及活动得以展开并取得效果的基础，只有通过知识扩散和公众分享，科学技术才能进入公众生活和意识的视野，才能成为公众体验和兴趣的对象，才能引发公众的理解和思考。

科学技术知识、方法、思想从其本性上说最初都具有"私有性"。只有通过传播扩散和公众分享过程，这些"私有"的知识、方法、思想才能实现外部化、社会化，从而引发公众个人、群体和社会组织对科学技术的意识、体验、兴趣、理解、意见。科技传播与普及的社会效果取决于科学技术扩散的范围和共享的程度，科学技术的社会功能依赖于它是否被传播以及传播的深度和广度。

本 讲 小 结

目前，科技传播与普及的研究和实践领域的关键术语使用还不统一，基础概念也缺乏共识性定义。通过考察国内外学者及有关组织对"科学普及"、"科技传播"、"科学传播"等相关概念的定义、界定和理解，我们可以将"科技传播与普及"选为一个基础术语，并将"科技传播与普及"界定为"利用适当的传播方法、媒介、活动，通过科学技术知识、科学方法、科学思想、科学精神以及科学技术与社会发展信息的传播普及，促进科学技术的扩散和公众对科学技术的分享，激发公众个人、群体、社会组织对科学技术的意识、体验、兴趣、理解、意见的过程"。

第三讲 科技传播与普及的结构和主体

科技传播与普及是人类传播现象的一个特殊分支。在许多人看来，科技传播的内容与科学技术相关，传播的任务目标相对单纯，因此科技传播与普及要比社会其他传播现象简单。但公众理解科学、科学素养研究的结果表明，科技传播与普及同样涉及复杂的传播关系，受到复杂因素的影响。科技传播的传播者和受众、与科学技术相关的内容、科技传播的传播渠道构成科技传播与普及的基本要素，形成科技传播与普及中的基本关系。

1 科技传播与普及的基本结构

在传播学中，为了研究传播现象的结构和过程，揭示传播现象的特点和本质，传播学家提出了许多不同的"传播模式"。传播模式研究是模型方法在传播研究中的一个具体应用，传播学家利用"传播模式"为传播现象建立模型，用以解释传播现象的构成和结构、描述传播现象的过程和关系。在对科技传播与普及的研究中，"传播模式"方法同样可以用于分析科技传播与普及现象和过程的结构、要素和关系。

1.1 社会传播现象的结构与要素

社会传播现象具有结构性、过程性、系统性的特点，由特定的构成要素组成，形成特定的结构和关系，通过特定的过程执行其功能。分析传播的基本要素、结构、关系，是传播研究的逻辑起点。传播学家就是用"传播模式"概念和方法来研究和描述传播现象的构成要素、基本结构、传播关系和传播过程的。在传播学家所提出的诸多"传播模式"中，最为基础且影响最为广泛的"传播模式"是拉斯韦尔提出的"五 W 模式"。

"五 W 模式"是美国政治学家拉斯韦尔（H. D. Lasswell）在 1948 年发表的《社会传播的结构与功能》论文中提出的一个传播模式。"五 W 模式"认为社会传播现象包括五个基本要素：谁（who）、说什么（say what）、对谁说（to whom)、通过什么渠道（in which channel）、取得什么效果（with what effect），它们分别对应的是传播现象的传播主体（传播者）、传播内容、传播对象（受众）、传播渠道和传播效果。

英国传播学家麦奎尔（D. McQuail）按照结构顺序将这五个要素进行排列，便成为著名的"五W模式"（图3-1）。

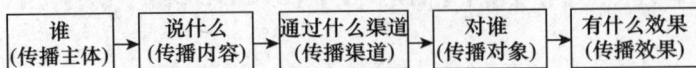

谁 (传播主体)	→	说什么 (传播内容)	→	通过什么渠道 (传播渠道)	→	对谁 (传播对象)	→	有什么效果 (传播效果)

图3-1 拉斯韦尔的"五W模式"

"五W模式"简洁而清晰地概括了传播现象的基本构成，在传播学史上第一次将人们每天都在接触却又复杂多样的传播活动进行了结构性的解剖。"五W模式"不仅是传播学史上最早的一个传播结构模型，具有开创意义，而且引领了传播学研究的发展方向，为传播学独立奠定了重要基础。后来的传播学正是在"五W模式"的基础上确立了自己的基本框架：控制研究、内容分析、媒介分析、受众分析、效果分析（图3-2）。

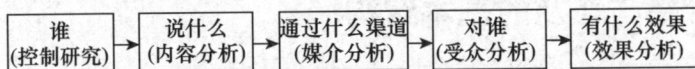

谁 (控制研究)	→	说什么 (内容分析)	→	通过什么渠道 (媒介分析)	→	对谁 (受众分析)	→	有什么效果 (效果分析)

图3-2 "五W模式"与传播学研究领域

当然，对"五W模式"的批评从来也没有停止过。有学者批评"五W模式"忽略了传播过程中的目的和环境要素，没有考虑到传播是为了何种目的进行、在什么环境中发生的，也忽略了传播过程之外的社会系统对传播的影响。1958年，苏联学者布雷多克就在"五W模式"基础上增加了"传播现象发生的具体环境（在什么情景下）"和"传播者发送信息的意图（为了什么目的）"这两项因素，将"五W模式"发展成"七W模式"。

有些传播学家对"五W模式"将传播现象简化为单向的线性过程也提出了批评，认为"五W模式"忽视了社会传播现象中的复杂关系以及现实中的各种复杂因素对传播效果所产生的复杂影响，从而提出了强调传播者与受众双向互动关系或是强调传播现象系统性特点的传播模式。其中比较著名的有施拉姆（W. L. Schramm）的循环互动模式、赖利夫妇（J. W. Riley，M. W. Riley）的系统模式、马莱兹克（G. Maletzke）关于大众传播过程的系统模式等。

施拉姆是对传播学发展做出杰出贡献的一位学者。他将分散于新闻学、社会学、心理学、政治学等领域的传播研究成果加以整理、归纳、综合，勾勒出了传播学的核心问题和基本框架，最终使传播学成为一门独立学科，因而被尊称为

"传播学创始人"和"传播学之父"。1954 年，施拉姆在《传播是怎样运行的》论文中，以奥斯古德（C. E. Osgood）的观点为基础提出了"循环互动模式"（图 3-3）。

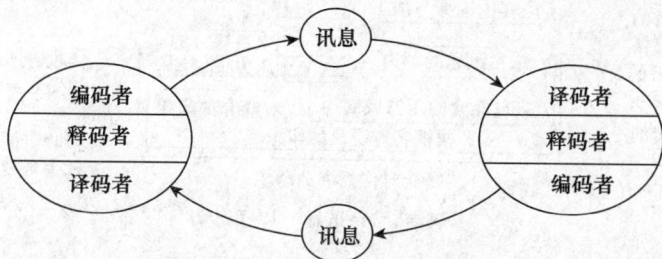

图 3-3　施拉姆的循环互动模式

　　施拉姆的循环互动模式突出强调了传播过程的循环性和传播参与者的互动性，而赖利夫妇以及马莱兹克所提出的系统模式则将传播过程置于社会大系统中，强调了传播过程的系统性特点。赖利夫妇于 1959 年提出的"系统模式"认为，多重结构是社会传播系统的本质特点，传播活动的任何参与者都是各有内在活动的个体系统，他们分属于不同的群体系统，个体系统之间相互连接形成人际传播，群体系统又存在于更大的社会结构中（图 3-4）。

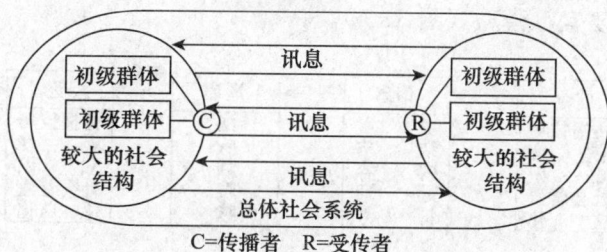

图 3-4　赖利夫妇的系统模式

　　赖利夫妇的系统模式强调了任何传播活动都存在于复杂的社会关系之中。德国学者马莱兹克在 1963 年提出的系统模式则把传播现象看作包括社会心理因素在内的各种社会影响力交互作用的一个"场"（图 3-5），强调了任何传播参与者在传播过程中都会受到复杂因素的影响，例如传播参与者（传播者、受众）的自我印象、人格结构、所属群体成员的身份、所处的社会环境以及信息的内容、媒介的性质，等等。

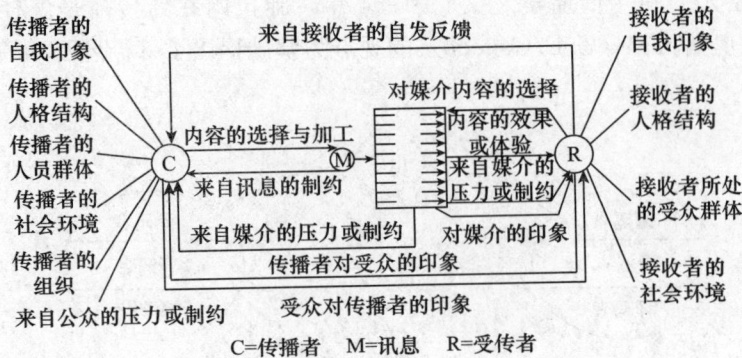

C=传播者   M=讯息   R=受传者

图 3-5   马莱兹克关于大众传播过程的系统模式

1.2   科技传播与普及的结构与要素

"传播模式"研究是传播学家分析传播现象结构和特征的一种重要方法，传播学家利用"传播模式"揭示传播现象的构成要素和基本关系。但是，如果从发生学的角度看，只要有了传播主体、传播内容、传播渠道、传播对象四大基本要素，传播现象就可以发生了。"四要素论"可以称为描述传播现象最简单的模型。事实上，传播学家贝罗（D. K. Berlo）早在 1960 年就在《传播的过程》著作中提出过一个"四要素"模型（图 3-6）。[①]

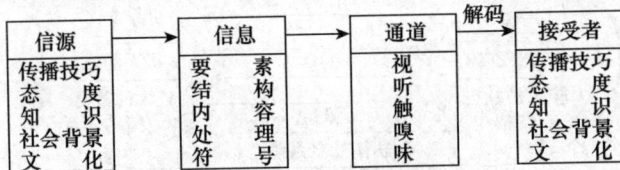

图 3-6   贝罗的传播模式

"四要素论"同样可以成为研究和分析科技传播与普及现象的基础模型。根据"四要素论"模型，科技传播与普及由这样四个基本要素构成：科技传播与普及者（传播者）、科技传播与普及内容（传播内容）、科技传播与普及渠道（传播渠道）、科技传播与普及对象（传播受众）。这四大要素是科技传播与普及活动得以启动和发生的基本条件，也是所有科技传播与普及活动共同拥有的基本特征。

---

① David K. Berlo：*The Process of Communication* [M]. New York：Holt, Rinehart, and Winston, 1960.

分析科技传播与普及的参与者（传播者和受众）、内容、渠道，明确科技传播与普及的基本构成，认识科技传播与普及的基本特征，是科技传播与普及研究的逻辑起点。"四要素论"可以为认识科技传播与普及构成和特征提供一个有用的工具。当然，我们不能因此就对科技传播与普及现象简单化。事实上，科技传播与普及现象和社会其他传播现象一样具有复杂性。科技传播与普及的参与者、内容、渠道都包含着许多值得深入研究的特殊问题。

2 科技传播与普及的参与主体

正如社会领域的其他传播现象一样，科技传播与普及活动也有两类参与者：传播者和受众。传统科学普及常常将科技传播与普及中的基本关系理解为拥有知识的科学家与缺乏知识的普通公众之间的关系，将传播过程简化为单向的、自上而下、公众被动接受的知识传递过程。事实上，当代科技传播与普及的传播者与受众已经拥有了多元化特征，传播关系也拥有了平等互动的特征，科技传播与普及需要在理论上拥有多元主体、平等互动的理念。

2.1 科技传播与普及参与者的历史演进

科技传播与普及参与者经历了从个体、到群体、再到组织的发展历程。在近代科学技术发展的早期，科技传播与普及活动的参与者主要是以个人身份进入到传播关系中的，传播者和受众角色也相对比较明确，传播者是科学家以及拥有科学知识的人，受众则是那些有兴趣学习科学知识的普通大众，知识流程基本上是从科学家到大众。在知识存量规模较小、科技应用并不普遍的背景下，科技传播与普及主要是靠个体行为来支撑的。

随着近代科学技术的发展和科学家群体的形成，科技传播与普及开始受到群体背景的影响。特别是自 19 世纪上半叶开始，为了吸引并赢得更多公众对科学和发明的关注和支持，同时满足并激发普通大众对科学和发明的热情和兴趣，科学家、工程师、发明家共同参与到科学普及中来，积极向公众宣传和普及科学新知识和技术新发明。科学家群体和对科学感兴趣的公众群体成为科技传播与普及活动的参与者。

20 世纪以后，随着科学技术职业化、建制化的发展及科学技术重要性、影响力的不断增加，科技传播与普及领域出现了越来越多的社会组织，社会组织成为科技传播与普及的活跃参与者。首先是媒体组织被吸引到科技传播与普及活动中来，科学技术内容越来越多地出现在大众媒体中，科技专业记者成为科技传播与普及的职业传播者。然后是政府部门和工业组织也越来越多地介入科技传播与普及活动中。

在当代科技传播与普及领域，科学家群体（包括科学团体与科学组织）、公众群体、媒体组织、政府部门、工业机构、专业组织（与科学技术关系密切的文化教育机构、公共卫生机构以及非营利组织、非政府组织等）各自出于不同的动机与需要，共同参与到科技传播与普及中来，既活跃了科技传播与普及局面，推动了科技传播与普及事业的发展，同时也使传播关系变得更为复杂化和网络化，甚至使传播关系具有了更强的博弈色彩（图3—7）。

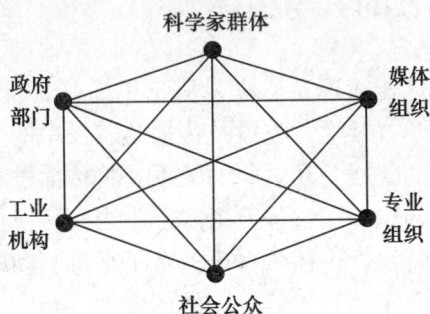

图3-7 当代科技传播与普及参与主体

2.2 当代科技传播与普及的主体关系

就当代科技传播与普及的一般情形看，科学共同体、政府部门、工业机构、传播媒体、专业组织由于在科学技术或科技传播方面各自拥有特殊的资源优势（如知识资源、政策资源、创新资源或媒体资源等），经常在科技传播与普及中处于传播者的位置，而公众群体则经常处于传播受众的位置。但就科技传播与普及的基本关系而言，传播者不能把公众视为等待知识注入的"空瓶子"，而应该把公众视为平等的参与者。

当代科技传播与普及已经成为科学共同体、政府部门、工业机构、传播媒体、专业组织、公众群体等多元主体共同参与的一个实践领域，参与主体的多元化使科技传播与普及形成了开放互动的网络化传播关系，成为一个具有多元互动特征的活跃的社会传播系统。与科学技术相关的知识和信息在这样的网络系统中频繁流动，不仅公众群体会成为传播对象，科学家群体、政府部门、工业机构、传播媒体、专业组织也会经常性地成为传播的对象。

在当代科学技术与社会发展的背景下，就总体情况看，公众群体的确处于知识缺失的状态，属于远离科学的"外行"群体，但公众同时又是科学技术的消费者、科技发展资源的提供者、科技应用后果的最终承受者，而且科学技术的发展和应用最终是为了满足包括全体公众在内的整个社会的需要。因此，科技传播与普及不能把公众群体视为知识灌输的对象，公众群体事实上就是科学技术领域的参与者、对话者、合作者。

当代科技传播与普及需要坚持"多元主体论"和"公众（受众）主体论"的理念。在西方科技发达国家，政府机构和科学团体近些年来都积极尝试发展科学技术领域的对话交流活动，探索吸引公众参与对话的各种措施（例如国家级或地方级协商、共识会议、平民评审团、利益相关者对话等），[①] 让公众群体（或通过其代表）平等地参与到科学技术决策或政策的协商和讨论中来，成为与科学家、政府平等的对话参与者。因此，"公众参与模型"、"民主模型""对话模型"近些年来在国际科学传播领域变得颇为流行。

2.3 公众群体的分群与分层

随着科学技术与社会的不断发展，当代科技传播与普及无论是在理念上还是实践措施上都发生了重要变化，细分公众群体就是这其中的一个重要动向。公众群体中的不同公众在了解和掌握科学技术的程度不同，接触和应用科学技术的机会不同，科技传播与普及需要针对不同的公众，采取有针对性的措施和策略，这样才能更好地提高科技传播与普及实践的效果，提升科技传播与普及的作用。

英国皇家学会 1985 年发布的《公众理解科学》报告把公众群体区分为追求个人满足与幸福的私人个体、作为民主社会成员履行公民职责的个体公民、从事技术及半技术性职业的人群、从事中层管理工作和专职性工作及商务活动的人士、在社会中负责制定政策或做出决策的人员五个群体。[②] 我国 2006 年实施的《全民科学素质纲要》选择了未成年人、农民、城镇劳动人口、领导干部和公务员四个重点人群，提出了有针对性的科学素质行动任务和措施。[③]

现代科技传播与普及已经不再像早期那样将所有公众都视为对科学缺乏了解的外行，也不再将公众群体视为整齐均一的同质群体，而是认为公众群体是异质多样、可以分层的。科技传播与普及领域另一个有价值的理论是将公众群体区分为热心公众、感兴趣公众、一般公众的"公众分层理论"。这一理论认为科学技术政策形成过程中涉及五个群体：决策者、政策领导者、热心公众、感兴趣公

① ［英］英国上议院科学技术特别委员会. 科学与社会［M］. 张卜天，张东林，译. 北京：北京理工大学出版社，2004：63～89.

② ［英］英国皇家学会. 公众理解科学［M］. 唐英英，译. 北京：北京理工大学出版社，2004：3.

③ 在《全民科学素质行动计划纲要（2006－2010－2020 年）》"十二五实施方案"又增加了"社区居民"这一新的公众群体，具体内容参见本教程第十二讲。

众、一般公众。①

正如公众群体中有人热心于谈论政治或体育一样，公众群体中也有人热心于谈论科学技术，科学技术也有其热心公众。对科学技术政策某个问题的兴趣水平较高，并感到对该问题非常了解的那些公民被称为该问题的热心公众（attentive public）。科学技术政策的几乎每个问题都会有其热心公众和感兴趣公众，他们通常比其他公众更了解相关的知识和信息，热心于参加政策问题讨论。在任何一种政治体制下，科学技术决策都可能会受到那些感兴趣的公民的影响。②

米勒（J. D. Miller）等学者认为，热心公众关心科技政策讨论，给政策出台造成压力，热心公众对科技政策的民主讨论非常重要。③ 特别是那些存在分歧或争论的科技政策问题，往往会吸引热心公众参加到政策讨论中来，公众的观点也会对政策产生影响。热心公众和感兴趣公众不仅是科技政策讨论的热心参与者，一般也是科技传播与普及活动的热心参与者和科技传播与普及事业的积极支持者。科技传播与普及事业的发展依赖于更多的热心公众和感兴趣公众。

2.4 科技传播与普及的"第三方"

传播媒体、科普设施、专业组织、民间团体这类参与者在当代科技传播与普及体系中发挥着特殊而重要的作用，可以被看作科技传播与普及的"第三方"。其中，传播媒体、科普设施因为掌控着面向社会公众的传播手段而在科技传播体系中占据特殊位置，而某些专业组织和民间团体则因为其特殊的社会角色在科技传播体系中扮演特殊角色。科技传播与普及事业的发展需要科学共同体、政府部门、工业机构和公众群体的积极参与，也需要通过有效的激励机制培育强大的"第三方"。

传播媒体在当代已经成为科技传播与普及的一大主力，处于科技传播与普及的最前沿。国内外近些年来的相关调查表明，传播媒体是科学技术知识信息流向公众的基本通道之一和公众获取科学技术知识和信息的重要来源之一，例如在我

---

① 所谓"政策领导者"指的是那些对政策可以施加重要影响但又不属于决策部门的人士。例如在科学技术政策领域，权威的科学家和工程师、科技公司领导者、重要科学机构的领导人、大学校长等，虽然他们对科学技术政策并没有实际决策权，但却可以直接影响到政府科学技术政策的决策。

② ［德］迈诺尔夫，迪克尔斯，等．在理解与信赖之间：公众、科学与技术［C］．田松，译．北京：北京理工大学出版社，2006：70～88.

③ 张晓芳．论 Miller 的 PUS 研究思路：热心公众理论—科学素养概念—公众科学素养测量［J］．科学学与科学技术管理，2003（11）：57～60.

国通过电视来获取科学技术信息的公众比例超过了 80%。不仅如此，传播媒体（包括网络媒体）在当代已经成为公众在科技事务方面表达意见、参与科技政策讨论的重要渠道和平台之一。

与此同时，随着传播媒体在科技传播与普及领域中的地位不断上升，媒体与科技传播的关系也变得异常复杂起来。当代媒体已经不再是科学知识的"转发器"，在科技传播方面也拥有了自己的"独立人格"，媒体可以通过筛选信息和传播观点影响公众的判断、思考和意见形成，可能通过议程设置功能引发公众对特定科技议题的关注，甚至会给公众"灌输"媒体所理解的"科学技术"，而这些理解却有可能包含着对科学的"误读"或"歪曲"。

从世界科技发达国家的经验看，包括自然博物馆、科学技术馆、天文馆等在内的科普设施在科技传播与普及中发挥着极为重要的作用，公众通过参观科技场馆了解科学技术信息，学习科学技术知识，体验科学的现象和原理。与报纸、电视、网络以及其他传播途径相比，科技场馆的科技传播拥有一些非常特殊的传播优势，具有很强的直观性、可接触性、参与性、亲和力和影响力，在科技传播与普及体系中发挥非常特殊的作用。①

专业组织包括那些业务范围与科学技术有关的非营利组织（NPO）、非政府组织（NGO）以及各类政策咨询、文化教育、环境保护、公共卫生机构等。从社会角色与社会属性方面看，这些专业组织往往具有民间性、自治性、志愿性、公益性、中立性等特点，在当代社会公共事务和公共管理领域扮演着重要角色，被认为是现代社会结构中政府部门、私营部门之外的"第三部门"和"第三种力量"。

专业组织涉及的社会领域相当广泛，如环境保护、医疗卫生、文化教育、技术推广、社区发展等。特别是那些致力于环境保护或技术推广、服务于医疗卫生或文化教育的 NPO、NGO，他们通常都非常重视相关科学技术的传播、普及和宣传，因而成为科技传播与普及的一支重要力量。

本 讲 小 结

科技传播与普及是人类传播现象的一个特殊分支，传播的信息和内容与科学技术密切相关。以传播学的理论与方法分析，科技传播与普及同样拥有自己的系

---

① 翟杰全，杨恋洁，周小磊．科技类博物馆的科技传播［J］．北京理工大学学报（社会科学版），2012（1）：121～124.

统结构，与科学技术相关的内容、科技传播参与者（传播者和受众）以及传播渠道构成科技传播与普及的基本要素。在当代科技传播与普及发展背景下，科学家群体、公众群体、媒体组织、政府部门、工业机构、专业组织等积极参与科技传播与普及活动，活跃了社会的科技传播局面，形成了网络化的互动传播关系，使科技传播与普及具有了多元互动的特征。

第四讲 科技传播与普及的内容和渠道

科技传播与普及的内容和渠道是科技传播与普及的两大基本构成要素。传统科学普及工作将"科学普及"定位于科学技术的大众化和通俗化，任务目标是向普通大众宣传普及那些与他们的生活和工作密切相关的基础知识、实用知识、常识知识，服务于普通大众在日常生活和工作中掌握和运用这些知识。因此，科普工作也主要依靠群众性科普活动、媒体科技宣传、通俗科普读物出版等。

当代科技传播与普及已经发展到利用多样化渠道、传播多样化内容、达成多样化目标的阶段。科学技术知识、科学方法、科学思想、科学精神以及与科学技术和社会发展关系相关的内容成为传播普及的基本内容。科学技术教育、媒体科技传播、科普设施传播、群众性科普活动成为传播普及的基本渠道。根据社会和公众需求选择传播内容和渠道，提升公众科学素质，促进公众参与科学，成为当代科技传播与普及实践的重要特征。

1 科技传播与普及的传播内容

科技传播与普及的传播内容是流动在科技传播与普及过程中的科学技术知识及相关信息。传统科学普及的内容集中于科学技术基础知识，现代科学普及则认为科技传播与普及内容包括不同的类别和层次。对于提高公众科学素质、促进公众理解科学来说，常用的分类和分层方法是把科技传播与普及的内容区分为科学技术知识、科学技术方法、科学技术思想、科学精神以及与科学技术和社会发展相关的内容。

1.1 科学知识

这里的"科学知识"指的是科学技术领域的各种知识、理论和信息（如科学数据）等。科学技术成果和内容具有知识性特征，这种知识特性决定了科学技术可以成为社会传播的内容。科学领域中的知识有不同的表现和表达形式，如科学数据、科学事实、科学概念、科学定理、科学理论以及已获得某种承认的科学假说等。技术领域内的知识则有技术原理知识、技术操作知识、技术标准知识等不同形态。

现代科学技术已经发展成为门类繁多、相互关联、交叉渗透的知识网络，仅自然科学一类就包括了数千门学科。在这样一个庞大的知识网络中，每天还会有新知识不断被发现。科学技术知识传播的任务是从这些知识中选择那些与公众生活和工作关系密切、能促进公众更好地理解科学技术的相关内容，服务于公众学习和掌握必要的科学技术知识，适应科技化社会环境以及工作和生活的需要。

科学技术知识每天都在通过多种途径，从科研机构、高等院校、公司企业、专业组织、科普设施流向社会和公众，在社会中传播扩散，促进公众对科学技术的分享。向公众传播输送科学技术知识是科技传播与普及的第一要务，获取所需的科学技术知识是公众在科技传播方面的第一需求。传播普及科学技术知识是科技传播与普及的基础功能，只有在实现了这一功能之后，科技传播与普及才有可能达成其他目标和任务。

1.2 科学方法

科学技术方法对科学技术知识的发现和获得有导引、规范的作用和功能，是比科学技术知识更高级的科学技术要素。中国的先哲早就强调过方法的重要性，认为"授人以鱼，不如授人以渔"。公众对科学技术方法的了解、认识、理解和掌握，有助于他们更好地理解知识是怎么来的，从而更好地理解科学技术本身，也有助于他们运用科学方法解决生活工作中遇到各种问题，从而提高自身在科学技术方面的判断力以及运用科学技术的基本能力。

随着科学技术不断向纵深化、专门化发展，科学技术研究对科学技术方法的依赖性越来越强，新的研究方法也不断被开发出来，科学技术现已拥有了一个庞大的方法体系。譬如在自然科学研究领域，既有实验方法、数学方法、模型方法、系统论方法等通用性较强的方法，也有适用于某些特定学科领域的具体方法。当然，所有的科学方法都有特定的适用条件，也各有其特定的局限性。

对科学技术方法的某种程度的掌握是公众理解科学技术的重要基础。面向社会和公众的科学技术方法普及重在帮助公众认识和了解科学技术方法的基本特征，学会在日常生活和工作中运用适当方法思考和处理遇到的问题，能够自主地运用科学技术方法区分和辨别科学和非科学。著名科普作家卡尔·萨根（Carl Sagan）就曾说过，如果我们不向公众说明科学严格的研究方法，人们又怎么能够分辨出什么是科学、什么是伪科学呢？

1.3　科学思想

科学技术思想是科学技术系统内具有思想性内容的构成要素，是蕴藏于知识和方法背后的关于研究对象的总体性看法及相应的思想观念。科学思想通常有两种存在状态，一是还没有总结提炼和清晰表达的隐性状态，是科学家在科学研究中实际应用但未得到清晰化的思想观念；二是经由科学家本人或他人加以提炼并予以清晰表达的显性状态。科学思想通常有特定的适用范围，有些只针对某类对象（如量子力学思想），有些则可能适用于理解一大类对象（如物理学思想）。

科学技术思想是立足于科学技术实践和科学认识而产生，是关于研究对象的总体看法。科学技术思想的提炼与总结依赖对科学技术知识、理论、方法的概括和提升，相应的科学技术思想一旦提炼出，从科技传播与普及的角度看，可能比科学知识和理论本身更容易传播，因为科学技术思想的表达和传播有时可以不需要更多的专业语言，也更容易为公众所理解。公众可能不容易弄明白"宇宙大爆炸"理论本身，但了解其中所包含的思想则相对容易。

在科学技术迅猛发展的今天，普通公众已经很难全面了解和掌握科学技术领域的各种知识和理论，因此"对公民要求过多的具体知识是不切实际的，但是他们对思想性的东西，还是可以理解和把握的"。① 而且由于科学思想比具体知识有更高的概括层次，公众对科学思想的理解和掌握更有利于提升科学素质。毛泽东当年在《湘江评论》上就曾说过，国人"迷信神鬼，迷信物象，迷信命运，迷信强权……这是科学思想不发达的结果。"②

1.4　科学精神

科学史上较早对科学精神进行系统研究的学者是美国科学社会学家默顿（R. K. Merton）。他在 1942 年发表的文章中首次提出"科学的精神气质"概念。默顿认为，现代科学的精神气质有四个方面：普遍性、公有性、无私利性和有条理的怀疑精神。科学的精神气质是默顿科学社会学的重要基础。③ 默顿关于科学精神的研究属于科学社会学的视角，主要研究的是科学共同体内部、内化于科学家行为或者说科学家应该坚持的基本规范。

---

① 刘立．我国公民科学素质的基本内涵与结构［A］// 全民科学素质行动计划制定工作领导小组办公室．全民科学素质行动计划课题研究论文集［C］．北京：科学普及出版社，2005：55.

② 转引自：刘立．我国公民科学素质的基本内涵与结构［A］// 全民科学素质行动计划制定工作领导小组办公室．全民科学素质行动计划课题研究论文集［C］．北京：科学普及出版社，2005：56.

③ 彭炳忠．论科学精神［J］．自然辩证法研究，1998（10）：25～29.

许多关于科学精神的研究是在更宽广的视野中进行的，这样的科学精神不仅适用于指导和约束科学家的科学实践，而且也是每个社会成员都应该坚持和遵循的。例如，有学者将科学精神概括为探索求真的理性精神，实验取证的求实精神，开拓创新的进取精神，执著敬业的献身精神等；也有学者认为科学精神是实事求是、探索真理、崇尚真理、勇于创新、反对迷信、反对盲从、解放思想、追求真理、与时俱进等。

科学精神是基于近代科学技术发展而产生的、具有普遍性的科学规范。不仅科学家要拥有并遵守科学精神，而且全体社会成员都需要学习、理解和掌握科学精神，并能在科学精神的指导下观察和处理各种问题。科技传播与普及需要在培育科学精神方面承担重要职责，通过普及科学知识、传播科学思想，为公众理解科学精神奠定基础；同时，通过传播提炼出来的科学精神的理论和观点，帮助公众学习和掌握科学精神。

1.5 与科学技术和社会发展相关的内容

当代科学技术与社会系统之间存在密切的互动关系，科技传播与普及除了要传播普及科学技术的知识、方法、思想、精神等科学技术的"内部要素"外，还需要将科学技术与社会之间关系的相关内容、科学技术发展及其在社会中的应用信息作为传播的重要内容，帮助公众理解科学技术与社会之间的复杂关系，关注科学技术对社会以及社会对科学技术产生的复杂影响，促进公众更好地理解科学技术及其在社会中的作用。

"与科学技术和社会发展相关的内容"包括多个复杂的方面，如科学技术发展的历史与当代发展特点、科学技术与社会各领域的互动关系、国家发展科学技术的重要政策、科学技术领域的某些重要进展等。了解这些内容和信息，有助于公众形成对科学技术发展的整体认识，认识科学技术发展的某些规律，明确科学技术领域中那些重大的发现、发明产生的社会背景，从而形成对科学技术发展的正确认识，并理解科学技术对人类文明的重要作用。

在当代科学技术广泛运用于社会各个领域并产生复杂后果的背景下，科技传播与普及特别需要帮助公众了解科学技术在解决资源、生态、环境、社会问题中的重要作用，了解科学技术对个人生活、产业进步、经济增长的影响及其影响方式，了解科学技术有可能产生的负面效应，形成对待科学技术的理性态度和基本观点，客观评价科学技术的作用及其后果。这对于提高公众的科学素质和科学理解水平有极为重要的价值和意义。

科技传播与普及还包括面向公众传播当代科学技术发展、国家科学技术发展政策信息，帮助公众了解科学技术领域中某些重要的科学技术领域的发展状况及重大进展，思考这些进展的意义以及可能产生的后果，促进公众能够在必要的时候参与到相关的政策协商对话中，参与到科技发展与应用问题的评估与监督中。公众对科学技术事务的参与水平，不仅取决于公众对科学知识和方法的理解水平，也取决于公众对科学技术发展动态的了解程度。

科技传播与普及拥有一个复杂的内容体系，包括知识、方法、思想、精神以及科学技术与社会的关系等多个层面。刘华杰曾强调要区分"一阶科学传播"与"二阶科学传播"，认为科学传播包含一阶（first order）科学传播，即关于科学技术基本知识的传播，也包括二阶（second order）科学传播，即关于科学方法、科学精神、科学文化、科学的社会运作等内容的传播。[1] 这种分层的观点对科技传播与普及理论和实践是有重要启发意义的。

2　科技传播与普及的传播渠道

科技传播与普及的传播渠道是扩散和输送科学技术知识及信息的途径与通道。利用人际传播、群体传播、组织传播、大众传播渠道是科技传播与普及和其他社会传播现象共有的共性特征，但科技传播与普及同时也拥有自己独有的一些传播渠道，如科学技术教育、媒体科技传播、科普设施传播、群众性科普活动等。随着科技传播与普及的发展，未来在科学对话等方面还可能出现新的传播渠道。

2.1　当代科技传播与普及的基本渠道

在目前的科技传播与普及领域，具有扩散性特点的传播渠道已经得到了良好的发展，科学技术教育、媒体科技传播、科普设施传播、群众性科普活动已经成为科技传播与普及的基本渠道。科学技术教育是依托教育过程和教育途径实现的科技传播与普及。无论是在学校范围内进行的正规科学技术教育还是在学校范围外开展的非正规科学技术教育，都具有传播和普及科学技术的重要功能。科学技术教育现已成为公众学习科学技术知识的基础途径。

20 世纪 70 年代以来，随着公民科学素质理论研究的不断深化和公众科学素质现状调查的不断深入，人们发现各种形式的科学技术教育对提高公民科学素质都有重要作用，公众科学素质水平与所受教育的程度密切相关，受教育程度越高的公众群体具备科学素质的比例越高。科学技术教育对提高公众科学素质的基础价值现已得到世界许多国家的高度认同，各国纷纷制定的面向素质提升的教育改

---

① 刘华杰. 科学传播读本［C］. 上海：上海交通大学出版社，2007：3.

革计划。

媒体科技传播是当代科技传播与普及的另一个基本渠道。我国历次公众科学素质调查结果都表明，电视、报纸等公众经常接触的大众媒体是公众获得科学技术知识的重要渠道，大众媒体已经成为影响公众科学素质的重要因素。无论是报纸、电视这些带有传统特点的大众媒体，还是基于现代信息技术迅速发展起来的互联网等新型媒体，在传播普及科学技术、提高公众科学素质方面都发挥着重要作用。

包括科技馆、天文馆、展览馆、青少年科普教育基地等在内的科普设施是以传播普及科学技术、提高公众科学素质为目的，面向公众开展科普展览、进行科普教育的专门设施，承担着科技传播与普及渠道的重要职责。从发达国家科技传播与普及的经验看，科技馆、天文馆、展览馆等科技场馆是科技传播、科技教育、科学普及的重要场所和基地，并以拥有许多鲜明的特点和优势而在科技传播与普及体系中扮演着重要角色。

由政府部门、科学组织等机构举办的各类群众性科普活动在当代同样也是科技传播与普及的基本渠道之一，特别是面向全社会的大型科学普及活动历来受到各国政府和科技界的高度重视。"科技周"就是被世界各国政府和科技界视为进行科普教育的有效方式之一。目前，许多国家每年都组织科技日、科技周、科技节、科技月甚至是科学年等活动，通过这些活动将科学技术带到广大公众身边。

目前在我国，有科技活动周、全国科普日、科技下乡等影响广泛的大型群众性科普活动，也有许多在城乡各地举办的形式多样的小型群众性科普活动（例如科普讲座、咨询活动等）。贴近社会和公众科普需求，开展丰富多彩的群众性科普活动，有助于公众更好地了解科学技术的发展，获取必要的科学技术知识，提升科学素质和科学认识水平，活跃社会的科技传播与普及活动。

2.2 当代科技传播与普及活动的多样化特征

传统科学普及在传播渠道和活动类型方面相对都比较单一。随着科学技术越来越广泛地运用于社会生产和生活的各个领域，科学技术与社会以及与公众的关系越来越密切，社会和公众因而也产生了越来越普遍化、多样化的科普需求。为了满足这种普遍多样的科普需求，科技传播与普及发展出了多样化的传播渠道和多样化的活动形式，在传播渠道和活动形式方面呈现出多样化的特征，既有扩散性和公共性的传播渠道（如上述四种渠道）和活动，也有交流性和私人性的传播渠道（如人际交流）和活动。

1999 年，英国科技办公室和维尔康信托基金曾对英国的科学传播活动进行了广泛调查，调查发现包括学术团体、大学、工业公司、媒体组织、地方政府、科学中心、博物馆、公众群体等在内的许多组织和群体积极参与科学传播活动，科学传播活动类型呈现出复杂多样的特点（图 4-1）。① 中国科协近些年来的"中国公民科学素质调查"结果也表明，我国公众对科技传播与普及渠道的利用也呈现出明显的多样化特征（表 4-1）。

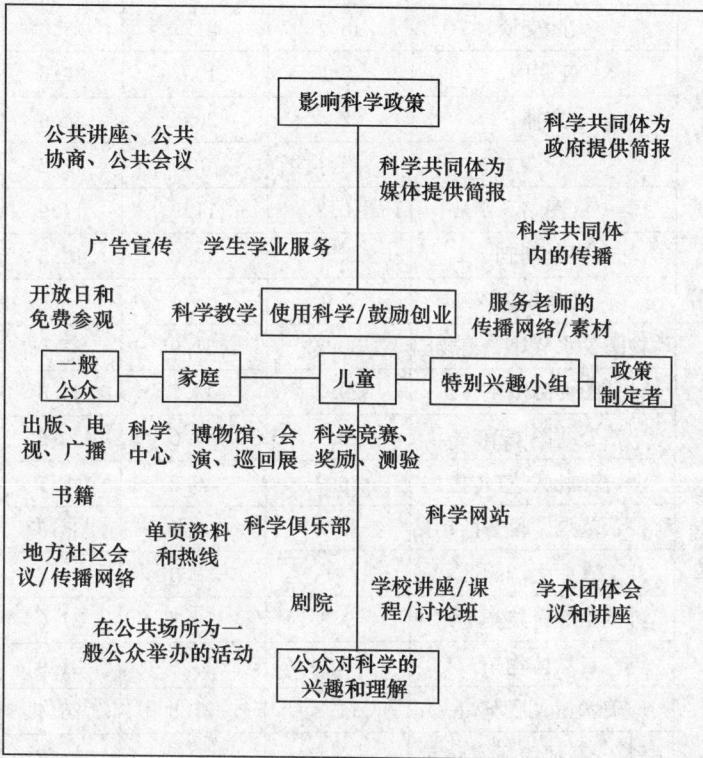

图 4-1 科学传播活动类型图谱

资料来源：*Science and the Public*：*Mapping Science Communication Activities*. Prepared by Research International，1999.

---

① Research International. *Science and the Public*：*Mapping Science Communication Activities* ［R］. London：1999 ［EB/OL］. http：//www. wellcome. ac. uk/stellent/groups/corporatesite/@msh_peda/documents/web_document/wtd003418. pdf.

表 4-1　2005 年、2007 年、2010 年我国公众科普渠道利用情况

渠道利用 调查项目	渠道	多项选择（%）			说明
		2005 年	2007 年	2010 年	
我国公民获取科技信息渠道调查情况	电视	91.0	90.2	87.5	表中数值为公众利用这些渠道获取科技信息的比例
	报纸	44.9	60.2	59.1	
	人际交谈	48.7	34.7	43.0	
	互联网	7.9	10.7	26.6	
	广播	22.4	20.6	24.6	
	一般杂志	合并到报纸	9.7	12.2	
	图书	10.2	11.9	11.9	
	科学期刊	9.5	13.2	10.5	
	其他渠道	7.9	/	/	
我国公民参观科普基础设施调查情况	动物园、水族馆、植物园	30.3	51.9	57.9	表中数值表示过去一年中参观此类科普基础设施的公众比例
	图书阅览室	29.2	43.7	54.5	
	公共图书馆	26.7	41.0	50.3	
	科普画廊、宣传栏	36.7	46.8	48.7	
	科技示范点、科普活动站	30.9	29.1	35.5	
	工农业生产园区	/	30.0	34.2	
	科技馆等科技类场馆	9.3	16.7	27.0	
	自然博物馆	7.1	13.9	21.9	
	美术馆、展览馆	11.2	17.5	26.4	
	高校、科研院所实验室	/	2.7	11.2	
我国公众参加科普活动情况	科技周、科普日	11.9	14.7	23.8	表中数值表示过去一年中参加过此类科普活动的公众比例
	科技培训	30.8	35.2	35.6	
	科技咨询	30.4	32.4	31.4	
	科普讲座	23.9	25.5	29.4	
	科技展览	/	21.3	25.1	
	科普宣传车活动	11.6	13.8	13.7	

资料来源："2005 年我国公众科学素养调查主要结果"：http：//scitech. people. com. cn/GB/25509/56813/63493/63494/4369018. htm，2006 - 05 - 12；"2007 公民科学素质调查结果发布"：http：//www. cast. org. cn/n35081/n35473/n35518/10964160. html，2008 - 11 - 16；2010 年"第八次中国公民科学素养调查结果发布"：http：// www. cast. org. cn/n35081/n35473/n35518/12451858. html，2010 - 11 - 25。

随着当代社会对公众参与科学事务问题的关注，"科学对话"正在向科技传播与普及的新模式、新渠道的方向发展。目前在西方科技发达国家，政府机构和科学团体已经探索了包括国家级或地方级协商、常设协商评议组、公民评审团、共识会议、利益相关者对话、互联网对话等各种科学对话实践形式。① 这些"科学对话"活动往往以科学普及为基础，以交流讨论为手段，以达成共识为目标，具有多重重要的功能。

科技传播与普及渠道是科技传播与普及的重要组成部分。加强科技传播与普及渠道建设、发挥各种渠道的优势、提高各种渠道的效能，对提升全体公民的科学素质有重要的价值，对实现科技传播和普及服务的公平普惠有重要的作用。推进科技传播与普及事业的发展，需要有强化传播渠道建设、整合各类传播渠道、促进渠道集成协同的理念，利用多样化的科技传播渠道和多样化的科技传播活动，活跃社会的科技传播与普及局面。

本 讲 小 结

科技传播普及内容和渠道是科技传播与普及的两大基本构成要素。科技传播与普及的基本内容包括科学知识、科学方法、科学思想、科学精神以及与科学技术和社会发展相关的内容，基本渠道则包括科学技术教育、媒体科技传播、科普设施传播、群众性科普活动。公众群体内的人际交流以及正在成长中的"科学对话"在科技传播与普及中也扮演着重要角色。利用多样化的传播渠道和传播活动，传播普及与科技相关的多方面内容，服务于社会和公众学习科技知识、理解科学技术、参与公共事务等多种重要目标，是当代科技传播与普及的重要特征。

---

① ［英］英国上议院科学技术特别委员会. 科学与社会［M］. 张卜天，张东林，译. 北京：北京理工大学出版社，2004：63～89.

第五讲　科技传播与普及的模式和模型

在科技传播与普及领域，"模式"主要指的是因综合形态的不同而形成的不同类型，而"模型"则主要指的是那些包含着对科技传播基本理解并能指导科技传播实践的基本观念、理念、理论。但到目前为止，从"模式"和"模型"包括什么样的含义到有什么样的模式和模型等问题上，学者们的理解和看法仍然很不一致。因此，科技传播与普及的模式和模型问题仍是需要深化研究的基础课题。

1　科技传播与普及模式问题

在科技传播与普及的历史发展中出现过不同形态的传播模式，在科技传播与普及的现实实践中也有各具特色的不同模式，而且随着科技传播与普及的发展以及新技术和新手段（例如互联网和新媒体技术等）的运用，科技传播与普及模式还会不断创新。当代科技传播与普及实践形式和传播模式已经呈现出多样化的发展特点。但到目前为止，科技传播与普及模式理论还没有很好地建立起来。

1.1　基于时空特征的模式分类

研究科技传播与普及的学者们从跨越时空、传播载体、流程特性、综合属性等角度对科技传播与普及模式进行过分类和研究。林坚在《科技传播与普及的结构和模式探析》中曾将科技传播与普及模式区分为历时性传播模式、空间跨越模式、地域推移模式。① 历时性传播指的是科学技术从古代、近代到现代的传播。空间跨越模式是指利用电话、广播、电视、计算机网络而突破空间障碍的传播。地域推移模式是科学技术在特定历史条件下的传播方式。由于世界地域辽阔，以前受交通工具和信息传播工具的局限，传播只能以地域推移的方式逐渐延伸。作为中国古代四大发明之一的印刷术西传就呈现明显的地域推移特征。历史学家认为，中国印刷术传入欧洲有几条不同的路线，其中最重要的一条就是经由我国新

---

① 林坚．科技传播的结构和模式探析 [J]．科学技术与辩证法，2001 (4)：49～53．

疆地区、中亚、西亚，最后辗转传到欧洲和世界其他地区。

事实上，社会的所有传播现象都涉及跨越时间、跨越空间两个基本方面，从科技传播与普及主要是实现时间跨越还是空间跨越来区分，科技传播与普及模式可以分为历时性传播、跨空间传播两种基本模式。[①] 历时性传播属于时间轴上的纵向传递，有很强的历史性特征，体现为历史性的跨越，对科学技术的传承与发展有重要作用。跨空间传播是空间轴上的横向扩散，有很强的空间跨越特征，体现为地域上的扩散。

跨越时间和跨越空间是传播现象不可分割的两个方面。在人类传播历史上，跨越时间的传播通常会带来跨越空间的结果，而跨越空间的传播通常需要跨越时间的条件。但随着传播技术和手段的不断进步，传播的跨空间和即时传播能力都得到了空前提高，即时性的跨空间传播也已经成为现实。当代，利用电视、互联网的传播已经可以实现相对即时性的跨空间传播。基于时空特征的模式分类对分析人类文明史中的科技传播现象有重要的价值和意义。

1.2　基于传播载体的模式分类

从传播载体的角度进行区分，可将科技传播与普及模式分为以人为载体、以物为载体、以媒体为载体等不同模式。在以人为载体的科技传播与普及中，掌握和拥有知识技能的人是知识技能传播的媒介和载体。这种传播模式在传播技术不发达的早期非常常见，也非常重要。例如，师传徒受、口口相传就曾是技术传播的基本形式；古代许多重要的技术成就就是通过人口迁徙、战争中俘获工匠等方式实现跨地域扩散的。

以物为载体的科技传播与普及是利用某种实物（例如展品、模型、产品等）作为负载知识信息的载体。在现代科技传播与普及体系中，各种纸质媒介（如图书、期刊、报纸）、电子媒介（如广播、电视等）、网络媒介（互联网和新媒体）都可以成为科技传播与普及的媒介。以媒体为载体的科技传播与普及有许多特殊的优势，容易扩展传播的范围，提高传播的效率，知识信息的可保存性和可复制性也相对比较强。

1.3　基于流程特性的模式分类

从传播流程特性的角度区分，科技传播与普及可以分为扩散式、交流式、参与式等不同模式。利用大众媒体的科学普及属于典型的扩散式传播。扩散式传播通常面向数量较大的受众群体，利用传播媒介和传播平台，其特点是传播者和受

---

① 翟杰全．让科技跨越时空：科技传播与科技传播学［M］．北京：北京理工大学出版社，2002：71.

众的角色相对固定，信息流动方向相对单一，具有扩散性强、传播范围广、传播速度快、倍增效应强等优点，利于知识信息的大范围扩散。但同时，扩散式传播也往往存在单向传播、反馈不充分等不足。

交流式科技传播与普及是知识信息可在传播者和受众之间双向流动的传播模式。利用人际交流的科技传播与普及就是具有交流特点的传播模式，其优点是传播者和受众可以在交流过程中交换角色，反馈迅速及时，可以使双方就某个话题深入讨论，实现知识信息的交流和共享。民主模型实践下的科学对话也属于交流式传播模式，科学家、政府部门、公众之间可以就某个科技议题进行讨论，最后达成共识。

参与式科技传播与普及主要指受众（传播者）通过参与科学过程获取（传播）科学技术内容的模式。普通公众在科学技术制度化的背景下已经被排斥在科学体制之外，但他们可以通过某种特定的"参与"过程获得科学技术知识和信息。例如，通过科技类博物馆举办的交互式、参与式展览体验科学探索的过程；通过参加科技兴趣小组、"公民科学项目"参与科学探索和科学研究工作，[①]等等。

1.4 基于综合属性的模式分类

近些年来，在公众理解科学和科学传播研究领域，有学者开始用"线性"和"非线性"的标准来区分科技传播的不同模式，认为传统科学普及的传播模式是线性的，并将科技传播与普及理解为从科学家群体（科学共同体）到公众的自上而下的、单向线性的传播过程；而强调多元、平等、开放、互动、民主、对话理念的当代科学传播模式是非线性的，它将科技传播与普及理解为参与者之间平等、互动、交流的关系。

有些科学传播学者总结过与"线性模式"相应的一些模型，例如约翰·杜兰特（John Durant）总结的"缺失模型"以及斯蒂文·夏平（Steven Shapin）总结的"权威解说模式"等。"缺失模型"认为公众缺乏知识，需要从科学家那里获得知识。而"权威解说模式"则认为，科学事业的专业化和复杂化使外行的公众难以理解，媒体（特别是大众媒体）需要在科学家和非科学家之间架起桥梁，向公众传播和解释科学。

---

① 所谓"公民科学项目"（Citizen Science Projects）一般是由科学机构或科学团体提出的，吸引青少年学生、业余爱好者、普通公众参与的探索性、研究性科学项目。学生或公众在这些项目中可以帮助科学家或与科学家一起进行探索性研究，包括监测环境数据、观察禽鸟数量、收集天气信息、搜集科学数据等。

许多科学传播学者认为，早期的科学普及坚持的是缺失模型或权威解说模式，随着科学技术的进步，当代科学传播模式不再是线性直达的，而是具有了循环互动和非线性的特征。在非线性的科学传播模式中，普通公众的主体意识被唤醒，要求与科学家以平等的姿态进行对话，从而使传播者与接受者之间形成了相互交流、共同合作的新型关系。[①] 强调科学对话、公众参与的"参与模型"、"民主模型"就是与非线性模式相应的传播模型。

以"线性"和"非线性"特征来区分科技传播模式，采用的实际上是综合标准，区分标准包括了科技传播理念、传播关系性质、传播流程特征等多方面内容。但强调非线性模式重要性的学者们往往轻视线性模式的重要性。事实上，在社会传播现象中，传播模式不断创新，但就一般情形而言，新模式的出现不会完全取代旧模式；从当代科技传播实践看，自上而下的线性模式和平等交流的非线性模式不仅都客观存在，而且都起着重要作用。

2　科技传播与普及模型问题

科技传播与普及模型涉及对科技传播与普及的基本特征、形态、关系、过程的基本理解，包括能够指导科技传播与普及实践的一些基本理解、观念、理念、理论。20 世纪 80 年代以来，随着公众理解科学运动的不断推进，人们对科学与公众关系以及科技传播与普及中出现的问题进行了更为深入的研究，概括或总结了科技传播与普及的一些模型。事实上，这些模型同时也可以被视为科学与公众关系、公众理解科学的模型。

2.1　缺失模型

在目前国内外科技传播与普及研究领域，"缺失模型"（The deficit model）是饱受批评的一个模型。批评者认为缺失模型包括或预设了这样一些观点：科学在现代生活中是至高无上的，科学知识是绝对可靠的知识；从科学到公众的知识流动是单向的和自上而下的；缺乏科学知识和对科学的不理解，导致公众疏远、怀疑甚至是拒绝科学；公众理解科学可以使公众更好地接受和支持科学，从而支持科学技术的发展与应用；等等。

"缺失模型"实际上主要是由缺失模型的批评者们概括和命名的。在批评者看来，缺失模型广泛流行于传统科学普及工作中，是传统科学普及的理论基础；20 世纪 70 年代以来欧、美等地的公众科学素质调查以及 80 年代提出的公众理解

---

① 黄时进. 科学传播导论［M］. 上海：华东理工大学出版社，2010：129～137.

科学概念也都以缺失模型为基础；缺失模型的许多观点和预设是存在问题的，它将公众视为缺乏科学知识的纯粹外行，把科学与公众之间的关系简化为知识单向传递的关系。

对缺失模型的批评得到了一些研究结果的支持。例如，关于公众态度的一些实证研究表明，公众拥有更多的知识并不意味着对科学有更多的支持，对科学的充分理解也并不一定会产生对科学的信赖，拥有科学知识的程度与对科学的态度之间不是线性递进的关系；以缺失模型为指导的公众理解科学经过二十余年的积极努力，也没有能让"正确回答"诸如 DNA 的定义或相对论知识的公众比例显著增长。[①]

对传统科学普及理论与实践的反思以及对"缺失模型"的批评和分析，对推进科技传播与普及理论与实践发展有重要的价值。但值得注意的是，强调公众知识缺失、强调科普重要性的观点与认为"公众无知"、"科学至上"并不完全等同，强调科学知识普及和公众理解科学即使在今天仍然具有重要的价值。公众相对于科技发展和工作生活需求而言的知识缺失已经成为当代科学与公众关系领域中的一个基本问题。

2.2 语境模型

有些"缺失模型"的批评者认为，公众不是等待知识注入的"空瓶子"，现实中的公众是在具体语境中接受和理解科学的，公众的个人心理和社会环境都会影响到他们对科学的看法。这就引出了"语境模型"（The contextual model）的基本观点。语境模型目前在那些需要特别重视受众看法的领域已经得到应用，例如在健康传播领域，医生在给患者提供相关医疗建议时就需要考虑患者个人的理解和看法以及他们所处的特殊情景。

语境模型认为，公众的生活经验、文化语境、个人境遇会为他们塑造一个社会心理认知框架，公众就是用这一框架来处理接收到的各种信息；社会系统和传播媒介的主张也会影响到公众的看法，放大或抑制公众对某些问题的担心。现实中有许多例子可以说明生活习惯和传统观念有时会妨碍人们接受新的观念，罗杰斯（E. M. Rogers）在《创新的扩散》中就收录过一个典型案例——"秘鲁村庄的开水风波"：[②]

秘鲁偏远山区的一些村民习惯于饮用生水，不知道不洁的生水会导致疾病，

---

① Bruce V. Lewenstein. *Models of public communication of science and technology* [EB/OL]. Version: 16 June 2003，[2009 - 12 - 09]. http：www. dgdc. unam. mx/Assets/pdfs/sem _ feb04. pdf.

② ［美］埃弗雷特·M·罗杰斯. 创新的扩散［M］. 辛欣，译. 北京：中央编译出版社，2002：1.

因而造成了许多健康问题。公共卫生组织人员在一个有 200 多户村民的村庄里开展了历时两年的喝开水推广活动，甚至对有的村民登门拜访达 25 次之多，但两年中仅说服了 11 个家庭主妇接受了这一生活习惯，原因是村民从小就养成了不喝开水的习惯，而且村民们还有一个根深蒂固的观念——"只有得病的人才喝煮过的热水"。

语境模型反对缺失模型将公众看作被动接受知识的"空瓶子"，认为公众会用自己的认知框架来处理和理解接收到的知识和信息。这就看到了公众理解科学中的复杂性，从理论和实践的角度看都是非常有价值的。语境模型的基本观点与传播学的结论也是一致的，传播学认为受众会用自己的认知模式来解释和理解接收到的信息，信息的来源、传播者的态度以及受众自身的需求、认知结构、所处的社会环境都会影响到他们对信息的理解与接受。

但语境模型本身也存在着一些问题，并因此受到一些学者的批评。例如，语境模型看起来反对缺失模型，但它既然认为公众按自己的方式而不是按科学的要求来理解科学，这实际上等于默认了"公众知识缺失"的观点，有学者因此就认为语境模型纯粹是缺失模型的一个更复杂的版本而已。[①] 另外，语境模型没有分析并回答公众按自己的方式理解科学是否妥当的问题；语境模型对科技传播实践有启发意义，但似乎很难给予操作性的具体指导。

2.3 地方知识模型

有些对缺失模型持批评态度的学者认为，公众在知识上并不是"一无所有"，他们拥有极有价值的地方知识、外行知识，反倒是科学家常常认为科学至高无上、正确无误，缺乏"内省"，看不到科学知识的局限性，忽视公众所拥有的地方知识的重要价值。这些观点引出了"外行知识模型"（The lay expertise model）、"地方知识模型"（The local knowledge model）、内省模型（The reflexivity model）。

这类模型得到了一些案例研究的支持。[②] 在地方知识模型、外行知识模型看来，科学专家掌握着专家知识、内行知识、科学知识，而公众则拥有外行知识、地方知识、外行专长，这些外行知识和专长对解决某些问题同样是有价值的；科学家往往自以为是地认为科学是没有问题的，应该被公众不加怀疑地接受，不仅

---

① Bruce V. Lewenstein. *Models of public communication of science and technology* [EB/OL]. Version: 16 June 2003, [2009 - 12 - 09]. http: www.dgdc.unam.mx/Assets/pdfs/sem_feb04.pdf.

② 刘兵，李正伟. 布赖恩·温的公众理解科学理论研究：内省模型 [J]. 科学学研究，2003（6）：581～585.

看不到公众拥有的地方知识的价值，而且将这类知识加以排斥，结果却使公众丧失了对科学的信任。

到目前为止，"地方知识"还没有明确定义，通常指的是那些还没有被科学认可的、具有某种本土特征的非标准化知识、地方知识、本土知识及民间知识。那些源于生活生产实践的经验、历史传承下来的传统知识通常都可以被归到地方知识之中。例如，传统中国医学（中医）、传统历法（阴历）就可以被看作一类典型的地方知识，国际医学界对中医是不是科学仍然存在争议，中医在许多国家仍然被视为另类医学。

地方知识模型、外行知识模型由于强调公众拥有地方知识、外行知识而赢得不少学者的支持，同时也因为存在一些内在缺陷而受到批评。地方知识模型认为公众拥有同样可以解决问题的地方知识，这似乎为论证公众与科学家之间的平等关系提供了重要论据，但这种将科学知识与地方知识区隔开来、赋予地方知识与科学知识平等权力的做法，事实上有可能加剧公众与科学之间的紧张关系。有学者因此就指责地方知识模型是"反科学"的。①

而且，地方知识模型、外行知识模型到目前为止还没有回答这样一个必须回答的问题：既然公众拥有同样可以解决问题的地方知识，他们是否可以因此而拒绝科学？事实上，每个拥有悠久历史的民族都会拥有许多还不能归到科学中的地方知识（在医疗健康、天气预测、节气历法等方面尤其如此），这些知识的确有重要的价值，需要（科学）给予足够的尊重和重视。但拥有这种地方知识似乎并不能给他们提供拒斥科学的理由。

2.4 民主模型

近些年来，许多学者认为科学与公众关系领域出现的问题（如公众不像以前那样支持科学了）并不是因为公众缺乏科学知识，而是因为公众对科学没有发言权，解决问题的办法不是强调从科学家到公众的知识传播，而是建立公众能够参与科学决策的民主机制，让公众能够参与到科学对话中来。这种观点引出了民主模型（The democratic model）、参与模型（The participation model，The engagement model）、对话模型（The dialogue model）。

在 20 世纪后期，包括转基因食品、转基因作物、克隆技术乃至信息技术、纳米技术在内的许多前沿科技的发展与应用引起了广泛的社会争议。这些新科技可能带来的健康安全风险或社会伦理挑战引起了公众的担心和忧虑，公众群体似

---

① Bruce V. Lewenstein. *Models of public communication of science and technology* [EB/OL]. Version：16 June 2003，[2009-12-09]. http：www. dgdc. unam. mx/Assets/pdfs/sem _ feb04. pdf.

乎出现了对科学的"信任危机"，这让政府组织和科学家们意识到发展科学对话的重要性。英国上议院 2000 年发布的《科学与社会》报告就提出了建立对话氛围、推进对话战略的建议。

英国科技办公室同年发布的《科学与公众》报告同样也强调了科学对话的重要性，认为科学技术在当代的发展如此重要，以至于需要在国家层面进行广泛的讨论，科学家和政治家不能在没有公众参与讨论的情况下做出决策；科学传播应该充分利用媒体促进公众的科学参与，让公众参与到科学对话中来。《科学与公众》报告认为，强调专家与非专家双向对话的"参与模型"是比"缺失模型"更好的一个科学传播模型。

对话模型、参与模型、民主模型强调发展科学与公众的交流对话、促进公众参与科学事务讨论、建立科技决策领域民主机制的重要性。正是在民主模型的推动之下，当代科学传播政策和实践发生了重要转向，合作、交流、对话、参与成为科学传播领域新的流行语。很显然，在基于民主模型的科学传播实践中，公众地位得到极大提升，不仅成为科学对话的重要参与者，而且在科学决策讨论中扮演着重要角色。

对话模型、参与模型、民主模型的提出顺应了推进社会民主化进程的要求，促进了科学传播理念与实践的变革。但民主模型本身也存在着需要进一步深入研究的许多问题，譬如说由于强调对公众科学权利的政治承诺，民主模型更像是一个关于科学与公众关系的政治学模型（而非科学传播模型）；模型仍然需要回答公众如何才能切实地参与对话、科学传播在其中扮演什么角色等问题。

2.5　对现有模型的简单分析

近些年来，在公众理解科学和科学传播理论与实践领域，对缺失模型的反思和批评，对语境模型、地方知识模型、民主模型等的探讨和分析，深化了对当代科学与公众关系复杂性的理解，促进了科技传播与普及的理念更新，推动了科技传播与普及理论和实践的发展。但到目前为止，科技传播的新模型仍然处于发展中的阶段，不仅每类（各）模型各有需要回答和解决的问题，而且所有这些模型都还不能很好地概括和解释当代多样化的科技传播与普及实践。

科技传播与普及的当代实践模式和活动类型具有复杂多样的特征，包括了从科技类博物馆的科学展览、大众媒体的科技报道、科学团体的公共讲座到科学对话中的公共协商等各种模式和类型。就这些不同模式和类型与现有模型的关系看，任何一类（个）模型都不能有效概括和合理解释科技传播实践中的所有传播模式与类型，某些具有复合性特征和多重目标的科技传播活动也无法在任何一个单一模型中得到很好的解释。

公众理解科学学者杜兰特认为，缺失模型的一个很大优点在于它非常适合于理解公众理解科学在教育方面的作用，而民主模型则在有争议的转基因食品等问题讨论中更为适用。[①] 科学传播教授布鲁斯·赖温斯坦（Bruce Lewenstein）则认为，在英美等国家颇有传统的"公民科学项目"弥补了公众知识缺失、促进了公众的科学参与、帮助人们用地方知识解决了本地问题，但现有模型却不能解释这类拥有多重交叉目标的活动。[②]

科技传播与普及模型目前仍然是需要深化研究和广泛探讨的基础课题，不同的科技传播实践可能需要不同模型（系列模型），科技传播理论可能需要更具概括性、整合性、开放性的模型。翟杰全在《科技公共传播：知识普及、科学理解、公众参与》中曾提出过一个包含科学知识普及、公众理解科学、公众参与对话的"整合模型"，[③]《科技传播与普及概论》对这一整合模型又给予了发展。[④]

本 讲 小 结

科技传播与普及存在着不同的模式和类型，学者们已经对科技传播模式进行了初步研究，但到目前为止，模式理论还没有很好地建立起来。学者们近些年来也热烈地讨论了科技传播模型的许多问题，提出了缺失模型、语境模型、地方知识、民主模型等模型。但到目前为止，这些模型仍然还不能很好地概括和解释当代科技传播与普及实践，模型本身还有许多需要回答和解决的问题。科技传播模式和模型问题都是科技传播与普及研究领域需要深化研究的基础课题，需要科技传播与普及理论和实践界根据科技传播与普及实践的发展，提出更有解释力的模式理论和传播模型，促进科技传播与普及的模式创新和理论创新。

---

① 转引自：李正伟，刘兵. 公众理解科学的理论研究：约翰·杜兰特的缺失模 [J]. 科学对社会的影响，2003（3）：12～15.

② Bruce V. Lewenstein. *Models of public communication of science and technology* [EB/OL]. Version：16 June 2003，[2009 - 12 - 09]. http：www. dgdc. unam. mx/Assets/pdfs/sem _ feb04. pdf.

③ 翟杰全. 科技公共传播：知识普及、科学理解、公众参与 [J]. 北京：北京理工大学学报（社会科学版），2008（6）：29～32.

④ 参见：任福君，翟杰全. 科技传播与普及概论 [M]. 北京：中国科学技术出版社，2012：155；或参见本教程第七讲.

第六讲　科技传播与普及的当代需求

20世纪（特别是20世纪下半叶）以来，随着科学技术的突飞猛进及其在社会生产生活各领域中的广泛应用，科学技术与社会的关系变得前所未有的紧密，科学技术创新成为经济社会发展越来越重要的驱动力，社会生产生活也受到科学技术应用越来越深刻的影响。来自于公众、社会、国家各个层面的旺盛需求提升了科技传播与普及的地位和作用，推动了当代科技传播与普及的快速发展。

1　当代科学技术和经济社会的发展

科学技术在20世纪建立了一系列全新的理论，获得了一系列重大的突破，特别是在20世纪下半叶实现了迄今为止最为重要的一次科学技术革命。这次新的科学技术革命改变了科学技术与社会的基本关系，使科学技术创新成为经济增长的基本动力，科技驱动发展、创新推动增长成为当代经济社会发展的基本特征。科学技术本身的迅猛发展以及经济社会对科技创新的高度依赖使科技传播与普及的重要性在当代有了前所未有的增长。

1.1　当代科学技术的基本特征

20世纪以来的科学技术呈现一系列全新的发展特征：科学技术研究不断向更微观和更宏观的对象领域拓展；学科高度分化而又不断交叉融合；科技创新成果不断涌现，加速发展趋势日益明显；科学技术知识在"复杂性"和"数量"上都有了前所未有的上升。当代科学技术的这种发展特征，不仅让公众了解当代科学技术及其发展遇到了更多困难，甚至连科学家之间的相互了解也受到了直接影响。

进入20世纪，科学技术研究的对象领域得到极大拓展。科学在微观方面深入到了原子、电子、基本粒子、基因层次以及量子领域、纳米尺度，在宏观方面扩展到星系、黑洞和宇宙的爆炸，当代科学前沿已经进入一个与人们所熟识的经验世界不同的"超经验"世界。20 世纪的技术对象也已经不再是传统意义的"物体",而是分子、原子、电子或基因。伴随着科学技术不断向纵深发展,科学技术拥有了更多难以用传统知识来理解的内容。

20 世纪的科学技术学科高度分化而又不断交叉融合。科学技术不断向纵深领域的推进,增强了科学技术的专业分工和学科分化。目前,仅自然科学的学科分支就达数千个之多。与此同时,学科之间又不断交叉、渗透、融合,跨学科研究新领域和交叉边缘学科不断产生,从而使学科关系更为复杂,学科边界更加模糊。学科不断分化和交叉融合已成为当代科学技术发展的两种基本趋势。

而科学技术领域的交叉融合使科学技术内部形成了新的互动机制,促进了科学技术的"群状突破"。譬如在技术领域,进入 20 世纪后半叶以来,微电子技术、信息技术、新材料技术、新制造技术、激光技术、生物技术、航空航天技术在内的整个技术群系实现了整体突破。在当代,任何一种重大的技术突破都有可能依赖相关技术突破,并给其他领域的技术突破创造条件,"集成创新"成为当代科技创新的一种重要模式。

20 世纪的科学技术也呈现出明显的"指数增长"特征。进入 20 世纪下半叶以来,科学技术全面进入"大科学"阶段,在科学技术内外各种因素的共同推动下,科学技术发展速度有了前所未有的提高,新理论和新技术呈激增之势,知识更新速度明显加快,呈现"指数增长"、爆发式增长的新特点。有学者曾估计,科学技术在最近几十年中所取得的新成果已经超过了人类过去 2000 年科技成果的总和。

20 世纪科学技术发展的另一方面特征是科学和技术之间的互动关系日渐明显,科学和技术之间的界限愈加模糊,科学技术化、技术科学化、科学技术一体化成为重要趋势。在 20 世纪,科学理论的发展引导着技术发展的基本方向,技术突破越来越依赖理论上的突破,甚至许多重大成就往往都是对突破性理论的直接应用。同时,科学理论的发展对先进技术手段的依赖性也不断增强,科学研究的方向也越来越受到技术应用目标的牵引。

特别在 20 世纪下半叶,科学和技术的相互促进和融合趋势不断增强,从科学理论的突破、到技术原理的提出、再到实现技术突破之间的间隔越来越短。信息科学技术、环境科学技术、能源科学技术、材料科学技术、生物医学科学技术等领域的快速发展实际上都应归功于科学和技术的这种互动和融合。科学和技术的相互促进和不断融合不仅促进了科学技术本身的迅猛发展,而且为科学技术的快速应用奠定了重要基础。

1.2 当代经济社会的发展特征

科学技术在 20 世纪的迅猛发展和广泛应用同时也改变了科学技术与经济社会的基本关系，推动了社会生产方式和经济社会发展模式的深刻变革，科技驱动发展、创新推动增长成为当代经济社会发展的基本特征。特别是 20 世纪下半叶以来，科技知识创新、传播、应用的规模和速度不断提高，科学研究、技术创新、产业发展、社会进步相互促进和一体化发展趋势更加明显，正在深刻改变着世界科技和经济社会发展形态。[1][2]

首先，科学技术的广泛应用促进了科学、技术、生产的一体化。科学技术成果在当代社会生产领域获得了广泛运用，生产技术进步也越来越依靠科学技术的应用。科学、技术、生产的一体化为社会生产提供了先进手段，促进了科学技术向现实生产力的快速转化，使科学技术第一生产力的作用日益突出。自动化、信息化、智能化成为当代主导的生产方式，柔性制造、智能制造、全球制造日益成为生产方式变革的基本方向。

其次，科学技术创新成为经济社会发展的基本推动力量。科学技术的迅猛发展和广泛应用深刻改变了传统的经济发展方式，提高了产业的技术水平，推动了产业结构的变革，科学技术越来越成为推动产业进步和经济增长的基本动力。特别是在 20 世纪下半叶，以知识和信息为基础的产业快速发展，成为推动经济增长的引擎，经济发展方式正在向充分依靠科学技术应用的创新驱动型的方向转变。经济社会发展在当代已经迈进知识经济阶段。

最后，当代社会在科学技术促进之下呈现出高度科技化的特征。科学技术在社会生活、生产、管理等各领域的应用促进了社会环境、社会面貌的深刻变革，社会生活对科技产品的依赖性越来越强，社会生产的科技含量越来越高，社会管理也越来越依赖科学技术手段的运用。科学技术的发展和应用从来没有像今天这样深刻影响着社会生产生活的方方面面，也从来没有像今天这样深刻地影响着人们的思想观念和生活方式。

2 当代科技传播与普及需求的普遍化

当代科学技术与社会之间有着越来越紧密的关系，使经济社会发展、社会生

---

① 胡锦涛. 坚持走中国特色自主创新道路 为建设创新型国家而努力奋斗——在全国科学技术大会上的讲话 [EB/OL]. [2006-01-09]. http://news. xinhuanet. com/st/2006-01/09/content_4030855. html.
② 胡锦涛. 在中国科学院第十五次院士大会、中国工程院第十次院士大会上的讲话 [EB/OL]. [2010-06-07]. http://www. gov. cn/ldhd/2010-06/07/content_1622343. html.

产生活以及社会的各类组织和群体受到了科学技术及其应用的广泛影响，从而促进了科技传播与普及需求的不断增长，使科技传播与普及的地位、作用和价值得到前所未有的提升。在当代科学技术与经济社会发展背景下，来自于国家、社会、公众等不同层面的科技传播与普及需求不仅呈现日益增长的态势，而且呈现普遍化、多样化、分层化的发展特征。

2.1 科技传播与普及的国家需求

当代科学技术的迅猛发展及其对经济社会发展的深刻影响，给世界各国的国家发展都提出了重大挑战。美国、日本、欧洲等发达国家和地区纷纷将科技创新确立为基本国策，加强国家创新体系建设，目标就是充分依靠科学技术和科技创新提升国家的综合国力和核心竞争力。基于对当代科学技术和社会发展基本趋势科学分析及对我国基本国情和战略需求的准确判断，我国同样也提出了提高自主创新能力、建设创新型国家的发展战略。

从当代科学技术和社会发展的基本要求以及世界科技发达国家的经验看，创新型国家建设不仅依赖创新能力的不断提高和创新机制的不断完善，也依赖国民科学素质的不断提高、创新环境的良好营造。科学技术创新和科学技术普及是支撑创新型国家建设的两个重要方面，没有创新活动的活跃和创新成果的不断涌现，创新型国家建设目标便难以实现；没有科学技术的充分普及和公民科学素质的不断提高，激励创新的社会环境当然也难以良好营造。

很难想象在科技传播与普及并不活跃的社会里，科学技术成果能够得到广泛传播和应用，科技创新能够得到良好发展，国家创新体系能够高效运行，创新型国家建设目标能够顺利实现。因此，在科技创新驱动经济社会发展的时代，任何有远见的国家及政府都会从国家发展战略的高度看待科技传播与普及的重要价值，加大科普投入和科普工作力度，加强科普能力和设施建设，高度重视动员和激励社会各界科普积极性的机制建设。

科技传播与普及可以给提高全民科学素质、培育社会创新文化、营造激励创新的社会环境、建设创新型国家提供多种重要服务和基础支撑。在当代科学技术和社会发展背景下，科技传播与普及已经和国家发展战略需求紧密联系在了一起，强化科技传播与普及工作也因而成为国家实施科技创新发展战略的基本措施之一。基于提高全民科学素质、建设创新型国家目标而产生的科技传播与普及需求，构成了科技传播与普及领域的国家需求。

2.2 科技传播与普及的社会需求

社会各领域、各行业、各产业以及社会各类组织对科技传播与普及的需求，构成科技传播与普及的社会需求。① 这种需求包括他们作为受众接受科技传播与普及、获得必要知识和信息的需求，也包括他们作为传播者面向社会和公众传播普及本领域（行业、产业）科学技术知识和信息的需要。随着社会各领域、各行业、各产业以及社会各类组织对科学技术依赖性不断增强，科技传播与普及的社会需求也在不断增长。

科技传播与普及社会需求的增长主要源于两种基本的原因：一是为了充分利用科学技术促进本领域（行业、产业、组织）的发展，社会各领域（行业、产业、组织）都需要利用各种科技传播与普及途径获取有用的知识和信息，提升成员的素质和能力；二是通过各种形式的科技传播与普及活动向社会和公众传播本领域（行业、产业）的科技知识和信息，以赢得社会和公众的了解、关注和支持。

但不同领域（行业、产业）中的不同组织在具体参与科技传播与普及的时候，又可能因面对的具体问题不同而在需求和动机方面呈现出复杂多样的特点。② 譬如，政府部门积极参与科技传播与普及更主要的是为了提高公众的科学素质，促进公众对政府决策内容的理解和支持；而公司企业积极参与科技传播与普及活动，重要的动机之一是为了促进消费者对富含科技的新产品或新技术的认知与接受。

国际公众理解科学领域的著名学者杜兰特就曾指出，生活在复杂的科学技术文明中的人们应该具有一定的科学知识水平，政府需要高素质的公民参与政治，实业家们需要具备技术素养的劳动力加入到他们的生产大军，科学家们需要更多具有科学素质的公众支持他们的工作；许多公共政策的决议也都含有科学背景，只有当这些决议经过具备科学素质的公众的讨论，才能真正称得上是民主决策。③

科技传播与普及社会需求的不断增长使社会各领域、各行业、各产业及其组织成为科技传播与普及的积极参与者，促进了科技传播主体多元化的发展，活跃了社会的科技传播与普及局面，带动了行业科普、产业科普的发展，使科技传播与普及出现领域分化和行业细化的发展趋势。目前在科技发达国家，科技传播已经细化出诸如工程技术传播、环境科学传播、医疗健康传播等不同的专业领域。

---

① 从广义上说，科技传播与普及的社会需求包括来自于国家和政府，社会各领域、各行业、各产业，以及社会各类组织和公众各类群体在科技传播与普及方面的各类需求。这里是狭义的理解，仅指来自于社会各领域、各行业、各产业以及社会各类组织的科技传播与普及需求。

② 翟杰全. 科技公共传播的传播主体及其参与动机 [J]. 北京理工大学学报（社会科学版），2005（5）：13～16.

③ 转引自：李正伟，刘兵. 公众理解科学的理论研究：约翰·杜兰特的缺失模 [J]. 科学对社会的影响，2003（3）：12～15.

2.3 科技传播与普及的公众需求

科技传播与普及的国家需求和社会需求都与公众需求关系密切，甚至可以说最终都根源于社会全体公众的需要，从本质上说都属于"因公众需要而产生"的需求。但在当代科学技术与社会发展背景下，科技传播与普及的公众需求包括来自于公众工作、学习、生活、参与公共事务所产生的各种需求。随着科学技术与公众社会生活越来越密切，这类需求同样也有了前所未有的增长。

首先，在科学技术迅猛发展和广泛应用的促进下，社会生产和生活环境发生了巨大变革，科技化程度有了极大的增长，公众无论在工作学习中还是在日常生活中，都不得不经常性地接触与科学技术相关的问题，使用科技含量较高的产品。为了更好地适应高度科技化的社会环境，提升各种工作技能，改善日常生活的质量，当代公众显然要比过去的公众更需要通过科技传播与普及获得更多的科学技术知识和信息。

其次，随着经济社会发展越来越依靠科学技术的发展和应用，科学技术越来越广泛地影响到社会生产和生活的各个领域。作为科学技术发展资源提供者和科技应用后果承担者的公众显然也需要更好地理解科学技术的发展和应用，关注科学技术对人类生活可能产生的各种影响，并能运用所掌握的科学技术知识积极参与社会公共事务。基于公众理解科学、参与公共事务的科技传播与普及需求在当代同样不断增长。

最后，科学技术与公众关系领域在 20 世纪下半叶出现了许多值得关注的复杂矛盾，譬如一方面是科学技术越来越广泛直接地影响到公众生活，公众不得不经常性地接触科技现象，另一方面却是随着科学技术专业化程度不断提高，公众了解科学技术变得越来越困难，特别是随着科学技术大规模的广泛应用，产生的应用后果似乎也变得更为复杂、难以预料、令人担忧。80 年代的公众理解科学运动、90 年代的科学对话议题事实上都与此有关。

无论是因为科学技术与公众的关系变得前所未有的紧密，还是因为公众需要提升自身科学素质、参与公共事务和科学对话，来自公众的科技传播与普及需求都有了前所未有的增长。科技传播与普及需要给生活于当代科学技术与社会背景下的公众传播普及更多的知识，帮助他们更好地理解科学技术，促进他们更积极地思考科学技术发展和应用的问题、更好地参与与科学技术相关的公共事务。

总之，在当代科学技术与社会发展背景下，来自国家、社会、公众各个层面的科技传播与普及需求都有了普遍性的增长，而且呈现出明显的多样化和分层化特征。这种不断增长的科普需求不仅是促进当代科技传播与普及活跃起来的基本原因，而且通过转变为国家、社会、公众对市场的和非市场的科普产品和科普服务的强烈渴求，而推动公益性科普事业和经营性科普产业的发展，从而成为推动当代科技传播与普及继续繁荣发展的基本动力。

本 讲 小 结

科学技术在 20 世纪的迅猛发展和广泛应用促进了经济社会发展的深刻变革，也深刻影响着社会生产生活方式以及科学技术与公众之间的基本关系。科学技术和经济社会的这种发展特征提升了科技传播与普及的地位和价值，促进了来自国家、社会、公众各个层面的科技传播与普及需求不断增长。在当代，科技传播与普及已经与国家战略发展需求、社会各领域发展需求以及公众的工作、生活、参与公共事务需求紧密联系在了一起。当代科技传播与普及理论和实践需要全面分析来自于国家、社会、公众各层面的科技传播与普及需求，并站在国家发展、社会发展、科学与公众关系的高度来理解科技传播与普及的价值和科技传播与普及工作的重要性。

第七讲　科技传播与普及的当代任务

目前，人们对科技传播与普及目标、任务的看法和理解还不尽相同。与科技传播相关的研究文献和政策文本中有关于科技传播与普及目标和任务的各种说法，例如促进公众对科学技术的掌握、理解和运用，提高公众的科学意识、兴趣和素质，让公众了解科学技术在社会中的作用及其方式，形成科学理性的行为方式和生活方式，拥有对待科学技术的理性态度，能够参与社会公共事务和科学对话，等等。

事实上，科技传播与普及并不是只有单一的目标和任务。随着科技传播与普及需求普遍化和多样化的发展，科技传播与普及实践的目标和任务也呈现出多样化和分层化的特点。科技传播与普及的当代目标包括提升公众素质的目标（公众目标）和服务社会发展的目标（社会目标）等不同方面，当代任务则可以区分为普及科学技术知识、促进公众理解科学、服务公众参与科学、服务科学技术创新等不同层次。

1　科技传播与普及的当代目标

科技传播与普及的基本功能是通过传播普及科学知识、科学方法、科学思想、科学精神以及与科学技术与社会发展相关的内容，促进科学技术的社会扩散和公众对科学技术的分享，激发公众个人、群体、社会组织对科学技术的意识、体验、兴趣、理解和意见。科技传播与普及的目标涉及公众科学兴趣、公众科学意识、公众科学素质、公众理解科学以及公众参与、科学对话、科学文化、科技创新等多个方面。

这些不同的方面大体可以概括为公众目标和社会目标两个基本层次。提高公众科学兴趣、增强公众科学意识、促进公众理解科学、提升公众科学素养主要涉及科技传播与普及在公众个人或群体方面可能产生的作用和影响，属于科技传播与普及的公众目标；培育科学文化、发展科学对话、促进公众参与、服务科技创新更多的是与科技传播与普及的社会功能有关，属于科技传播与普及的社会目标。

1.1　科技传播与普及的公众目标

英国科技办公室 2000 年发布的《科学与公众》报告认为，科学传播参与者对科学传播目的的认识和理解并不一致，不同参与者往往从不同角度来理解科学传播的目的：传播科学技术知识、影响公众的科学态度、解释科学的经济社会作用、传播科学对日常生活的意义等。① 这些不同的理解事实上都与科技传播与普及的公众目标有关。伯恩斯等学者给出的科学传播"AEIOU 定义"也突出强调了科学传播在公众个人和群体层面所要达成的目标。

科技传播与普及的公众目标在科技传播与普及所有目标中处于最基础的地位，它本身又包括许多相互有别的子目标，尤以公众科学意识、公众理解科学、公众科学素质最值得关注。"公众科学意识"（Public Awareness of Science）属于对科学技术的一种积极的心理倾向，到目前为止还没有精确定义。如果一个公众拥有学习科学技术的积极意愿，遇到问题时能积极寻求科学的理论和方法，那么就可以认为他拥有某种程度的科学意识。

"公众理解科学"（Public Understanding of Science）可以被简单定义为"非专家人士对科学问题的理解"，② 通常包括公众对科学概念和知识的理解、对科学方法和本性的理解、对科学的社会作用以及科学与社会之间关系的理解等。国际学术界至今还没有对"公众理解科学"和"科学传播"这两个概念的关系予以清晰界定，甚至有学者将它们视为可以互相替代的同义语。实际上，公众理解科学是科技传播所要达到的一个重要目标。

"公众科学素质"（或"公众科学素养"，Scientific Literacy）问题是 20 世纪下半叶受到广泛关注的热点问题，最初指的是公众具备阅读和理解与科学相关的文章的基本能力。20 世纪 80 年代以来的科学素养概念深受美国学者米勒提出的科学素养三维模型的影响，该模型将科学素养概括成三个方面：对基本科学术语的理解，对科学方法、过程或本质的理解，对科学技术作用于个人和社会的影响以及相关政策的理解。

中国国务院 2006 年颁布实施的《全民科学素质纲要》将"公民科学素质"

---

① Office of Science and Technology And Wellcome Trust. *Science and the public*：*A review of science communication and public attitudes to science in Britain* ［R］．London：2000．［EB/OL］．http：// www. wellcome. ac. uk/stellent/groups/corporatesite/@msh_peda/documents/web_document/wtd003419. pdf.

② The Select Committee appointed to consider Science and Technology, House of Lords. *Third Report*：*Science and Society* ［R］．London：2000．［EB/OL］．http://www. publications. parliament. uk/pa/ld199900/ldselect/ldsctech/38/3805. html.

界定为"了解必要的科学技术知识，掌握基本的科学方法，树立科学思想，崇尚科学精神，并具有一定的应用它们处理实际问题、参与公共事务的能力"，并认为科学素质是公民素质的重要组成部分，提高公民科学素质对于增强公民获取和运用科技知识的能力、改善生活质量、实现全面发展以及对于提高国家自主创新能力、建设创新型国家等具有十分重要的意义。

提高公众科学意识、促进公众理解科学、提升公众科学素质是科技传播与普及在公众层面所要达成的重要目标，公众科学意识、公众理解科学、公众科学素质之间同时也具有密切关系。公众一旦拥有了科学意识这种积极心理倾向，他们便会更加积极主动地学习并运用科学技术，从而为提高科学素质和科学理解水平创造条件，公众科学意识"可以被看作公众理解科学和科学素养的先决条件，实际上也是后者的根本组成部分"。[①]

科技传播与普及和公众科学意识、公众理解科学、科学素养之间具有双向促进的关系。科技传播与普及是提升公众科学意识、促进公众理解科学、提高科学素养的重要手段和途径；而公众较高的科学意识、科学理解和科学素养水平，能够促进公众对科学技术产生更为积极的心理指向和兴趣水平，激励他们更积极地参与科技传播与普及活动，并提升科技传播与普及活动的效果。

1.2 科技传播与普及的社会目标

科技传播与普及的社会作用存在这样一个"链式反应"：科技传播与普及活动首先作用于参与活动的公众个人，引发个人对科学技术的意识、兴趣、理解和意见等（个人反应）；如果有足够数量的公众个人展示了这种反应，那么它们就可以被看作属于公众群体的反应（群体反应）；一旦某种反应成为公众群体的思想认识或社会行为的一部分，科技传播与普及便会影响到整个社会的思想意识和文化氛围。

科技传播与普及的社会目标包括促进科学文化、科学对话、公众参与、科技创新等多个方面。"科学文化"（Scientific Culture）从广义的角度理解是基于科学技术的发展及其应用而建立起来的一种社会文化。在这样一种文化环境与氛围中，科学技术能够高度介入社会过程并得到社会的支持，社会成员重视应用科学技术并追求自身科学素质的提升，科学技术和社会能够良性交互作用并相互促进。

健康的科学文化拥有一整套促进和规范科学技术发展与创新的价值观念和社

---

① T. W. 伯恩斯，D. J. 奥康纳，S. M. 斯托克麦耶. 科学传播的一种当代定义 [J]. 李曦，译. 科普研究，2007（6）：19～33.

会规范。在这种价值观念与社会规范的激励和影响下，公众有学习科技知识、提高科学素质的意愿，有关注科技发展、参与科技事务的热情，能较好理解科学技术及其作用，理性看待和支持科学技术；社会有促进科学技术发展的动力和机制，科学技术创新拥有活力。科技传播与普及和科学文化建设具有密切关系，甚至有学者认为科学文化传播是当代科学传播的核心任务[①]。

科学技术的迅猛发展和广泛应用带来了激动人心的效果，但引发了人们的许多担忧和激烈的社会争议，科学对话（Scientific Dialogue）和公众参与（Public Participation）因而成为社会关注的热点话题之一。在近些年来的国际公众理解科学和科学传播实践中，许多国家政府部门和科学团体就探索了利用共识会议、圆桌讨论、公众参与技术评估等形式，吸引公众参与到科学事务讨论中来。

科技传播与普及可以给科学对话和公众参与提供多种重要的服务和支撑的条件，例如激发公众对科学技术问题的思考，提升公众的科学素质和科学理解水平，为公众参与对话提供相应的渠道和平台等。鉴于科学对话、公众参与在促进科学技术与社会良性互动、解决科学技术与公众关系领域出现的各种问题等方面的重要价值，科技传播与普及需要为科学对话、公众参与提供服务，并通过这种服务促进科技决策领域的民主机制建设。

科学文化、科学对话本身都不是最终的目的，培育科学文化、发展科学对话，是为了激励、促进、引导、规范科学技术的发展、应用和创新。当代科技传播与普及需要通过传播普及科学技术、培育科学文化、发展科学对话，服务科学技术的发展、应用和创新，让科学技术发展成果普惠于社会，发挥推动社会的最大效用。服务科学技术发展、应用和创新，是当代科技传播与普及的重要目标。

2　当代科技传播与普及的当代任务

科学技术对社会影响的广泛化、科学与公众之间关系的复杂化决定了当代科技传播与普及任务目标的多重性。传播普及科学技术知识、促进公众理解科学、服务公众参与科学、服务科学技术创新是当代科技传播与普及的基本任务。科技传播与普及通过承担这些任务，让公众拥有较高水平的科学兴趣、科学意识和科学素质，使社会拥有健康的科学文化以及科学对话机制，激励、促进、引导、规范科学技术的发展和创新。这是经济社会和科学技术健康发展的基本前提，也是科技传播与普及的价值所在。

---

① 张玉玲.科学文化：当代中国科学传播的核心内容［J］.河南大学学报（自然科学版），2005（3）：123～126.

2.1 普及科学技术知识

在当代科学技术和社会发展的背景下，"普及科学技术知识"的重要性是不言而喻的。随着科学技术越来越广泛深入地应用于社会生产生活的各个领域，公众的工作和生活、社会的过程和环境越来越受到科学技术的直接影响。如果社会和公众不能拥有必要的科学技术知识，无论是社会的健康发展还是公众的工作生活，都将面临严重的问题，科学技术本身也将失去必要的公众支持和社会监督。

科技传播与普及的社会价值就在于在科学技术与社会、科学技术与公众之间建立一座知识传递的桥梁，基本功能就在于利用适当的科技传播方法、媒介、活动，将科学家群体和科学研究机构创造的知识和成果传播、输送、普及给社会和公众，促进科学技术知识的社会扩散和公众对科学技术的分享。当然，科技传播与普及的内容并不仅限于具体的科技知识，但传播普及科技知识显然是一个重要的基础。

普及科学技术知识无论对公众还是对社会都具有重要的价值，科学技术知识的广泛普及，可以提高公众的科学素质和认识水平，改善公众的物质生活和精神生活；有助于提升社会的知识水平和文明程度，促进社会对科学技术的应用，从而实现科技传播与普及的公众目标和社会目标。很难想象，没有科学技术的充分普及，公众能有对待科学技术的理性态度，能够切实参与到科学技术问题对话的讨论中来。

2.2 促进公众理解科学

在当代科学技术和社会发展的背景下，"促进公众理解科学"的重要性同样是毋庸置疑的。20 世纪 80 年代以来，公众理解科学问题受到社会各界的关注，公众理解科学也成为一个十分活跃的研究和实践领域。尽管到目前为止，研究性文献还没有给出"公众理解科学"的确切定义，但通常认为公众对科学的"理解"包括理解科学的基本术语、观点和知识，理解科学的方法、过程和本质，理解科学影响个人与社会的作用及其作用方式等。[①]

与"普及科学技术知识"的任务不同，"促进公众理解科学"重在增进公众对科学技术及其作用的深刻理解和全面认识。米勒认为，懂得一些科学知识同理解科学显然是不一样的，懂得事实本身并不意味着理解了它们的意义。[②] 公众对

---

① 转引自：李大光.对"公众理解科学"的理解［N］.中华读书报，2005－04－13.

② 李正伟，刘兵.公众理解科学的理论研究：约翰·杜兰特的缺失模型［J］.科学对社会的影响，2003（3）：12～15.

科学的理解依赖对科学术语、科学概念、科学理论的理解，但更重要的是理解科学的方法、过程以及科学对个人和社会的影响，理解科学技术的局限性和复杂性，从而深刻认识科学技术的本质和特点。

科学技术知识的传播普及和公众对科学技术的学习思考是公众理解科学的基础，公众理解科学则是提升公众科学素质、参与科学对话的基础。如果公众不能拥有对科学的基本理解，没有对科技发展和应用的独立思考，公众科学素质就无法得到有效提升，参与科学对话就会成为一句空话。例如，有学者通过研究发现，对转基因技术和层出不穷的新技术缺乏理解就造成了部分公众出现非理性的态度。①

2.3　服务公众参与科学

贝尔纳早在 20 世纪 30 年代就曾强调过"群众参与科学工作"的重要性，但直到最近若干年，随着科学对话问题的提出，人们才又重新意识到了"公众参与科学"的重要价值。公众对科学的参与包括不同的层次和形式，例如参与科学研究工作（如参与"公民科学"计划项目），参与科技创新活动，利用各种途径（如利用媒体）参与科学问题讨论，作为公众代表参与科技政策协商（如在"共识会议"中），等等。

其中最有价值的参与活动是参与科学技术决策的讨论和协商，这种参与实际上是与民主社会保障公众在科学技术方面的基本权利紧密联系在一起的。现代科学技术发展需要耗费庞大的社会资源，科学技术应用也会给社会带来广泛影响（有时甚至会导致严重后果）。因此，在科学技术发展与应用的一系列重大问题上，需要充分保障公众的知情权、话语权、参与权、监督权，民主社会不能将公众排除在科技决策之外。

当代科技传播与普及需要、也可以为"公众参与"提供多方面服务，例如：通过传播普及科学技术相关内容，促进公众对科学技术及其作用的理解，提升公众在科技发展与应用问题上的判断力；利用媒体等手段设置讨论议题，激发公众对科技发展与应用问题的思考与讨论；通过探索兼具科学对话功能的科技传播活动形式，建设公众参与政策协商、科学对话的渠道和平台，让公众能够切实参与到科学对话中。

2.4　服务科学技术创新

科技传播与普及的目的不是为了告诉社会和公众"科学是什么"、"科学怎么

---

① 转引自：李大光．理解科学是否就能信赖科学［N］．中华读书报，2006－01－25．

样"，以便让社会和公众被动适应科学技术的要求，也不是为了让公众以怀疑的眼光对待科学技术的发展及其应用，而是要通过促进社会和公众对科学技术及其作用的理解，对科学技术问题的思考，形成理性的态度和行动，培育健康的科学文化和创新文化，建立健康的科学对话机制，激励、促进、引导、规范科学技术的发展和创新，最终促进社会进步和人的全面发展。

"服务科学技术创新"是当代科技传播与普及需要承担的一项重要任务，科技传播与普及同样可以从多个方面为科学技术发展和创新提供服务，例如提高公众的科学素质、营造激励创新的环境、提高国家创新体系内知识交流效率，[①]等。科技传播与普及和科学技术创新是科学技术工作中两个相辅相成的重要方面，传播普及科学技术、提高全民科学素质，是激励科技创新、建设创新型国家的内在要求。[②]

3　科技传播与普及的整合模型

在科技传播与普及需求普遍增长和多样化发展的推动下，当代科技传播与普及已经呈现出多主体（科学共同体、政府部门、公司企业、社会组织、公众群体等）、多内容（科学知识、方法、思想、精神、科学的社会作用等）、多渠道（科学教育、大众媒体、科普设施、群众性科普活动、科学对话活动等）、多任务（普及科技知识、促进公众理解科学、服务公众参与科学、服务科技创新等）的发展特点。

根据当代科技传播与普及的这种发展特征和发展趋向，可以为科技传播与普及建立如图7-1所示的整合模型。

当代科技传播与普及包括"三方"重要的参与者：科学共同体、政府机构、工业部门等；社会组织、公众群体；传播媒体、科普设施等。科学共同体、政府、工业部门由于各自在科学技术方面拥有或掌握某些特殊资源，通常处于科学技术传播者的位置。公众由于远离科学则通常处于传播受众的位置。传播媒体、科普设施承担传播"渠道"、"中介"、"平台"的重要功能，在科技传播与普及中扮演着"第三方"的重要角色。

科技传播与普及承担普及科学技术知识、促进公众理解科学、服务公众参与

---

① 活跃的科技传播和知识交流对国家创新体系的高质量运行具有重要的作用. 参见：翟杰全. 构建面向知识经济的国家科技传播体系 [J]. 科研管理，2001（1）：8～13；翟杰全. 国家科技传播体系内的知识交流研究 [J]. 科研管理，2002（2）：5～12.

② 胡锦涛. 在纪念中国科协成立50周年大会上的讲话 [EB/OL]. [2008-12-15]. http：//news. xinhuanet. com/newscenter/2008-12/15/content_10509648. html.

传播媒体与设施等

| 科学家 |
| 政府 |
| 工业部门 |

普及科学技术知识

促进公众理解科学

服务公众参与科学

服务科学技术创新

公众

知识学习
理解科学
形成判断
参与对话
创新文化

各类传播普及活动

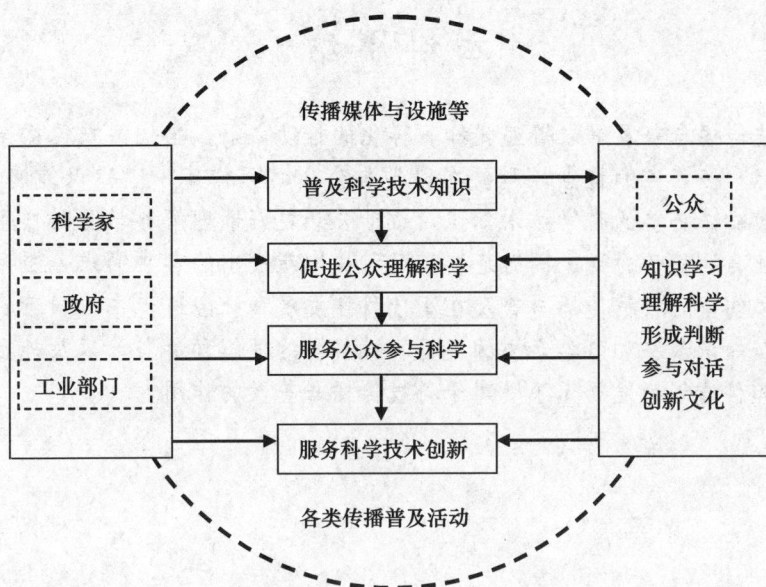

图 7-1　科技传播与普及整合模型

科学、服务科学技术创新的基本任务，这些任务之间存在递进的关系。普及科学技术知识是科技传播与普及的基础任务，只有在这一基础之上，科技传播与普及才能更好地促进公众理解科学、服务公众参与科学、服务科学技术创新。科技传播与普及最终要通过为科学技术发展和创新提供服务，促进经济社会的全面发展，实现自己的社会功能，获得自己的社会价值。

在当代科学技术发展的背景下，处于科学体制之外的普通公众在科学知识方面存在缺失，这不仅是一种客观的现实，而且随着科学技术高度专业化的发展，情况还可能变得更为严重，因此，科技传播与普及需要特别强调普及科学技术知识的重要性。在普及科学技术知识的层面，科学技术知识的流程呈现出从科学到公众的单向流动特征。但单向流动是由社会分工的原因所造成的，而非因为科学（或科学家）在知识方面拥有至高无上的地位。

在科技传播与普及的其他层面，公众都与掌握着科学或技术的机构和组织处于互动关系之中。语境模型认为公众会用自己的认知框架处理和理解接收到的信息，并经过自己的思考形成对科学技术的理解，这意味着公众理解科学会受到公众自身因素的影响。在科学公共事务和科学对话中，公众显然是与其他对话参与者（科学家、政府部门、工业机构等）平等的一方。在科技创新过程中，创新者也必须把公众看作创新的参与者和合作者。

本 讲 小 结

在科技传播与普及需求普遍化和多样化的推动之下，当代科技传播与普及具有了多目标和多任务的特点，既要在科学与公众之间构建一座知识传递的桥梁，给公众传播输送必要的科学技术知识，帮助公众更好地理解科学及其作用，促进公众参与社会的科学对话，同时还要满足科技创新提出的各种需求，服务科学技术的发展和创新。科技传播与普及在当代科技发展和社会进步中扮演着多种重要角色，公众知识水平和科学素质的提升、对科学的理解和参与，以及社会的科学文化建设和科技创新发展无不受惠于科技传播与普及的作用。

第八讲 科技传播与普及和公民科学素质建设

科技传播与普及拥有多重社会功能和价值，既与公众获取科学知识、提升科学素质、参与科学事务有关，又与营造创新环境、激励科技创新、促进经济社会发展、建设创新型国家有关，甚至事关科学事务领域的公民权利、民主机制建设，因而自 20 世纪下半叶以来受到世界各国的关注与重视，成为国家支持、政府引导、全民参与的一项社会事业，成为政府部门和社会组织的一项重要工作，成为一类具有重要价值的实践活动。

1 科技传播与普及的社会形态

当代科技传播与普及在许多方面都呈现出明显的分层化特征，例如，传播内容上可分为"一阶科学传播"与"二阶科学传播"，传播对象上可以分为热心公众、感兴趣公众和普通公众等。而就科技传播与普及的当代社会形态看，可以区分为科技传播与普及事业、科技传播与普及工作、科技传播与普及实践活动（即人们常说的科普事业、科普工作、科普活动）三个重要层次。这三个层次分别对应科技传播与普及的宏观、中观、微观三大领域。

1.1 科技传播与普及事业

科技传播与普及满足国家、社会和公众的广泛需求，服务的是公共目标，实现的是公共利益，提供的是公共服务（科普服务），面对的是社会和公众；在基本性质上属于科学文化教育事业的范畴，并且需要组织和动员社会各界力量共同参与，拥有群众性、经常性、社会性的特点，对社会发展具有广泛的影响和重要的价值。因此，科技传播与普及具有公共事业、社会事业的基本特征，将科技传播与普及定位于"社会事业"是恰当和必要的。

在我国，科技传播与普及作为影响广泛、意义深远的社会事业的重要性已经得到广泛认同。中共中央、国务院于 1994 年发布的《关于加强科学技术普及工作的若干意见》明确指出科普工作是一项意义深远的宏大社会工程，事关经济振兴、科技进步和社会发展的全局。2006 年，国务院颁布实施的《全民科学素质纲要》将全民科学素质建设确定为建设创新型国家的基础性社会工程，是政府引导实施、全民广泛参与的社会行动。

作为一项社会事业的科技传播与普及，需要国家和政府为之提供相应的法规政策，规划基本任务，引导发展方向，完善管理的体制与机制，强化资源合理配置和基础设施建设，营造良好的社会环境和社会氛围，动员组织社会各界和公众群体积极参与，并通过提供丰富的科普公共产品、服务和活动，实现科技传播与普及对全体公民的公平普惠。国家和政府在发展科技传播与普及事业中承担特殊而重要的职责。

从国际公共事业发展的普遍经验看，国家和政府需要利用国家公共财政支持公共事业的发展，组织公共产品的供给，保证提供充分的社会公共服务。当然在具体操作模式上，公共产品供给可以有不同的模式，未必一定要采用政府全包的方式，譬如可以由国家和政府投资、交由社会组织甚至是私营企业经营管理。对于科技传播与普及事业的发展来说，需要广泛动员并激励科研组织、教育机构、公司企业、社会团体等各类组织积极参与。

我国科技传播与普及事业自改革开放以来（特别是近些年来）取得了重要进展，资源投入有了增长，发展环境得到改善，基础设施建设得到强化，科普服务能力也不断提升。当然，与发达国家科普事业发展相比，我国的科普事业还存在明显差距，总体上还不能满足我国经济社会快速发展的需要，还需要进一步改革管理体制，强化机制建设和资源建设力度，特别是要建立适应市场经济条件的激励和引导社会力量积极参与科技传播的体制和机制。

1.2 科技传播与普及工作

科普事业、科普工作、科普活动三种形态之间既有明显的差别，也有密切的联系。科普事业的发展需要依靠社会各领域、各方面的科普工作来推动，而科普工作的成效最终要落实并体现在科普实践活动及其效果上。科普工作主要指的是国家机关、政府部门、社会组织、社会团体根据国家科普事业发展的需求和自身业务职责的要求，在科技传播与普及方面所要承担的具体任务、采取的具体行动以及所要完成的具体业务。

科普事业面向经济社会、国家战略以及社会全体的公共需求。而科普工作则需要面向科普事业发展的需求，工作内容包括与科技传播和普及相关的决策规划、组织管理、资源建设、社会动员、人才培养、产品开发、产业推进、科普活动组织等具体工作。科普工作的主体是国家机关、政府部门、社会组织、社会团体等，即《科普法》中所提到的各类组织、机构、团体，① 而社会成员则负有参与、协助、支持科普工作的义务。

科普工作的重点任务包括两个基本方面：一是利用决策规划、组织管理、社会动员、资源建设等工作，推动并活跃社会的科技传播与普及局面；二是面向社会和公众组织开展各种经常性、群众性、社会化的科普实践活动。国家机关、政府部门、社会组织、社会团体各自根据所要承担的社会职责要求、结合自身工作业务内容开展相应的科普工作，分工协作地共同推动科技传播与普及事业的发展。

在我国，政府科普工作在整个科普工作体系中占有特殊而重要的位置。政府科普工作不仅包括依靠公共财政加大科普工作投入，加强科普设施建设，支持科普资源建设，组织显示度较高的科普活动（如科技活动周等）和影响范围广的科普项目（如科技下乡等），而且包括利用政策促进、规划引导、动员激励等手段，促进教育科研机构、社会组织、公司企业乃至社会团体积极参与社会的科普工作，将科学普及纳入自己的业务工作范围。

在当代，科普事业的发展和科普工作的推进需要政府、科技、社会、产业等多元推动。在我国目前科普工作领域，同样呈现出政府强、民间弱的特点，社会和产业力量没有得到充分调动，非政府组织、非营利组织的科普积极性没有得到有效激发。根据市场经济和社会转型的发展，推进政府科普管理模式改革，加强科普社会化机制建设，促进形成政府、科技、社会、产业、民间团体多元推动机制和格局将是今后政府科普工作的重要任务之一。

1.3　科技传播与普及实践活动

科技传播与普及事业的发展、科技传播与普及工作的成效最终都要体现在科普局面是否活跃、科普实践活动是否丰富、科普效果是否不断提升、科普影响是否不断扩大等方面。科普实践活动是推进科技传播与普及工作的载体和手段，在科技传播与普及体系中具有基础性的地位和作用。政府部门或社会组织开展的科

---

① 例如《科普法》第一章所提到的国家机关、武装力量、社会团体、企业事业单位、农村基层组织及其他组织；第二章提到的国务院科学技术行政部门和其他行政部门、各级人民政府及其科学技术行政部门和其他行政部门、科学技术协会；第三章提到的各类学校及其他教育机构，科技馆（站）、科技活动中心和其他科普教育基地，科学研究和技术开发机构、高等院校、自然科学和社会科学类社会团体，新闻出版、广播影视、文化等机构和团体，医疗卫生、计划生育、环境保护、国土资源、体育、气象、地震、文物、旅游等国家机关、事业单位，工会、共产主义青年团、妇女联合会等社会团体，企业，农村基层组织及各类农村经济组织、农业技术推广机构和农村专业技术协会，城镇基层组织及社区，公园、商场、机场、车站、码头等各类公共场所的经营管理单位，等等。

技活动周、科技下乡、科普讲座、科普咨询、青少年夏（冬）令营、科普展览展示等活动，都属于科普实践活动的范畴。

科技传播与普及实践活动通常由国家机关、政府部门、社会组织、社会团体等组织举办，面向社会和公众，旨在普及科学技术知识、传播科学思想和方法、提高公众科学素质、促进公众理解科学、提升公众运用科学技术和参与公共事务能力。某些科技传播与普及实践活动可能还包括宣传国家的科技方针政策、展示科技发展最新成就、激发公众对科学问题的思考、倡导科学文明的生产方式和生活方式等目的。

科技传播与普及实践活动具有类型多样的特点，不同的科普活动可能在活动内容、组织形式等方面存在较大差异。科技部"全国科普工作统计调查方案"基于科普统计的需要，将科普活动分为科普（技）讲座、科普（技）展览、科普（技）竞赛、科普国际交流、青少年科普、科技活动周、大学和科研机构向社会开放、实用技术培训、重大科普活动九类。并认为科普活动与其他科技活动存在这样一些区别（详见表8-1）。[①]

表8-1　科普活动与其他科技活动的区别

	目　　的	内　　容	组织形式
科普活动	普及科学技术知识、倡导科学方法、传播科学思想、弘扬科学精神，社会公益型活动	传播内容多样化且非系统化	参与人员自愿，普及形式多样化：语言、图片、实物等，给予人们一种感性和理性认识
科学研究与发展活动（R&D）	为了增加知识总量，以及利用这些知识去发明新的用途，所从事的系统的创造性工作	具有创造性、新颖性因素，运用科学方法，产生新的知识	以科学家与工程师为主
技术创新活动	以市场需求为起点和归宿点	产品创新与工艺创新，带有明显的经济目的	以企业为主，有关科研机构和高等院校参与
专业学术交流活动	传递新的研究动向和知识成果，交流研究经验	专业科技知识	专业科技人员

① 科学技术部政策法规司、中国科学技术信息研究所. 全国科普统计培训教材［EB/OL］.［2011-3］. http://www.istic.ac.cn/Portals/0/documents/sgdt/附件4：2010年度科普统计培训教材.doc.

续表

	目　　的	内　　容	组织形式
正规教育	向青少年及社会成员进行德育、智育、体育和美育等方面正规培训，培养有文化、有思想的劳动者	传授系统知识，教材、培训时间和人员比较固定	由正式教育单位组织实施，对受教育者具有法律、行政的强制性
商品展览与交易活动	向社会展示产品，以便扩大商品市场交易规模	通过产品展示，传递产品使用方法、用途，推销产品以获得市场效益，经济目的明显	市场管理部门和企业共同组织

科技传播与普及实践活动目前还没有统一的标准及分类方法，实际上也存在多种分类的可能性。按综合特征，可以区分为群众性科普活动、探究性科普活动、媒体传播类科普活动、展览展示类科普活动、科技培训类科普活动、咨询推广类科普活动、示范引导类科普活动等。但现实中的某些科普活动可能兼有不同类型的内容和活动形式，如我国的"科普大篷车"就包括有科普展览、技术咨询、科普资料发放、科普影视放映等多项科普活动内容。

群众性科普活动有科技活动周、全国科普日这类大型科普活动，也有常规的科普（科技）讲座、报告会这类面向公众的小型科普活动，以及大学、科研机构的公众开放日这类机构科普活动。探究性科普活动有科普（技）竞赛、科技夏（冬）令营、科技兴趣小组活动等不同类型，通常面向特定范围的公众群体（如青少年学生和科学爱好者等）。媒体传播类、展览展示类科普活动分别是利用媒体、展览这类手段开展的科普活动。

在我国，面向特定人群（如农村农民等）的科技培训、面向地方的技术推广活动以及科协等部门组织的科普示范社区、科普惠农计划等活动，往往都兼有技术培训、推广、示范等多种功能。例如，科技部等部门组织实施的"科技下乡"就在向广大农村地区宣传推广科学技术的同时，也极大地推动了面向农村地区的科普工作；由中国科协组织实施的"科普惠农兴村计划"利用示范引导机制将农村地区的技术示范推广和科普很好地结合起来了。

2　科技传播与普及和公民科学素质建设

近些年来，公民科学素质问题引起世界各国的高度关注。[①] 事实上，公民科学素质问题和科技传播与普及关系密切。科技传播与普及是提高全民科学素质的重要途径和手段，公民科学素质的提高是科技传播与普及的重要目的、结果和体现。发展科技传播与普及事业、推进科技传播与普及工作的重要目的之一就是提高公民科学素质；提高公民科学素质需要依靠持续不断地组织开展丰富多彩的科技传播与普及实践活动。

2.1　科学素质议题的发展变迁

20 世纪下半叶以来，随着科学技术的迅猛发展、新科技革命的全面爆发，科技创新逐渐成为经济发展的基本动力，科学技术和高素质人才的竞争由此也成为国际竞争的焦点，公民科学素质和公众理解科学问题开始成为受到社会广泛关注的重要话题。在 20 世纪 80 年代前后，以美国、欧盟为代表的发达国家和地区开始进行广泛的科学素质调查，出台提升公民科学素质的相关政策，将公民科学素质建设工作纳入到国家科技发展战略中。

在国际上，"科学素质"议题经历过一个从教育议题到政策议题的发展历程。"科学素质"概念最初产生于 20 世纪 50 年代的美国。1952 年，美国教育改革家科南特（J. B. Conant）在其发表的《科学通识教育》文章中首次使用了"科学素质"概念，他认为具备科学素质的个体公民需要接受科学的教育。1958 年，赫德（P. DeH. Hurd）发表《科学素质：它对美国学校的意义》，使科学素质成为科学教育的一个重要议题。

在 20 世纪 50—70 年代，对于科学素质概念的探讨大多与科学教育相关，科学素质被认为是科学教育的重要目标。科学素质被解释为能够运用科学的知识和概念进行交流，采用科学的方法解决问题，拥有科学技术相关的实用技能。20世纪 70 年代之后，科学素质概念越来越频繁地出现在科学教育、公众理解科学的各种文献、文件或教育改革方案中，一些国家开始将公民科学素质问题纳入重要议事日程。

美国科学促进委员会在 1985 年启动了旨在通过推进科学教育改革提升全体

---

① "公民"和"公众"通常都指的是全体社会成员，但"公民"属于法律上的概念和政治学概念，使用"公民"概念时通常更强调社会成员拥有法律或政治意义上的相应权利；而"公众"则属于社会学的概念，通常指的是一般社会成员。

美国人科学素质的"2061 计划"，发布了《面向全体美国人的科学》、《科学素养的基准》、《科学教育改革的蓝本》等重要报告，提出成人科学素质的基本目标，规划了达到这些目标的基本步骤，制定了面向科学素质的课程设计方案。美国政府 1994 年发布的《科学与国家利益》报告曾将"提高全体美国人的科学和技术素养"列为美国科学政策的五大目标之一。①

在美国教育界、科学界和政府呼吁通过推进科学教育改革提升美国人科学素质的同时，大洋彼岸的英国教育界、科技界则开始倡导"公众理解科学"，强调通过正规教育、大众媒体、工业组织、科学共同体的共同努力，促进公众更好地理解科学技术。1985 年，英国皇家学会发表了著名的《公众理解科学》报告，报告认为提高公众理解科学的水平事关国家的长远发展目标，科学素养已经成为当代公众的必备要求。

20 世纪 90 年代之后，一些国际组织也注意到提升公众科学素质对解决全球性问题的重要性，发布了许多涉及科学素质内容的报告。例如，联合国教科文组织和国际科学教育理事会 1993 年就提出过"全民科学技术素质"（Scientific and Technological Literacy for All）概念，② 经合组织 1997 年发布了《促进公众理解科学技术》报告，世界科学大会在 1999 年发布的《科学和利用科学知识宣言》中也强调了提高科学素质对促进知识应用的重要意义，等等。

伴随着理论和学术界对科学素质问题的关注与研究、教育和科学界的呼吁与行动，以及发达国家政府和国际组织对公民科学素质建设的高度重视，许多国家开展了制度化的公民科学素质调查工作，通过调查考察公民科学素质的状况。美国是最早进行公民科学素质调查的国家，早在 1957 年就开展了第一次全国性的调查，在 20 世纪 70 年代中后期逐渐形成了制度化的公民科学素质调查工作。调查采用的测量指标、调查方法在国际上也产生了广泛影响。

1979 年，米勒提出了关于科学素质的定义和理解，建立了后来广为人知的科学素质三维模型，进而发展出了一个标准化的科学素质测量体系。该模型在内容上包括对科学基本概念和知识的理解、对科学探究过程和本质的理解、对科学技术作用于社会的影响以及相关政策的理解。米勒提出的科学素质模型及其测量体系由于简洁、明确，成为美国公民科学素质调查的重要理

---

① 《科学与国家利益》提出的美国科学政策五大目标包括：保持在科学知识前沿方面的领先地位；增进基础研究与国家目标之间的联系；鼓励合作伙伴以推动对科学和工程的投资；造就 21 世纪最优秀的科学家和工程师；提高全体美国人的科学和技术素养。

② 程东红. 关于科学素质概念的几点讨论［J］. 科普研究，2007（3）：5～10.

论基础。[①]

目前，许多国家和地区的公民科学素质调查基本上都是以米勒的三维体系为基础的。欧盟是较早开展公民科学态度调查和科学素质测量的地区之一，自1977 年至今进行了数次广泛的调查，获得的大量数据为欧盟分析各国公民科学素质状况及其变化提供了重要参考。近些年来，印度、巴西等一些发展中国家也高度重视公民科学素质调查工作，调查既借鉴和吸收了米勒体系的基本内容，同时也结合了本国国情。

2.2 科技传播与普及和提高公民科学素质

科技传播与普及面向公众传播和普及科学技术，促进公众了解科学技术的发展，服务公众学习科学技术知识、方法、思想和精神，帮助公众理解科学技术的价值和作用，重要目的和结果之一就在于提高公民科学素质。科技传播与普及和公民科学素质建设具有密切的互动关系，提高公民科学素质是科技传播与普及的重要目的之一，科技传播与普及是提高公民科学素质的重要手段和途径，提高公民科学素质需要依靠科技传播与普及来实现。

近些年来在我国，科技传播与普及工作和公民科学素质建设工作之间也形成了良好的互动关系。自 2006 年国务院颁布实施《全民科学素质纲要》以来，科技传播与普及的核心工作内容之一就是服务全民科学素质建设；而随着《全民科学素质纲要》的全面实施，科技传播与普及的各项工作获得了全面而快速的发展。《全民科学素质纲要》的颁布、实施推动了我国科技传播与普及工作的发展，为科技传播与普及事业的发展注入了新的动力和活力。

科技传播与普及虽然有着比公民科学素质建设更广阔的工作领域（例如，包括服务科学技术创造和创新等），但在当前及未来阶段，全民科学素质建设工作将是推进科技传播与普及的重要抓手。正如胡锦涛所指出的，要以贯彻实施全民科学素质行动计划纲要为抓手，以未成年人、农民、城镇劳动人口、领导干部和公务员为重点，以科普资源共建共享为突破口，广泛开展群众性、基础性、社会性科普活动，不断增强科普服务能力和水平，推动形成社会化科普工作格局，加大科技知识在全社会的传播速度和覆盖广度。[②]

---

① 自 20 世纪 80 年代开始，在美国国家科学基金会的资助下，美国公众科学素质调查每两年进行一次，调查结果被收录在《美国科学与工程指标》中。

② 胡锦涛．在纪念中国科协成立 50 周年大会上的讲话［EB/OL］．［2008 - 12 - 15］．http：//news. xinhuanet. com/newscenter/2008 - 12/15/content _ 10509648. html.

本 讲 小 结

当代科技传播与普及涉及科普事业、科普工作、科普实践活动三个重要的层面，并且和公民科学素质建设具有密切的互动关系。科技传播与普及是提高公民科学素质的重要手段和途径，提高公民科学素质是科技传播与普及的重要目的和目标。近些年来，服务全民科学素质建设成为我国科技传播与普及的核心工作内容之一。随着《全民科学素质纲要》的全面实施，科技传播与普及的各项工作也获得了全面而快速的发展。在当前及未来阶段，需要以全民科学素质建设工作为抓手，推进我国科技传播与普及事业全面发展。

第九讲 我国公民科学素质建设：
《全民科学素质纲要》

　　科技传播与普及工作自新中国成立之后就受到党和国家的高度重视。20 世纪 90 年代之后，科技传播与普及更是被提升到国家战略的高度。1994 年，中共中央、国务院发布《关于加强科学技术普及工作的若干意见》；2002 年，全国人民代表大会通过并颁布《科普法》；2006 年，国务院又颁布实施《全民科学素质纲要》，构成我国科技传播与普及事业发展领域的三大纲领性文件。

　　《全民科学素质纲要》是我国科技传播与普及发展史上又一个里程碑式的重要文件，也是我国公民科学素质建设工作方面第一个系统性的纲领文件。《全民科学素质纲要》对 2006—2020 年全民科学素质行动计划做出了全面规划，提出了全民科学素质行动的方针目标和基本任务，使公民科学素质建设工作成为一项国家行动。目前，实施《全民科学素质纲要》成为推进我国公民科学素质建设工作的基本内容和基本手段。

1 《全民科学素质纲要》出台的国际与国内背景

　　《全民科学素质纲要》将公民科学素质建设工作确立为坚持走中国特色的自主创新道路与建设创新型国家的一项基础性社会工程和政府引导实施、全民广泛参与的社会行动。明确指出，全民科学素质行动计划的目的是发挥政府的主导作用，调动社会力量的共同参与，大力加强公民科学素质建设；通过发展科学技术教育、传播与普及，尽快使全民科学素质在整体上大幅度提高，到本世纪中叶实现成年公民具备基本科学素质的长远目标。

　　《全民科学素质纲要》的提出和出台主要是基于国际范围内科学技术、经济社会发展趋势及其要求以及我国国家发展战略需要、公民科学素质状况等现实国情，适应了服务科学技术发展、提高自主创新能力、建设创新型国家、实现经济社会全面协调可持续发展、构建社会主义和谐社会的时代要求，也适应了增强公民获取和运用科技知识的能力、改善生活质量、实现全面发展的现实需求。

1.1　《全民科学素质纲要》出台的国际发展背景

20世纪下半叶以来，科学技术迅猛发展和广泛应用，深刻改变了科学技术与经济社会发展的基本关系，经济社会发展越来越依靠科学技术的推动，科学技术创新成为经济发展的基本动力，社会生活也越来越呈现出高度科技化的发展特征。越来越多的国家将科学技术发展和创新列为国家发展战略，通过发展科学技术，促进科技成果应用，培养高素质创新人才，激励科学技术创新，繁荣国家经济、增强国家实力。

20世纪80年代前后，随着新科技革命的全面爆发和经济全球化进程的不断加快，科学技术知识的创造、传播、应用规模的不断扩大，科学技术全球扩散速度的不断加快，科学技术的国际竞争日益激烈，人们逐渐认识到了提升公民科学素质水平对促进国家现代化发展、增强综合国力和国际竞争力的价值。正是基于这样的发展背景，美国、英国的教育界和科学界在这一时期相继提出了公众科学素质、公众理解科学等重要概念和理论。

到20世纪90年代，世界许多国家将公民科学素质工作纳入国家科技发展战略，一些国际组织也发布了强调科学素质问题对促进各国经济社会发展、解决全球性问题重要性的许多文件和报告。例如，联合国教科文组织1995年发表的《世界科技报告》指出：发展中国家与发达国家的差距，从根本上说是知识的差距，人才和劳动者素质的差距。欧盟在《欧洲的科学、社会与公民》等文件中，也强调了提升公众科学素质的重要性。

当代科学技术和经济社会发展提出的现实要求，国际社会对公众科学素质建设的普遍重视，是我国政府提出并实施《全民科学素质纲要》的重要国际背景。早在2001年，江泽民同志在中国科学技术协会第六次全国代表大会上的讲话中就明确指出，"一个国家人民的思想道德和科学文化素质如何，从根本上决定着其综合国力和国际竞争力的提高"，"必须把提高全民族的科学素质作为一项重要的基础性社会工程，全面加以推进。"

1.2　《全民科学素质纲要》出台的国内发展背景

从我国国内经济社会发展来看，《全民科学素质纲要》也是政府基于我国经济社会发展、转变经济发展方式、增强自主创新能力、建设创新型国家等现实需要而做出的一项战略决策，是贯彻落实科学发展观、构建社会主义和谐社会、实现全面建设小康社会宏伟目标的一项重要举措。自改革开放以来，我国经济社会实现了快速发展，综合国力大幅提升，人民生活明显改善，创造了经济社会发展的奇迹。

但在近 30 年来的经济发展中，经济规模的外延扩张和自然资源的过度消耗仍然扮演着重要角色，经济增长严重依赖资金高投入和资源高消耗。不断扩张的建设型投资、基于低成本的出口、国外资金技术的大规模引进以及改革开放政策带来的巨大的资源、市场、人口"红利"等仍然是推动经济增长的重要因素，导致资源环境约束和经济快速增长之间的矛盾日益突出。因此，加快经济发展方式转变已经成为一项十分紧迫的战略任务。

经济发展方式转变的关键是充分依靠科学技术创新，提高自主创新能力，改造传统产业，发展高新技术产业，推进产业结构升级。显然，这就需要培育大批科学技术专门人才和高素质人才，大力开展科学技术教育、传播和普及，提高国民综合素质和公民科学素质，积极营造崇尚科学、鼓励创新的良好氛围。很难想象，在一个公民科学素质较为低下的国度，科学技术能够很好地立足于公民意识，国家经济能走上科技创新驱动的发展道路。

不仅如此，提高公民科学素质对促进人与自然、人与社会的协调发展也具有重要作用，对于实现经济社会可持续发展具有重要价值。依赖资源高消耗的经济增长已经对我国的环境和生态造成巨大压力。经济社会可持续发展需要公众能够形成科学、文明、健康的生活方式；合理利用自然资源，实现人与自然和谐相处；并在社会生活中自觉承担公民的社会责任，积极参与社会公共事务，实现人与社会的协调发展。

从实施建设创新型国家战略到促进社会各方面发展所提出的现实需求，是我国出台《全民科学素质纲要》的重要国内背景。《全民科学素质纲要》的前言部分明确指出，公民科学素质水平低下已成为制约我国经济发展和社会进步的瓶颈之一；提高公民科学素质，对于增强公民获取和运用科技知识的能力、改善生活质量、实现全面发展；对于提高国家自主创新能力、建设创新型国家、实现经济社会全面协调可持续发展、构建社会主义和谐社会，都具有十分重要的意义。

1.3 《全民科学素质纲要》出台的素质国情背景

《全民科学素质纲要》同时也是针对我国公民科学素质建设和公民科学素质状况的现实国情而出台的。改革开放以来、特别是实施科教兴国战略以来，我国公民科学素质建设工作有了较大发展，但仍存在许多有待解决的问题。例如，科普设施、队伍、经费等资源不足，科技传播力度不够、能力不强，培养公民科学素质方面的公共服务还不能有效满足社会需要，公民科学素质水平与现代化建设需求差距较大。

国内关于公众科学素质的研究和中国科协进行的公民科学素质调查表明，我国公民科学素质的整体水平仍然较低，与发达国家相比存在较大差距。世界主要发达国家和地区公民具备科学素质的比例早在 20 世纪 80 年代末 90 年代初就超过了 3％；[①] 而我国公民具备基本科学素质的比例在 90 年代始终徘徊在 0.2％～0.3％，2001 年才达到 1.44％，2005 年达到 1.60％（表 9-1）。

表 9-1　中国历次公民科学素质调查基本情况

数据项目 年份	1992 年	1994 年	1996 年	2001 年	2003 年	2005 年	2007 年	2010 年
样本量	4800	5000	6000	8520	8520	8570	10080	69630
调查单位	国家科委 中国科协	国家科委 中国科协	国家科委 中国科协	中国 科协	中国 科协	中国 科协	中国 科协	中国 科协
调查结论	0.3％ 供参考	— 没有计算	0.2％ 供参考	1.44％	1.98％	1.60％	2.25％	3.27％

表中"调查结论"一栏中的数据指的是"公民具备基本科学素质的比例"。

　　我国公民科学素质不仅整体上处于较低水平，而且存在着公民科学素质的城乡差距十分明显、适龄劳动人口科学素质不高、大多数公民对基本科学知识了解程度较低等问题，一些不科学的观念和行为普遍存在，愚昧迷信在某些地区较为盛行。不少公众仍然相信占卜、算卦、看相、测字、风水、巫婆神汉，导致愚昧迷信在某些地区仍然较为盛行，一些打着科学旗号的伪科学甚至在部分公众中受到追捧。

　　我国公民科学素质水平远不能适应经济社会发展、建设创新型国家的需要，普遍偏低的公民科学素质水平已成为制约我国经济发展和社会进步的瓶颈之一。我国目前的劳动生产率仅为发达国家的 25％，科技成果转化率只有 15％，技术进步对经济增长的贡献率仅为 29％，远低于发达国家 60％～80％的水平，也低于发展中国家 35％的平均水平。[②] 我国公民科学素质现实状况是出台《全民科学素质纲要》的素质国情背景。

---

　　① 公民具备基本科学素质的比例：日本在 1991 年达到 3％，加拿大在 1989 年达到 4％，欧盟国家在 1992 年达到 5％。到 2005 年，英、法、德、美等国已经分别达到 14.1％、17％、18％、27.9％。参见：杨文志，任福君，等.全民科学素质行动发展报告（2006—2010）［M］.北京：科学普及出版社，2011：113.

　　② 杨文志，任福君，等.全民科学素质行动发展报告（2006—2010）［M］.北京：科学普及出版社，2011：5.

2 《全民科学素质纲要》的基本内容及组织实施

作为我国历史上公民科学素质建设工作的第一个系统性纲领文件，《全民科学素质纲要》提出了全民科学素质建设工作的方针目标、主要行动、基础工程、保障条件、组织实施，规定了全民科学素质行动计划在"十一五"期间的阶段性目标、任务、措施以及到 2020 年的主要目标，强调通过发展科学技术教育、传播与普及，尽快使全民科学素质在整体上大幅度提高，到 21 世纪中叶实现成年公民具备基本科学素质的长远目标。

2.1 《全民科学素质纲要》的制定与出台

正是由于国际经济社会发展、我国实施科教战略以及国民科学素质现状等原因，中国科协于 1999 年 11 月向中共中央、国务院提出了《关于实施全民科学素质行动计划的建议》，建议国家制定和实施提高国民科学素质的超长期国家计划。国务院办公厅 2002 年对该建议正式复函，要求中国科协"对不同发展阶段的国民科技素质标准以及工作目标、重点任务和推进措施进行深入、系统地研究，在此基础上与有关部门共同提出实施方案"。

按照国务院复函的指示，中国科协积极开展有关筹备工作，于 2003 年 8 月成立由中国科协、教育部、科技部等 14 个部门组成的制定工作领导小组，正式启动了全民科学素质行动计划制定工作。2003 年 10 月，领导小组召开第一次会议，通过了《全民科学素质行动计划制定工作方案》。为了保证前瞻性和科学性，领导小组在 2003 年到 2004 年期间还组织 200 多位学者对公民科学素质进行了深入的专题研究，为制定工作提供重要的理论支撑。

事实上，中共中央、国务院作出的《关于加强科学技术普及工作的若干意见》（1994 年）、《关于加速科学技术进步的决定》（1995 年），全国人大 2002 年颁布的《科普法》，国务院 2005 年发布的《国家中长期科学和技术发展规划纲要（2006—2020 年）》（以下简称《国家中长期科技发展规划》）等重要文件，已经为制定和出台《全民科学素质纲要》提供了重要的政策法律依据。这些文件都提出并强调了提高全民科学素质的重要性。

《关于加强科学技术普及工作的若干意见》提出要把提高全民科技素质作为科普工作的中心任务，《关于加速科学技术进步的决定》将提高全民族科技文化素质作为实施科教兴国战略的重要内容，《科普法》将加强科学技术普及工作、提高公民科学文化素质作为科普法的重要目标之一，《国家中长期科技发展规划》明确提出要实施全民科学素质行动计划、提高全民科学文化素质。

在全民科学素质行动计划制定工作过程中，党中央、国务院对制定工作也始终给予高度重视和具体指导，多次就全民科学素质行动计划工作做出重要指示和明确要求。经过全民科学素质行动计划制定工作领导小组各成员单位和专家学者的共同努力，对全民科学素质行动计划的方针、目标、任务、措施提出了建议。2006年2月9日，国务院正式印发《全民科学素质纲要》。新华社3月20日受权全文发布。

2.2　《全民科学素质纲要》的基本内容

《全民科学素质纲要》认为，科学素质是公民素质的重要组成部分，公民具备基本科学素质体现在了解必要的科学技术知识，掌握基本的科学方法，树立科学思想，崇尚科学精神，并具有应用它们处理实际问题、参与公共事务的一定能力。《全民科学素质纲要》在分析我国经济社会发展需要、建设创新型国家要求以及我国公民科学素质水平现状的基础上，提出了实施全民科学素质行动计划的方针——"政府推动，全民参与，提升素质，促进和谐"。

"政府推动"是要求各级政府将《全民科学素质纲要》纳入有关规划计划，制定政策法规，加大公共投入，推进《全民科学素质纲要》的实施。"全民参与"是要求充分调动全体公民参与的积极性和主动性。"促进和谐"是要求实现科学技术教育、传播与普及等公共服务的公平普惠，促进社会主义物质文明、政治文明、精神文明建设与和谐社会建设全面发展。

《全民科学素质纲要》提出了公民科学素质建设的远期、中期、近期目标。"远期目标"是到本世纪中叶，实现成年公民具备基本科学素质；"中期目标"是到2020年，使科学技术教育、传播与普及有长足发展，公民科学素质在整体上有大幅度的提高，达到世界主要发达国家21世纪初的水平；"近期目标"是到2010年，科学技术教育、传播与普及有较大发展，公民科学素质明显提高，达到世界主要发达国家20世纪80年代末的水平。

《全民科学素质纲要》要求"十一五"期间围绕公民科学素质建设最关键、最具基础性的问题，重点宣传普及节约资源、保护生态、改善环境、安全生产、健康生活、合理消费、循环经济等观念和知识，倡导建立资源节约型、环境友好型社会，形成科学、文明、健康的生活方式和工作方式，促进科学发展观在全社会的树立和落实，实现以重点人群科学素质行动带动全民科学素质整体提高、公民科学素质建设的基础得到加强的基本目标。

实施全民科学素质行动计划采取的是以重点人群科学素质行动带动全民科学素质整体提高、以重点基础建设工程推进科学素质建设全面发展的基本策略，提出了"未成年人科学素质行动"、"农民科学素质行动"、"城镇劳动者科学素质行动"和"领导干部和公务员科学素质行动"四大重点行动，确定了"科学教育与培训基础工程"、"科普资源开发与共享工程"、"大众传媒科技传播能力建设工程"和"科普基础设施工程"四大重点工程。①

《全民科学素质纲要》分别就四大重点行动、四大重点工程提出了明确而具体的任务要求和推进措施，同时也提出了实施全民科学素质行动计划的"保障条件"、"组织实施"。《全民科学素质纲要》规定，《全民科学素质纲要》实施工作由国务院负责领导，国务院成立实施领导小组，进行统一动员部署和检查监督，各相关部门、事业单位和人民团体按照《全民科学素质纲要》要求，将有关任务纳入相应工作规划和计划。

2.3 《全民科学素质纲要》的组织实施

国务院颁布《全民科学素质纲要》之后，很快成立了由时任国务委员陈至立任组长、中组部等18个部门负责人为成员的全民科学素质工作领导小组，② 通过了《全民科学素质工作领导小组工作规则》和《全民科学素质行动计划纲要实施工作方案》，确立了相关部门分工负责的工作机制。2008年3月又通过《全民科学素质纲要实施工作机制》，建立了实施工作例会制度，由中国科协牵头成立了全民科学素质纲要实施工作办公室。

《全民科学素质行动计划纲要实施工作方案》按照《全民科学素质纲要》确定的任务，明确了各项任务的牵头部门和责任单位。牵头部门负责提出所承担任务的总体安排意见，会同责任单位共同研究制定工作方案。各责任单位把实施《全民科学素质纲要》作为重要任务纳入本部门、本单位的工作规划和计划。《全民科学素质纲要》也受到地方的高度重视，许多省、自治区、直辖市及地方政府也建立了相应的实施工作机构或制度。

"十一五"期间的《全民科学素质纲要》还采取了以重点"主题"带动整体工作的推进方式。2007年，全民科学素质工作领导小组确定了"节约能源资源、

---

① 2011年6月，《全民科学素质行动计划纲要实施方案（2011—2015年）》在原来重点科学素质行动和重点基础工程的基础上，又增加了"社区居民科学素质行动"、"科普人才建设工程"。目前，全民科学素质行动计划实际上包括了五大科学素质行动、五大基础工程和"完善全民科学素质建设长效机制"等重点任务。

② 2006年国务院颁布《全民科学素质纲要》时，有中组部、中宣部、发展改革委、教育部、科技部、财政部、人事部、农业部、劳动和社会保障部、广电总局、中科院、社科院、工程院、自然科学基金委、全国总工会、共青团中央、全国妇联、中国科协18个部门是成员单位。2007年又增补了国家民委、卫生部、环保总局、安全监管总局、国家林业局5个部门，成员单位达到23个。

保护生态环境、保障安全健康"的工作主题。① 这一主题事实上成为"十一五"期间推动全民科学素质行动计划的基本抓手。各相关单位围绕这一主题组织了科技活动周、全国科普日等群众性科普活动，结合这一主题推进了重点人群科学素质行动，强化了科普资源和基础设施建设。

经过"十一五"期间全面实施《全民科学素质纲要》，我国全民科学素质建设各项工作取得了显著进展，重点人群科学素质行动扎实推进，重点基础工程建设稳步发展，公民科学素质水平明显提升。据中国科协进行的第八次公民科学素养抽样调查结果，2010 年我国具备基本科学素质的公民比例已经达到了 3.27％，比 2005 年的 1.60％提高了 1.67 个百分点，基本达到了世界主要发达国家 20 世纪 80 年代末 90 年代初的水平。

本 讲 小 结

作为我国历史上公民科学素质建设工作的第一个系统性纲领文件，《全民科学素质纲要》是基于国际范围内科学技术、经济社会发展趋势及其要求以及我国国家发展战略需要、公民科学素质状况等现实国情背景而提出来的。《全民科学素质纲要》确定了我国 2006—2020 年全民科学素质建设的工作目标，提出了"十一五"期间的全民科学素质建设重点任务。《全民科学素质纲要》的颁布实施，有力地推动了我国全民科学素质建设工作和科技传播与普及事业发展，促进我国公民科学素质水平在近些年来有了明显提升。

---

① 　2011 年，《全民科学素质纲要》确立了"十二五"期间的实施方案，将工作主题正式扩展为"节约能源资源、保护生态环境、保障安全健康、促进创新创造"。

第十讲 《全民科学素质纲要》：重点行动

《全民科学素质纲要》将未成年人、农民、城镇劳动者、领导干部和公务员确定为四个重点人群，分别提出了针对四大重点人群的科学素质行动。经过几年的全面实施，四大重点行动取得明显进展，具备基本科学素质的公民比例较之前有了明显提高，其中城镇劳动人口具备基本科学素养的比例从 2005 年的 2.37％提高到 2010 年的 4.79％，农民具备基本科学素养的比例从 2005 年的 0.72％提高到 2010 年的 1.51％。

1 "未成年人科学素质行动"与未成年人科学素质建设

从个体成长发展的基本规律看，学龄前儿童到青少年的整个未成年发展阶段都处于学习各种知识技能、形成兴趣爱好的关键阶段，也是完善知识结构、形成思维方式、建立价值观念的关键时期，而且未成年人在这一阶段形成的兴趣爱好、思维方式和价值观念会对其一生产生重要影响。强化针对未成年人群体的科学技术教育、加强未成年人科学素质建设，不仅对提升未成年人群体的科学素质有重要价值，而且对全民科学素质的持续提升也有重要意义。

1.1 "未成年人科学素质行动"的任务和措施

国际科学教育和科学素质研究表明，基础阶段的科学教育是提高公民科学素质的主渠道，对全民科学素质的提升具有基础性作用。利用各种正规的和非正规的教育手段以及丰富多彩的科技活动，激发未成年人的科学兴趣，促进他们掌握更多科技知识，增加他们对科学的认识和理解，对提升全民科学素质有决定性的影响。发达国家近些年来都非常重视通过推进科学教育改革，培养未成年人的科学兴趣，提升未成年人的科学素质。

自中华人民共和国成立以来，国家和政府始终对青少年儿童的科学教育和科技活动高度重视，不仅注意加强校内正规教育中的科学课程建设，而且注意引导青少年积极参加各种形式的课外科技活动。早在 1955 年，教育部和全国科普协会就联合举办过"全国少年儿童科学技术和工艺品展览会"。20 世纪 50 年代中期到 60 年代中期，全国各地中小学校、少年宫、少年之家都非常重视并开展了多种形式的青少年科技实践活动。

"文化大革命"之后，中国科协、教育部、团中央等部门成立"全国青少年科技活动领导小组"，组织开展了许多有示范意义的全国性青少年科技活动，出现了全国青少年科技作品展览、青少年发明创造比赛和科学讨论会、青少年生物和环境科学实践活动、青少年科技创新大赛、高中学生奥林匹克学科竞赛、"大手拉小手"青少年科技传播行动等许多影响广泛的活动项目，科技夏令营、科学考察等各种经常性的科技活动也在全国各地蓬勃开展。

但是，在我国由于长期受应试教育的影响，面向科学素质的科学教育仍然十分欠缺，学生为考试而学、教师为考试而教，重课堂知识教学、轻实践教学，重课程考试成绩、轻实践能力培养，重书本学习、轻实验学习的现象相当普遍。教学内容陈旧和教学方法落后导致学生科学素质不高，迫切需要通过改革校内的科学教育课程及教学方式方法，充分利用各种社会科普教育资源，开展面向未成年人的体验性、探索性科技活动，提高未成年人的科学素质。

《全民科学素质纲要》将未成年人确定为重点人群之一，提出的任务主要包括：完善基础教育阶段的科学教育，提高学校科学教育质量，使中小学生掌握必要和基本的科学知识和技能，培养良好的科学态度、情感与价值观，发展初步的科学探究能力；普及农村义务教育，为农村未成年人提供更多参与科普活动的机会；开展多种形式的科普活动和社会实践，增强未成年人对科学技术的兴趣和爱好，初步认识科学的本质以及科学技术与社会的关系。

提出的重要措施包括：通过实施素质教育工程，推进新科学课程的全面实施；开展课外科技活动，引导未成年人增强创新意识和实践能力；重视家庭教育、社区教育在提高未成年人科学素质中的重要作用；新闻出版、广播电视等机构和团体加大面向未成年人的科技传播力度；整合校外科学教育资源，建立校外科技活动场所与学校科学课程相衔接的有效机制等。总之，"未成年人科学素质行动"强调了对校内外各种资源的充分整合。

1.2 我国近年来的未成年人科学素质建设

《全民科学素质纲要》颁布以后，未成年人科学素质建设成为我国公民科学素质建设的重要工作内容之一。2007 年，教育部和团中央会同 17 个相关部门共同制定了《未成年人科学素质行动实施方案》,① 提出了推动学校科学教育发展、开展课内外科普教育活动、增强未成年人创新精神和实践能力、提高未成年人科学素质水平的目标。确定了提高基础教育阶段学校科学教育质量、促进课外科技活动与学校科学教育有效衔接等任务和措施。

通过实施《全民科学素质纲要》,未成年人科学素质行动近年来在许多方面都取得了重要进展。

首先,科学素质培养正在成为学校科学教育改革的重要目标,普及科学知识、科学方法、科学思想、科学精神已被列为学校科学教育的重要内容。在教育部组织的基础教育课程标准修订工作中,科学课程实验教学、发展学生初步探究能力、增强创新意识和实践能力受到重视。"做中学"(Learning by Doing)等教学方法改革项目也取得了重要进展。

其次,教育部、中国科协、团中央、国家自然科学基金委员会等部门也在前期工作积累的基础上,继续开展了全国青少年科技创新大赛、奥林匹克学科竞赛、青少年机器人竞赛等科技活动。这些科技活动对增长青少年学习科学技术的兴趣、提升善于思考的思维品质、提高青少年的科学素质,产生了多方面的促进作用,已经成为我国青少年科技活动的"品牌",在青少年群体和社会各界都产生了广泛的影响和极强的示范效应。例如,在"十一五"期间,全国约有 5000 万人次的青少年参加了不同层次的科技创新大赛,共有 2800 余名青少年科技爱好者、600 余名科技辅导员获得全国大赛奖项;有 6000 余名青少年、2000 名教练员、2000 多支队伍参加全国级别的青少年机器人竞赛决赛,通过竞赛活动还选拔出了部分学生参加国际青少年机器人竞赛、FLL 机器人世锦赛、FVC 机器人工程挑战赛等国际竞赛。

再次,面向未成年人的经常性校外科技活动也受到社会的关注和重视。"十一五"期间,各种形式的课外科技创新活动、青少年科学调查体验活动、安全健康科普活动丰富多彩、异彩纷呈。例如,全国青少年科技兴趣小组每年达到数十万个、参加人数超过千万人次的规模;青少年科技夏(冬)令营活动每年的规模超过万余个,参加人数达到数百万人次;"节能在我身边"等主题调查体验活动也覆盖到全国 30 多个省、自治区和直辖市。

最后,校外活动场所科普教育资源和学校科学教育衔接机制建设也取得了一定进展。教育部、科技部、中国科协、中科院等部门采取措施,推进科研机构、

---

① 17 个相关部门包括中国科协、中宣部、中央文明办、科技部、劳动保障部、农业部、民政部、文化部、新闻出版总署、广电总局、国家禁毒办、安全监管总局、全国妇联、中科院、社科院、工程院、自然科学基金会。

大学、科技场馆以及各类校外活动场所向社会开放。目前，面向未成年人的课外科技活动资源已经渐成体系，全国许多科技场馆和校外科技活动场所面向未成年人积极开展科学展览、科学兴趣活动小组、科技小发明、科技夏令营等各种校外科技活动。

2 "农民科学素质行动"与农民科学素质建设

我国是一个农业大国，农村人口规模巨大，而且农村地区教育发展相对落后，农民受教育程度相对较低，因此发展农村地区的科学教育和科普工作，提升农民群体的科学文化素质是公民科学素质建设中一个重中之重的任务。《全民科学素质纲要》将农民列为素质提升的重点人群之一，经过"十一五"期间实施"农民科学素质行动"，农民科学素质建设工作取得了进展，对提升农民科学素质产生了明显作用。

2.1 "农民科学素质行动"的任务和措施

国家和政府历来重视农业、农村、农民问题，面向农村的科普工作也在国家科普工作中占有重要地位。早在20世纪50年代初，中央人民政府文化部科学普及局对农村科普工作提出过明确要求，要求"密切配合农业生产开展农村中的科学普及工作"。自20世纪50年代开始，各地农业部门、科协、农业院校持续开展了优良作物品种、防治作物病虫害、土壤肥料等方面的科普宣传和"技术上门"活动，受到群众的欢迎，促进了农业的发展。

20世纪80年代以来，科技扶贫、科技下乡工作受到各级政府和科协的重视，农业技术水平的不断提高也激发了农民学习科学技术的热情，于是各种技术培训活动、农业技术学校迅速发展，农村专业技术协会在各地大量涌现。针对中西部地区、少数民族地区、经济文化不发达地区的农村科普工作也受到特别关注，中国科协为西北、西南等少数民族地区建立了少数民族地区科普工作队，配备了科普大篷车，组织实施了"西部科普工程"。[①]

新中国成立之后的农村科普工作尽管在各个方面都取得了重要成绩，但由于受到各种历史和现实因素的复杂影响，农民的科学文化水平仍然相对比较落后，农民群体的科学素质和技能水平仍然很低。据中国科协连续多年的公众科学素质调查结果，农民群体始终是科学素质最低的群体之一。而且，针对农村农民的科普教育培训供需矛盾十分突出，科普教育形式相对单一，农村科普工作和农民科

---

① 科学技术普及概论编写组. 科学技术普及概论 [M]. 北京：科学普及出版社，2002；303～317.

学素质建设仍然任重而道远。

"农民科学素质行动"确定的任务主要包括：重点开展保护生态环境、节约水资源、保护耕地、防灾减灾，倡导健康卫生、移风易俗和反对愚昧迷信、陈规陋习等内容的宣传教育，促进在广大农村形成讲科学、爱科学、学科学、用科学的良好风尚；围绕科学生产和增效增收，提高农民依靠科技脱贫致富、发展生产和改善生活质量的能力，提高农村富余劳动力向非农产业和城镇转移就业的能力，着力培养有文化、懂技术、会经营的新型农民。

提出的措施主要包括：逐步建立内容丰富、形式多样、适应需求的农村科学教育、宣传和培训体系；大力开展农民科技培训、科技下乡和群众性、社会性、经常性科普活动以及农村科技、科普示范活动；开展农村富余劳动力转移就业技术培训；建立健全农村科技教育、传播与普及服务组织网络和人才队伍；加强农村基层科普能力建设；加强民族地区科普工作队建设，提高西部地区特别是边疆民族地区基层的科普能力。

2.2 我国近年来的农民科学素质建设

国家统计局 2005 年全国 1‰人口抽样调查数据显示，我国居住在乡村的人口为 74471 万人，占总人口的 57.01%。[①] 农村人口的科学素质显然对我国公民科学素质整体状况影响巨大。而且，由于我国农村地区人口多、分布广、地域辽阔，自然资源、地理条件、经济发展水平差异巨大，农村地区教育发展相对落后，农民受教育程度相对较低，提升农村人口的科学素质因而面临着异常艰巨和复杂的任务。

从我国农村地区和农业经济发展的现实看，由于人均占有自然资源（例如耕地等）水平相对较低，对自然资源的过度开发现象比较严重，产生了许多环境和生态问题。提升农村人口的科学文化素质，普及推广先进科学技术，提高农业生产技术水平，合理开发利用和保护资源，不仅对推进改善农民生活水平、促进农村生活方式变革、破除愚昧迷信思想有重要作用，而且对提高农业技术水平、推进农业产业化、发展农村农业经济也有重要作用。

《全民科学素质纲要》紧密结合农业、农村、农民现实需要，强调通过建立农村科学教育、宣传和培训体系，促进农村地区新农村建设，形成良好风尚，发展农业生产，改善生活质量以及实现农村富余劳动力转移。《全民科学素质纲要》颁布以后，农业部和中国科协作为牵头部门，成立了"农民科学素质行动协调小

---

① 中华人民共和国国家统计局.2005 年全国 1%人口抽样调查主要数据公报 [EB/OL]. [2011-02-20].http://www.stats.gov.cn/tjgb/rkpcgb/qgrkpcgb/t20060316_402310923.html.

组"，先后研究和制定了《农民科学素质行动实施工作方案》和《农民科学素质教育大纲》等重要文件。

在《全民科学素质纲要》实施工作的推动之下，农业部、中国科协等部门以及各地区围绕农村科技教育培训体系、农村科技服务渠道、农村科技示范工程开展了大量工作，特别是针对农村地区、农民群体的不同需要，组织开展了丰富多彩的科普和培训活动，促进了农民科学素质建设工作，对农民群体的科学素质提升产生了明显作用。2005—2010 年，农民具备基本科学素养的比例从 0.72% 提高到了 1.51%。

首先，政府部门、科协系统和各地政府部门围绕各地的农业优势产业和特色农业，先后启动并实施了包括新型农民科技培训、农村实用技术培训、农村劳动力转移培训在内的多项科技培训项目。例如，2006—2010 年，仅是各地针对农村劳动力转移的"阳光工程"培训农民 1.65 亿人次。① 2006—2009 年，教育系统也利用高等农业院校以及职业、成人、远程等教育资源，完成农村实用技术培训 1.76 亿人次。

其次，农村科技服务渠道近年来也渐趋顺畅。近些年来，各种形式的科技下乡、科技特派员、科技入户活动已成为常态，包括院士在内的大批科技专家为当地干部、技术员、农民群众提供咨询服务、解决技术难题；科技列车、科技大篷车深入边远地区，为农村地区送去实用技术；通过面向农村的远程教育系统、全国科普活动站（栏、员）建设等项目，极大地改善了农村科技服务的硬件和软件条件，使科技服务渠道进一步拓宽和顺畅。

最后，随着全国科普示范县创建活动、科普惠农兴村计划、② 农业科技入户示范工程等项目的实施，农村科技（科普）示范工程的规模不断扩大，对农业科技推广、普及方面产生了较好的示范作用。科技（科普）示范目前已成为农村地区科学技术普及的重要方式。近年来，全国得到命名的科普示范县已超过 2000余个，"科普惠农兴村计划"评选并表彰了数千个农村专业技术协会、科普示范基地和农村科普带头人。

---

① "阳光工程"是 2004 年由国家农业部、财政部、劳动和社会保障部、教育部、科技部和建设部共同启动实施，由公共财政支持的农村劳动力转移培训项目。该项目主要针对粮食主产区、劳动力主要输出地区、贫困地区和革命老区有转移到二三产业和城镇就业意愿的农民，由政府财政补贴，在输出地开展转移就业前的职业技能短期（15～90 天）培训。

② "科普惠农兴村计划"是由中国科协、财政部于 2006 年联合启动实施的一项计划。该计划通过在全国评比、筛选、表彰并奖励一批有突出贡献、有较强区域示范作用、辐射性强的农村专业技术协会、科普示范基地、农村科普带头人、少数民族科普工作队等先进集体和个人，发挥以点带面、榜样示范的作用，激发广大农村基层科普组织和科普工作者的积极性和创造性。

3 "城镇劳动人口科学素质行动"与城镇劳动人口科学素质建设

提升城镇劳动人口的科学素质同样是一项重要而艰巨的社会工程,这不仅是因为城镇劳动人口的数量规模巨大,而且是因为城镇劳动人口包括第二第三产业从业人员、失业待岗人员以及进城务工人员等不同的群体类型。《全民科学素质纲要》将城镇劳动人口作为科学素质提升的重点群体之一,提出了"城镇劳动人口科学素质行动"。《全民科学素质纲要》的颁布实施推进了城镇劳动人口科学素质建设工作,促进了城镇劳动人口科学素质的提升。

3.1 "城镇劳动人口科学素质行动"的任务和措施

目前,我国的城镇劳动人口规模超过了 2 亿,所从事的第二第三产业创造的生产总值接近整个 GDP 的 90%。因此,城镇劳动人口的科学素质状况不仅对我国公民科学素质的整体水平有重要影响,而且还直接影响我国劳动生产率、产业技术水平、经济发展绩效的提升。科教兴国、人才强国、建设创新型国家等重大战略的实施以及优化产业结构、转变经济发展方式,也要求培养大批拔尖创新人才、专门技能人才和高素质的劳动者。

经过长期的发展和建设,我国已经建成了针对城镇劳动者的职业教育和培训网络,建立了针对各类职业的从业标准和资格证书制度,制定并出台了《劳动法》、《职业教育法》等法规政策,对城镇劳动人口的科技技能和科学素质提升产生了促进作用。但相对于规模庞大而又具有多样化特征的城镇劳动者群体而言,科技教育和培训工作仍然存在资源不足、多样化渠道不够、重技能技术轻素质提升等问题。

《全民科学素质纲要》确定的城镇劳动人口科学素质行动主要任务包括:倡导和普及节约资源、保护环境、节能降耗、安全生产、健康生活等观念和知识,促进经济增长方式的转变和科学文明健康生活方式的形成;围绕走新型工业化道路、发展现代服务业的需求和城镇化进程的要求,提高第二第三产业从业人员科学素质,提高进城务工人员的职业技能水平和适应城市生活的能力,提高失业人员的就业能力、创业能力和适应职业变化的能力,等等。

确定的重点措施包括:加强对城镇劳动者科技教育培训的宏观管理,将科学素质要求纳入国家职业标准,将科学素质内容纳入各级各类职业教育和成人教育的课程内容;优化整合各种教育培训资源,实现资源共享,形成广覆盖、多层次的教育培训网络;通过社区科普活动室、科普学校等机构和设施,开展多种形式的科普宣传，发挥社区在提高劳动者科学素质方面的作用；发挥企事业单位的作用，开展各种形式的在岗培训和继续教育等。

3.2 我国近年来的城镇劳动人口科学素质建设

高度重视并采取措施推进城镇劳动人口科学素质建设工作，提高城镇劳动人口科学素质水平，具有多方面的重要意义，这一工作既与国家重大战略实施、转变经济发展方式、调整优化产业结构有关，也与推进城镇化建设、提高城镇居民科学观念、促进城镇社区形成健康文明的生活方式有关，更影响不同类型的城镇劳动者提升职业技能水平和学习能力、就业能力、创业能力、适应职业变化的能力、适应城市生活的能力等。

《全民科学素质纲要》颁布以来，劳动和社会保障部、[①] 全国总工会以及教育部、科技部、共青团中央、全国妇联、中国科协等部门共同制定了城镇劳动人口科学素质行动方案，确定了具体目标、任务和措施。各部门单位以及各地方围绕城镇职工的职业技能和创新能力、失业待岗及进城务工人员的就业能力、城镇居民的科学文明健康生活方式开展了大量工作，特别是重点开展了针对城镇劳动者群体的各类技能培训工作。

例如，原劳动和社会保障部重点围绕高技能人才、城镇失业待岗人员、进城务工人员组织了大规模的"新技师培养带动计划"、"城镇技能再就业计划"、"能力促创业计划"、"农村劳动力技能就业计划"等项目。截至 2009 年底，仅"新技师培养带动计划"就培养技师和高级技师 141.6 万人，培养高级技工 599.2 万名；"城镇技能再就业计划"组织开展再就业培训近 2400 万人次

其他部门实施也组织了类型不同的科技教育和培训项目，例如"专业技术人才知识更新工程"（原人事部）、"千校百万"进城务工青年培训计划（共青团中央）、"千万农民工援助行动"、鼓励企业职工开展各种技术创新和发明活动的"职工技术创新工程"（全国总工会）、"全国职工职业技能大赛"（全国总工会和科技部等）等。各类科技教育和培训活动、技能竞赛和创新活动的广泛开展，促进了城镇劳动者知识技能水平的提升。

近些年来，各地区依托城镇社区科普活动室、科普学校、科普画廊、青少年科技活动室等机构和设施，围绕卫生健康、食品安全、生态环保、低碳生活等主题，利用专家咨询、科普讲座、科普培训、科普展览、科普旅游、适宜技术进社区、科普教育进社区、知名专家进社区等形式，开展了丰富多样的城镇社区科普

---

① 根据 2008 年十一届全国人大一次会议审议通过国务院机构改革方案，人事部、劳动和社会保障部的职责后来被整合到新设立的"人力资源和社会保障部"。

活动。"十一五"期间，全国仅城区（县）以上大型"科教进社区"活动就举办了 6.7 万次，参与人数达 1.6 亿人次。

4 "领导干部和公务员科学素质行动"与领导干部和公务员科学素质建设

领导干部掌握国家或地方政策的决策与执行权力，直接参与管理国家或地方各种重大经济社会事务，领导干部的科学素质水平直接影响他们的科学决策能力；公务员队伍承担着管理国家事务和社会公共事务的职能，公务员的科学素质水平直接影响他们的科学管理能力。领导干部和公务员科学素质建设因而在全民科学素质建设工作中居于极为特殊的位置。《全民科学素质纲要》为此特别提出了"领导干部和公务员科学素质在各类职业人群中位居前列"的目标。

4.1 "领导干部和公务员科学素质行动"的任务和措施

《全民科学素质纲要》提出的"领导干部和公务员科学素质行动"包括两个方面的基本任务：一是在面向领导干部普及科学技术知识的同时，突出弘扬科学精神，提倡科学态度，讲究科学方法，增强领导干部贯彻落实科学发展观的自觉性和科学决策的能力；二是围绕贯彻落实科学发展观和建设学习型机关，调动公务员提高自身科学素质的积极性和主动性，增强终身学习和科学管理的能力。

确定的主要措施包括：把提高科学素质列为公务员和企事业单位负责人培训教育规划、计划的重要内容，学习培训制度应体现提高领导干部和公务员科学素质的要求，行政院校和干部学院将提高学员科学素质列入教学计划；通过举办讲座和报告会、编辑出版科普读物等，向领导干部和公务员介绍现代科技知识及发展趋势，传播科学思想、科学方法、科学精神；在公务员录用中，列入与科学素质要求有关的内容；组织公务员参与科普活动；等等。

4.2 我国近年来的领导干部和公务员科学素质建设

《全民科学素质纲要》颁布后，中共中央组织部、人力资源和社会保障部作为牵头部门，和中宣部、科技部、中国科协等成员单位制定了实施工作方案，确定了具体任务和分工。在实施《全民科学素质纲要》过程中，相关部门出台了强化领导干部和公务员科学素质的相关文件，将科学素质内容纳入干部培训与教育工作，组织了各种面向领导干部和公务员科学素质的科普宣传和教育活动，并在公务员录用选拔和考核评价环节体现了科学素质的要求。

例如，中共中央和中共中央组织部出台的《干部教育培训工作条例（试行）》、《关于2008—2012年大规模培训干部工作的实施意见》、《2010—2020年领导干部培训教育改革纲要》等重要文件，都强调了提高党政领导干部科学素质的重要性。人力资源和社会保障部出台的《"十一五"行政机关公务员培训纲要》、《公务员培训规定（试行）》等文件，也都提出了加强公务员科学素质培训的要求。

目前，科学素质内容也已经被列入各类各级干部和公务员培训教育计划。中央党校、国家行政学院、井冈山干部学院、延安干部学院等干部培训机构，把科学素质教育培训列入教学计划，各级党校、行政学院、干部学院也都分别举办过省部级、地厅级、县处级领导干部《全民科学素质纲要》专题培训班。中央组织部还会同科技部等部门，专门举办过与生态建设、循环农业、增强自主创新能力相关的干部专题培训。

中央组织部、人力资源和社会保障部在最近几年的公务员选拔录用、考核评价中也强调了对科学素质的要求。例如，中央组织部起草的《关于建立干部学习培训考核和激励机制的意见》就将掌握科学文化知识的情况作为干部考核的重要内容；人力资源社会保障部在公务员录用考试中强化了对科学素质内容的测查。同时，其他各部门、各地区也开展了许多针对领导干部和公务员群体的现代科学技术知识普及活动。

领导干部和公务员群体科学素质的整体提升不仅对提升领导干部的科学决策能力和公务员的科学管理能力有重要意义，而且还会对贯彻落实科学发展观、提高执政能力、实施《全民科学素质纲要》产生重要的影响，对社会其他群体的科学素质提升也会产生重要的示范带动作用。"领导干部和公务员科学素质行动"目前已取得了初步成效，呈现出良好的发展态势，领导干部和公务员科学素质建设工作未来仍需持续加强。

本 讲 小 结

《全民科学素质纲要》确立了以重点人群科学素质行动带动全民科学素质整体提高的基本策略，根据我国全民科学素质建设工作实际需求和现实国情，把未成年人、农民、城镇劳动者、领导干部和公务员确定为素质提升的四个重点人群。经过近几年全面实施《全民科学素质纲要》，四大重点科学素质行动取得明显进展，各部门、各地区针对各类人群广泛开展了各种形式的科学技术教育、培训、竞赛、普及活动，促进了全民科学素质建设工作，也使具备基本科学素质的公民比例较之前有了明显提高。

第十一讲 《全民科学素质纲要》：重点工程

《全民科学素质纲要》在提出四大重点人群科学素质行动的同时，也确定了科学教育与培训基础工程、科普资源开发与共享工程、大众传媒科技传播能力建设工程、科普基础设施工程"四大基础工程"。这"四大基础工程"涉及科技传播与普及的资源、渠道、能力等支撑条件的建设。随着"四大基础工程"的实施，科技传播与普及的资源、渠道、能力建设受到政府和社会的重视，公民科学素质建设的支撑条件也得到了改善。

1 "科普资源开发与共享工程"和科普内容资源建设

科技传播与普及是利用特定媒介和载体向公众传送科学技术内容的过程，科普内容资源及其媒介载体建设工作在科技传播与普及和公民科学素质建设工作中占据相当基础的地位。没有科普内容的确定和媒介载体的制作，任何科普活动、科普过程都将无法进行。"科普资源开发与共享工程"就是针对科普内容资源建设及科普作品产品问题提出的基础建设工程，目标是通过推进科普资源开发与共享，为社会和公众提供更好的公共科普服务。

1.1 "科普资源开发与共享工程"的任务和措施

科普内容资源及媒介载体工作包括三个方面的基本任务：一是从科学技术发展所提供的丰富内容中确定和选择符合时代发展要求和公众需求的内容和信息；二是制作具有新颖性和吸引力、利于提升传播效果的内容表达载体和传播媒介；三是在社会中建立有利于引导、激励、促进和支持科普作品产品和信息资源开发和共享的机制。任务的基础是利用适宜的手段、形式、技术，创作、开发更多高水平的科普作品和产品。

科普作品和产品是用来承载、表达、传送科普内容的载体和媒介，可能是实物、标本、模型、装置、挂图，也可能是音像制品、印刷作品、影视作品、动漫作品和数字化产品等。当代科学技术已经为科技传播与普及提供了丰富内容，科技传播与普及实践工作者的重要职责就是需要利用适宜的技术手段，将符合时代发展要求和公众需求的内容与信息转化为科普作品和产品，服务于公众获取知识、理解科学、提高素质、增长能力。

经过科技传播与普及工作的长期积累，我国科普作品和产品的拥有量已达到了一定规模，也涌现了不少深受公众喜爱的优秀作品和产品。但从总体上看，科普内容资源建设仍然是科技传播与普及事业中的一个薄弱环节，并已经成为制约我国科技传播与普及事业发展的瓶颈问题之一。主要的问题包括数量规模仍然不足，质量水平有待提高，科普资源开发的激励机制和科普资源共享机制还没有完善地建立起来。

长期以来，由于科普作品创作和产品研发缺乏基于需求分析基础上的系统和长远的规划和计划，再加上缺乏足够的经费保障和先进的科普理念，导致科普作品和产品虽然数量上不断增加，但整体水平上没有质的飞跃。许多科普作品和产品选题低层次重复，表现手法比较陈旧，缺乏对促进公众理解和科学体验问题的关注，远不能适应公众正在变化着的信息获取方式和欣赏习惯，对公众吸引力不高，兴趣激发效果有限。

特别是，我国目前还没有完善地建立有效的科普作品创作和科普产品研发激励机制，现有的激励措施不到位。尽管中国科协系统在内的相关机构部门设立的有关科普作品、产品的评奖、评比、评选活动，对繁荣科普创作起到了一定促进作用，但这类措施激励和支持力度仍然相当有限。社会各界不能给予科普作品创作、产品研发以高度的重视和肯定，科普创作队伍难以稳定壮大，整体水平难以提高，特别是难以吸引更多优秀的创作和研发人才。

目前，我国科普资源条块分割问题也比较明显，高水平资源创新和资源共建共享缺乏动力，许多科普机构之间的内容资源建设低水平简单重复，科技和产业机构内丰富的科技资源还难以转化为科普产品资源。科普资源建设需要建立和完善激励机制和共享机制，加强科普创作与研发人才队伍建设，鼓励和吸引社会力量参与科普资源开发，丰富科普作品与产品的数量和种类，提升科普资源的质量和水平，并提高现有科普资源要素的利用率。

正是针对我国科普资源有效供给不足、水平不高以及共建共享方面存在的问题，《全民科学素质纲要》提出了"科普资源开发与共享工程"，确定的任务主要包括：引导、鼓励和支持科普产品和信息资源的开发，繁荣科普创作，围绕宣传落实科学发展观，创作出一批紧扣时代发展脉搏、适应市场需求、公众喜闻乐见的优秀作品；集成国内外科普信息资源，建立全国科普信息资源共享和交流平台，为社会和公众提供资源支持和公共科普服务。

提出的措施主要有：加大对优秀原创科普作品的扶持和奖励力度，把科普作品纳入业绩考核范围，调动和鼓励科技工作者、社会各界积极参与科普作品创作和资源开发，建立科技成果转化为科普资源的机制；推动科普、科技、教育、传媒界的有效合作，借鉴国际先进创作理念和方法，促进科普创作整体水平的提高；建设数字化科普信息资源库和共享交流平台，开展优秀作品的推介活动，扩大科普信息资源的共享范围等。

1.2 我国近年来的科普内容资源建设

"科普资源开发与共享工程"由中国科协和科技部担任牵头部门，教育部、农业部、广电总局、中科院、工程院、国家自然科学基金会等部门为责任单位。2006 年底，中国科协、科技部会同责任单位共同制定并下发了《科普资源开发与共享工程实施方案》，规定了科普资源开发与共享工程的主要任务和目标。通过近几年积极推进"科普资源开发与共享工程"，我国科普资源开发和共建共享机制建设工作取得了一些重要进展。

首先，确立了科普资源建设的一些基本规范和要求。2007 年，中国科协颁布《科普资源质量与规格要求》，对较为常用的图片、挂图、平面展览、图书、音像制品、动漫作品、展品、活动资源包等提出了质量及规格要求。中国科协在2007—2010 年连续四年发布《科普资源开发指南》，明确当年科普资源开发的基本原则和内容形式，统筹指导各部门、各地区的科普资源建设，并提出了有利于数字化、鼓励创新、注重共享、服务民生等基本要求。

其次，探索了科普创作的激励机制。为调动和激发社会力量参与科普资源建设的积极性，培育一批优秀科普创作者、创作团队、创作基地，中国科协近年来实施了繁荣科普创作的资助计划，资助对象包括科普图书、影视、动漫、展教品、主题展览。经国家科学技术奖励工作办公室批准，中国科协于 2008 年设立了"中国科普作家协会优秀科普作品奖"，在全国范围内评选奖励优秀科普作品。随后，许多省市科协也开展了类似的工作。

再次，推进了科普资源的集成整合。近些年来，中国科协积极引导科普产品和信息资源的开发集成，集成开发了一大批科普挂图、图书、音像等科普资源。例如，仅科普挂图就开发了 240 余套，集成 10 种，印发总数达到 8 万余套、28 万张。另外，利用互联网技术、加强数字资源建设也成为近几年科普资源开发、集成、共享的亮点之一。"中国数字科技馆"目前集成并提供给公众的科普资源总量已超过 1.8TB。

最后，强化了科普资源共享机制和平台建设。2008 年，中国科协设立"中国科协科普资源共建共享工作办公室"，制定了《中国科协科普资源共建共享工作方案（2008—2010 年）》，提出了建设科普出版物配送服务平台、广播电视节目服务平台、科普活动服务平台、展览资源共享服务平台和互联网科普服务平台等 5 个科普资源共建共享服务平台的任务。目前，这五大平台已取得了重要进展，促进了科普资源的共享服务。

通过实施"科普资源开发与共享工程"，科普资源开发和共建共享机制建设受到社会的重视，许多省市科协成立了科普资源研发基地和配送中心，科研机构、大学实验室的社会开放范围也进一步扩大。仅 2009 年，中国科学院所属科研机构和教育部直属大学就向社会开放了 430 个场所，接待公众达 700 多万人次。跨部门、跨领域的公共科普服务平台建设近年来也有所进展，如新疆维吾尔自治区 38 家单位就联合签署了科普资源共建共享合作协议。

2 "科学教育与培训基础工程"和科学教育与培训工作

在《全民科学素质纲要》确定的"四大基础工程"中，"科学教育与培训基础工程"、"大众传媒科技传播能力建设工程"、"科普基础设施工程"涉及科技传播与普及渠道、设施、条件建设内容。强化科学教育与培训工作、大众传媒科技传播能力建设、科普基础设施建设，有助于为科技传播与普及和公民科学素质提升提供渠道和条件支撑，最大限度地实现科技传播与普及的公平普惠，为公众提供科学素质提升的更多机会和途径。

2.1 "科学教育与培训基础工程"的任务和措施

国内外的科学素质研究与实践证明，科学教育对公众科学素质水平有直接和重要的影响，受教育程度越高的公众群体具备科学素质的比例越高。世界发达国家的公民科学素质建设都高度重视科学教育工作，美国著名的"2061"计划就是其中典型的代表。而在科学教育之外，科技培训工作在提高公民群体获取和运用科技的能力和技能、促进科学素质提升方面也发挥着重要作用。在我国目前相当比例的农村和城镇劳动人口对科技的掌握程度还不高的情况下，科技培训工作尤其需要得到足够的重视。

自中华人民共和国成立以来，我国科学技术教育事业和社会化的教育培训工作取得了巨大的成就和长足的进步。但由于复杂的历史和现实原因的影响，总体上仍然不能很好地适应经济社会发展、提升公民科学素质、促进公民全面发展的需要，存在着科学课程和教材激发科学探究不够、应试教育影响学生整体素质、科学技术教育与培训机构和设施规模不足、科学教师和培训教师素质教育能力不高等问题。

为此，"科学教育与培训基础工程"提出了三项主要任务：一是加强教师队伍建设，培养一支专兼结合、结构合理、素质优良、胜任各类科学教育与培训任务的教师队伍；二是加强教材建设，改革教学方法，形成适应不同对象需求、满足科学教育与培训要求的教材和教法；三是加强教学基础设施建设，充分利用现有的教育培训场所、基地，配备必要的教学仪器和设备，为开展科学教育与培训提供基础条件支持。

"科学教育与培训基础工程"提出的任务在内容上涵盖了科学教育与培训的教师、教材、教法、教学设施、基础条件等多个方面，提出的对应措施则主要有：加强中小学科学教育教师队伍建设、更新科学课程内容、提高教材质量、改进教学方法、重点培养创新意识和实践能力、加强中小学特别是农村中小学科学教育基础设施建设、建立科技界和教育界合作推动科学教育发展的有效机制、利用科普场馆和社区学校等社会资源开展科学教育与培训等。

2.2　我国近年来的科学教育与培训工作进展

"科学教育与培训基础工程"由教育部和人事部作为牵头部门，中组部、科技部、农业部、劳动保障部、全国总工会、共青团中央、全国妇联和中国科协等部门作为责任单位，牵头部门和责任单位制定了《科学教育与培训基础工程实施方案》。经过几年来的实施，"科学教育与培训基础工程"推动了基础阶段的科学教育改革工作、面向重点人群的科技培训工作，在教师培训、教材建设、教学改革、基础设施建设等方面也取得了一定成效。

我国基础教育系统一直在关注并推进科学教育改革，到 2006 年已编制了 4 套中学教材、8 套小学科学课程教材，在科学教育中设置了必修的综合实践活动环节，强调了利用实践环节增强学生的探究和创新意识、发展综合运用知识的能力。从 2008 年起，教育部还组织高等院校、科研院所的科技专家参与科学课程标准修订、教材建设、教学方法工作，旨在进一步推进中小学生科学教育内容及教学方法的改革。

在面向各类重点人群的科技培训方面，教育部、人力资源和社会保障部、中国科协、全国总工会等许多部门近年来围绕未成年人群体、农村劳动人口、城镇劳动人口等重点群体开展了多种形式和多种类型的科技教育与培训工作。[①] 教育部和中国科协等部门近些年来还采取项目推进的方式，针对青少年学生群体组织开展了"科学教育特色学校建设"、"社区校外青少年非正规教育项目"等许多非正规教育项目。

----

① 关于近几年国内各部门和各地区围绕重点人群开展科技教育与培训工作的有关情况，可参见本教程第十讲。

相关部门和各地政府近几年来特别加大了教师培训、教材建设、教学改革、基础设施建设等方面的工作。例如，教育部在全国80余所高等院校设置了培养科学教师的"科学教育"专业，实施了"高中课改实验省骨干教师培训"、"农村义务教育学校教师远程培训"、"中小学教师科学素质与课程实施能力发展"等教师培训项目，启动了"促进中小学科学教育网络资源建设"、"中小学科学教育实验条件建设示范工程"等基础设施建设项目。

中国科协和地方科协近些年来也加大了中小学校、科技场馆、校外教育机构（青少年科技活动中心等）科技辅导员的培训工作力度，每年都利用集中培训、讲师团巡回培训、科技教育专家辅导团等形式，培训校内外科技辅导员，培训规模达到数十万。中国科协所属中国青少年科技辅导员协会还与天津师范大学签署了共建科技辅导员业务培训基地的协议，正在探索科技辅导员培训工作基地化的新模式。

3 "大众传媒科技传播能力建设工程"和大众传媒科技传播能力建设

在大众媒体高度发达的当代，媒体不仅是公众获得科技知识和信息的重要渠道，而且在科技传播与普及领域扮演着特殊而重要的角色，甚至有学者认为20世纪的科学传播出现了"媒体转向"。[①] 我国连续多年的公民科学素质调查结果也表明，电视、报纸等大众媒体是公众获取科学技术信息的重要渠道。基于大众媒体的科技传播渠道建设和大众媒体科技传播能力建设对推进公众科学素质建设有重要的作用。

3.1 "大众传媒科技传播能力建设工程"的任务和措施

自改革开放以来，我国大众传媒事业取得巨大发展，大众媒体在面向公众的科技传播与普及方面也做了许多卓有成效的工作，电视媒体领域涌现出了公众喜爱的一些科技栏目、节目，报纸媒体领域出现了一批有影响的科技栏目、作品，图书期刊出版行业出版了一些受到好评的科普图书、期刊，互联网上也有了一些颇受关注的科普网站、论坛。但就总体情况看，大众媒体科技传播还存在质量不高、力度不够、能力不强的问题。

特别是相对于社会和公众不断增长的科普需求而言，电视、报刊、图书、广播、影视、网络等媒体中的科学技术节目和内容仍然偏少，在电视播出时间和报

---

① 侯强，刘兵. 科学传播的媒体转向［J］. 科学对社会的影响，2003（4）：45～49.

纸版面中所占的比例仍然偏低，传媒界对创办科技栏目的信心不足、积极性不高，科普类报纸、图书、期刊发行量仍然较小，大众媒体的科技传播功能远未得到充分发挥。尽管近些年来不断有优秀作品出现，但总体上质量不高，原创精品不足，对公众的吸引力不强。①

正是基于这样的背景，"大众传媒科技传播能力建设工程"提出了三项基本任务：一是加大各类媒体的科技传播力度，大幅增加电视广播科技节目的播出时间、科普出版物的品种和发行量、报纸科技专栏的数目和版面、科普网站和门户网站的科技专栏等；二是打造科技传播媒体品牌，提高电视制作传播质量，培育知名度高的报纸专栏，形成有影响力的科普出版机构；三是发挥新型媒体的作用和功能，培育扶持若干品牌科普网站、虚拟科技馆等。

提出的措施主要包括：鼓励和支持一批电视科技栏目提高质量，择优扶持若干知名科普网站；制定优惠政策和相关规范推动科普文化产业发展；建立与市场和公众需求相适应的管理体制与运行机制，引进现代营销模式和先进编创技术，提高播出和编辑出版质量；建立与市场经济相适应的科普出版物发行渠道，扶持科普出版物在农村和边远地区的发行工作；研究开发网络科普的新技术和新形式，开辟网络科普新途径等。

3.2 我国近年来的大众传媒科技传播能力建设

"大众传媒科技传播能力建设工程"的实施由中共中央宣传部牵头，教育部、科技部、农业部、广电总局、中国科协等部门为责任单位。2006年底，牵头部门会同责任单位制定了《大众传媒科技传播能力建设工程实施方案》，明确了大众传媒科技传播能力建设的具体任务和措施。近几年来，相关部门推出多项举措，大众媒体也积极加强科技传播力度、质量和品牌建设，使大众传媒科技传播能力在近些年中有了一定提高。

在大众传媒科技传播能力建设任务分工确定之后，各相关部门在各自主管的业务范围内推出了一些推进大众传媒科技传播能力建设的措施。例如，中宣部、广电总局指导电视、广播、报纸、网络等各级各类媒体，围绕我国科技发展大政方针、重大科技事件、重要科技活动，在新闻类节目与版面中加大了科技报道力度，在社会类节目和内容中也关注了对节约资源、保护生态、改善环境、安全生产、应急避险、健康生活科学知识的宣传。

相关部门也支持了不少科技类广播电视栏目、节目的品牌建设，例如广电总

---

① 杨文志，任福君，等．全民科学素质行动发展报告（2006—2010）［M］．北京：科学普及出版社，2011：156～157．

局等部门支持了中央人民广播电台"农业广播学校"、中央电视台"科技博览"等栏目，中国科协支持了北京电视台的"对话科学"栏目和《科学中国纪事》《科技与奥运》等影视片的拍摄。近些年来，以中央电视台"走近科学""科技博览"以及中央人民广播电台"农业广播学校""致富早班车"为代表的一批科普节目的制作质量、节目水平在稳步提升。

国家和有关部门还设立了用以激励优秀科普作品创作的相关政策。例如，"国家科技进步奖"从 2004 年起将科普作品纳入社会公益类项目奖励范围；国家科学技术奖励工作办公室在 2008 年批准设立了目前我国唯一的全国性科普作品奖项"中国科普作家协会优秀科普作品奖"；国家广电总局的"中国电影华表奖"、中国电影家协会的"中国电影金鸡奖"也都将科学教育影片纳入评奖范围。

大众媒体自身也加强了科技传播能力建设，通过优化栏目设置、提高编排质量、推出新栏目、打造精品栏目等方式，提高科技传播能力和对观众的影响力。例如，中央电视台培育出了"走近科学""科技博览"等栏目，制作了《寻找北京人头盖骨》《揭秘黄土》等一批优秀节目，使科教频道也受到观众的欢迎。电视台对科技传播类节目的重视程度近年来有了明显提高，节目数量和播出时间明显增加，制作技术和水平也在不断提高。

目前，我国已有 10 余个省级电视台开办了科教频道，许多地市级电视台也开办了科教频道。根据科技部《中国科普统计》的数据，全国电视台播出科技、科普类节目的时间：2006 年为 11.38 万小时，2008 年为 21.92 万小时，2009 年为 24.31 万小时，2010 年为 26.39 万小时，播出时间实现了较快增长。特别是从国外引进了许多优秀节目，丰富了电视媒体科普节目的内容，提高了科教电视节目的整体水平。

在印刷媒体的科技传播领域，目前已经建立了一个包括中央、地方、行业在内的科技类报纸体系，许多综合性报纸也增开科技专栏，强化对科技内容的传播。近些年来，报纸类媒体围绕国家科技政策、科技发展动态、高新技术产业发展做了大量报道，结合社会焦点和热点问题普及了大量科技知识。2010 年，我国科技类报纸总印数达到 3.40 亿份，出版科普图书 0.65 亿册、科普期刊 1.55 亿册，各类科普活动共发放科普读物和资料 7.25 亿份。

基于互联网和新媒体的科技传播近些年来也快速发展。科普网站大量增加，涌现出了以"中国科普博览"为代表的一批知名科普网站；新媒体也开始加入到科技传播行列。互联网和新媒体正在从许多方面深刻影响科技传播的发展和变革，许多传统媒体也正在积极利用互联网和新媒体提高信息传播速度，扩大信息传播的范围。目前，我国利用互联网获取科技信息的公民比例已达 26.6%，比 2005 年提高了 18.7 个百分点。

4 "科普基础设施工程"和科普基础设施建设

科普基础设施在我国一般包括科技类博物馆（如自然历史博物馆、科学技术馆、专业博物馆等）、科普教育基地（如青少年科技活动中心、科研机构和大学开放实验室、动植物园、自然保护区等各类科普场所）、基层科普设施（如科普活动站、科普学校、科普惠农服务站、科普宣传栏、科普画廊以及科普大篷车、科普宣传车、科普列车等）。广义的科普基础设施还包括科普网站、数字科技馆等网络设施。

从国内外科技传播和科普教育的实践看，科技类博物馆、各类科普场馆等科普设施是为社会和公众提供科普服务的专门设施，是面向公众进行科技传播、科技教育、科学普及的重要基地，也是公众接触和学习科学技术的重要场所，构成了科技传播与普及"物力"资源的重要组成部分。加强科普基础设施建设，有助于提高科技传播服务能力，拓展科普公共服务渠道，促进科普服务的公平普惠。

4.1 "科普基础设施工程"的任务和措施

基于科普基础设施的科技传播往往具有形式多样、内容丰富、生动直观、公众参与性强的鲜明特点，拥有较为综合的科普教育效果和较强的传播"平台"功能。[①]《简明不列颠百科全书》在解释科学类博物馆时就指出，科学博物馆的任务是以立体形式传达科学精神和思想，引起观众对科学的爱好，提供先进的信息，使人看到技术发展的成就，帮助人们了解并保护自然和人类环境。[②]

在相当长的时期内，我国科普工作由于更多强调的是群众性科普活动的开展，再加上长期受经济发展水平的制约，科普基础设施建设并未受到足够的重视，直到改革开放之后，科普基础设施建设才进入快速发展通道。但相比发达国家和我国公众科普需求而言，科普基础设施建设仍然存在较大差距，存在总量规模不足、区域分布不均衡、展教方式相对落后、专业人才欠缺等突出问题，尚不能辐射和惠及所有公民。

2005 年中国公民科学素质调查的数据显示，当年参观过科学技术馆、自然博物馆等科普场馆（场所）的公众比例只占到 10% 左右，而"未能参观"的最主要原因是"本地没有"或"不知道在哪里"，两者合计比例达到 56.0%。正是

---

① 翟杰全等.科技类博物馆的科技传播：理念更新与能力提升 [J].北京理工大学学报（社会科学版），2012 (1)：121～124.

② 简明不列颠百科全书 [M].北京：中国大百科全书出版社，1986 (2)：65.

基于对科普基础设施建设重要性及我国目前科普基础设施建设现状的认识，《全民科学素质纲要》将"科普基础设施工程"列为重点基础工程之一。

"科普基础设施工程"确定的任务包括：更新改造现有科普设施，充实内容、改进服务、激发活力，整合利用社会相关资源，发展青少年科技教育基地和科普教育基地，拓展和完善现有基础设施的科普教育功能；多渠道筹集资金，新建一批科技馆、自然博物馆等科技类博物馆；通过在城乡社区建设科普活动室、增强校外活动场所功能、配备科普大篷车等手段，发展面向基层的科普设施等。

提出的措施主要包括：制定科普设施发展规划、建设标准、认定办法和管理条例，规范科普设施的建设与管理；将科普基础设施建设纳入国民经济和社会事业发展总体规划和建设计划，加大对公益性科普设施建设和运行经费的公共投入；对科普教育功能薄弱的设施进行更新改造，完善基层科普设施的功能；鼓励社会力量参与科普基础设施建设，鼓励有条件的科研院所、高等院校、科学团体、高新技术企业对公众开放等。

4.2　我国近年来的科普基础设施建设

在《全民科学素质纲要》颁布后，"科普基础设施工程"牵头部门中国科协和发展改革委、科技部、教育部等责任单位共同制定了《科普基础设施工程实施方案》，确定了科普基础设施建设的具体目标和任务。近几年来，在实施"科普基础设施工程"的推进下，科普基础设施建设在原有基础上取得明显进展，科普基础设施在数量上有所增加，功能上得到了强化，服务能力有所提升，科普设施的渠道功能也得到进一步增强。

首先，围绕《全民科学素质纲要》提出的任务和要求，针对科普基础设施建设中存在的问题，政府相关部门出台了一系列加强各类科普基础设施建设的政策文件。例如，《关于加强国家科普能力建设的意见》、《科学技术馆建设标准》、《科普基础设施发展规划（2008—2010—2015）》、《关于科研机构和大学向社会开放开展科普活动的若干意见》、《全国科普教育基地认定办法（试行）》、《全国科普活动站、科普宣传栏、科普员标准和管理办法（试行）》等。

其次，科普基础设施建设工作在各地区都受到了更多重视，建设科普设施的积极性明显提高，科技类博物馆建设进入快速发展阶段，科普教育基地发展迅速，基层科普设施覆盖面也逐步扩大。2006—2010年，我国先后有百余座科技类博物馆建成开放，数量占到目前全部科技类博物馆总数的1/4以上。科普教育基地已形成全国、省级、地县三级认定体系。科普画廊、科普活动站、科普大篷车的规模数量也有了较大增长。

最后，科普基础设施内容建设和服务能力有所提升，公众受益面不断扩大。

科普基础设施的展教资源不再是清一色的标本、图片和实物，规模总量不断增加，互动型、体验型的展品越来越多，主题展览、临时展览、科普讲座等科普形式也日渐增多。目前，我国科技类博物馆年受益人次已达到数千万的规模。2010年第八次中国公民科学素养调查的数据显示，参观过科技馆的公民比例为27.0%，比2005年提高了17.7个百分点。

近些年来，科普基础设施也结合自身特点开展了许多有特色的科普教育活动，增强了科技传播功能，增加了公众接触和体验科学的机会。例如，2009年建成开放的中国科学技术馆新馆除了设置科学乐园、华夏之光、探索与发现、科技与生活、挑战与未来五大主题展厅外，还开展了科普实践、科学影视、科普报告、科普巡展等各类活动；活跃于城乡的基层科普设施也积极利用科普展览、资料发放、技术咨询等手段开展科普活动，受到群众的欢迎。

因此，我国科普基础设施建设工作受到政府部门和社会各界的重视和支持，科普基础设施建设取得长足进步。目前，规模性的科技类博物馆已达600余座，经过各级科协认定命名的科普教育基地达2万余个，基层科普活动站达27万多个，流动科普设施（科普大篷车等）有1500多辆。近几年间的科普基础设施建设速度超过以往任何时期，区域布局、结构布局、学科分布有了较大改善，西部地区科普设施也有了明显增加。

本 讲 小 结

近几年来，通过积极推进"四大基础工程"，我国的科技传播与普及资源、渠道建设受到政府和社会的重视，公民科学素质建设的支撑条件得到了改善。科普资源开发和共建共享机制建设工作取得了进展，科普资源共享机制和平台建设得到了强化；科技教育改革和建设工作受到了重视，政府部门也组织开展了多种形式的科技培训工作；大众传媒科技传播力度不断加大，科技传播质量有所提升，大众传媒科技传播能力得到了一定提高；科普基础设施建设取得长足进步，进入快速发展阶段，内容建设和服务能力有所提升，公众受益面不断扩大。《全民科学素质纲要》的全面实施有力地促进了科技传播与普及的资源、渠道、能力建设。

第十二讲　我国公民科学素质建设取得的进展和未来的任务

在全面实施《全民科学素质纲要》的推动下，我国公民科学素质建设工作取得了明显进展，科普资源进一步丰富，科普设施进一步完善，科技传播能力进一步增强，各重点人群的科学素质进一步提升。2011年6月19日，国务院办公厅下发了《全民科学素质行动计划纲要实施方案（2011—2015年)》（以下简称《"十二五"实施方案》），提出了"社区居民科学素质行动"、"科普人才建设工程"等新的任务，开启了《全民科学素质纲要》新一阶段的实施工作。

1　我国公民科学素质建设近年来取得的重要进展

《全民科学素质纲要》的颁布实施，使公民科学素质建设工作成为一项国家行动，成为推动经济社会发展的一项基础性工程，各部门、各地区也将公民科学素质建设工作纳入本部门、本地区的工作计划。在全面实施《全民科学素质纲要》的过程中，相关部门出台了一系列政策措施，形成了一些重要工作机制，加强了基础设施建设，提升了科技传播能力，推动了我国科技传播与普及事业的发展，为公民科学素质的未来持续提升奠定了基础。

1.1　实施《全民科学素质纲要》形成的工作机制

2006年，《全民科学素质纲要》颁布后，国务院随即成立"全民科学素质工作领导小组"，在中国科协设立了"全民科学素质工作领导小组办公室"。领导小组制定了《全民科学素质工作领导小组工作规则》和《全民科学素质行动计划纲要实施工作方案》，确立了相关部门分工负责的工作机制。2008年，领导小组办公室通过了《全民科学素质纲要实施工作机制》，确立了国务院分管领导每年召开一次会议听取实施工作汇报以及实施工作的例会制度，并由中国科协牵头成立"全民科学素质纲要实施工作办公室"。

根据《全民科学素质纲要》实施方案，中组部、中宣部、发展改革委、教育部、科技部、财政部、中国科协等 23 个部委成为《全民科学素质纲要》实施工作办公室成员单位，分解出"四大"重点人群科学素质行动、"四大"基础建设工程和"政策法规、队伍建设与监测评估"共 9 项任务（表 12-1）。各牵头部门会同责任单位共同研究制订工作方案、共同推进实施工作。《全民科学素质纲要》实施工作由此形成既有分工又有协作的工作机制。

表 12-1　《全民科学素质纲要》9 项任务及职责分工

任　务	牵头单位	责　任　单　位
未成年人科学素质行动	教育部 共青团中央	中宣部、科技部、人力资源和社会保障部、卫生部、国家广电总局、中科院、社科院、工程院、中国气象局、自然科学基金会、全国妇联、中国科协
农民科学素质行动	农业部 中国科协	中组部、中宣部、教育部、科技部、国家民委、人力资源和社会保障部、环保部、卫生部、国家广电总局、安全监管总局、国家林业局、工程院、中国气象局、全国总工会、共青团中央、全国妇联
城镇劳动者科学素质行动	人力资源和社会保障部 全国总工会 国家安全监管总局	中宣部、教育部、科技部、卫生部、国家广电总局、中科院、工程院、中国气象局、共青团中央、全国妇联、中国科协
领导干部和公务员科学素质行动	中组部 人力资源和社会保障部	中宣部、科技部、环保部、卫生部、中科院、社科院、中国气象局、共青团中央、全国妇联、中国科协
科学教育与培训基础工程	教育部 人力资源和社会保障部	中组部、中宣部、国家发展改革委、科技部、农业部、中科院、社科院、工程院、中国气象局、自然科学基金会、全国总工会、共青团中央、全国妇联、中国科协
科普资源开发与共享工程	中国科协 科技部	教育部、环保部、农业部、卫生部、国家广电总局、国家安全监管总局、国家林业局、中科院、工程院、中国气象局、自然科学基金会、全国总工会
大众传媒科技传播能力建设工程	中宣部	教育部、科技部、农业部、国家广电总局、中科院、社科院、中国气象局、全国总工会、共青团中央、全国妇联、中国科协

任　　务	牵头单位	责　任　单　位
科普基础设施工程	中国科协	中组部、国家发展改革委、教育部、科技部、人力资源和社会保障部、农业部、环保部、卫生部、国家林业局、中科院、中国气象局、全国总工会、共青团中央、全国妇联
政策法规、队伍建设与监测评估	科技部	所有成员单位

　　《全民科学素质纲要》实施过程中，许多省、自治区、直辖市也成立了由政府领导、相关部门参加的省级实施工作领导小组、办公室或建立了联席会议制度。《全民科学素质纲要》实施工作目前已形成了"国务院领导实施，各部门分工负责、联合协作"的工作机制，形成了中央和地方共同推动的矩阵式工作格局，形成了大联合、大协作的工作特点。这种政府主导实施、部门联合协作的大系统为《全民科学素质纲要》实施提供了强有力的保障。

　　同时，为保障和推进《全民科学素质纲要》的实施，全民科学素质工作领导小组以及政府相关部门出台了推动公民科学素质建设工作的系列政策和措施，为《全民科学素质纲要》实施工作提供了条件保障，促进了政策体系不断健全，强化了相关机制建设，为推进《全民科学素质纲要》的实施和公民科学素质建设工作、建立科技传播与普及事业的长效机制奠定了重要基础。

1.2　重点科学素质行动带动全民科学素质提升

　　在《全民科学素质纲要》实施过程中，政府各部门和各地区根据《全民科学素质纲要》提出的重点人群科学素质行动任务要求，有针对性地组织开展了各种形式的科学技术教育、传播与普及活动，提升了重点人群的科学素质，带动了全民科学素质的整体提升。据中国科协2010年进行的第八次中国公民科学素质调查，我国公民具备基本科学素质的比例在2010年达到了3.27%，比2005年的1.6%提高了1.67个百分点。

　　经过实施和推进"未成年人科学素质行动"，中小学继续推进实施素质教育改革，基础教育对提高科学素质的作用受到重视，课堂作为主渠道的功能得到强化，校外科技和科普活动丰富多彩。通过"科技馆活动进校园"和青少年学生校外活动场所科普教育共建共享试点等工作，也有效促进了校外科技资源与学校科学教育的结合，校内校外合力提升未成年人科学素质的机制得到了发展。

经过实施和推进"农民科学素质行动",相关部门和各地区结合新农村建设需求,针对各类农民群体的不同需要,特别强化了针对农民群体的科技培训和科普工作,使数亿人次农民享受到不同层次的科技培训服务。科技下乡、星火计划、科技特派员、科普惠农计划等各类科技培训、普及、推广、示范活动也在农村地区受到欢迎。农民群体的科技知识水平和科学素质得到了提升。

经过实施和推进"城镇劳动人口科学素质行动",相关部门和各地区根据不同群体的不同需求,开展了各类职业技能培训、专业技术人才知识更新、中高级专业技术人才培训等不同层次的科技培训,同时通过社区学校、科普画廊以及开展各种讲座、咨询等经常性群众科普活动,促进社区居民逐步形成科学文明健康的生活方式。各类培训和社区科普活动提升了城镇劳动人口的职业技能、科学生活能力和科学素质水平。

经过实施和推进"领导干部和公务员科学素质行动",使科学素质问题受到了政府部门和领导干部与公务员群体自身的重视,科学素质成为领导干部和公务员教育培训的重要内容,相关部门和各地区也有针对性地组织了针对领导干部和公务员的科学素质培训,增强了领导干部和公务员落实科学发展观、提升科学管理和决策能力。科学素质目前也被逐步纳入领导干部和公务员的选拔和评价考核中。

1.3 重点基础工程建设促进科普服务能力提升

在《全民科学素质纲要》实施过程中,政府各部门和各地区根据《全民科学素质纲要》确定的科学教育与培训基础工程、科普资源开发与共享工程、大众传媒科技传播能力建设工程、科普基础设施工程任务要求,针对各"工程"的发展现状和存在问题,有针对性地提出了建设措施,加大各类资源投入,促进了科普服务能力的整体提升,使得公众提高科学素质的机会与途径明显增多。

通过实施和推进"科学教育与培训基础工程",科学教师与培训队伍的素质得到提高,科学教育与培训的基础条件不断增强。教育部在师范院校设置了80余个综合性科学教育专业,并对在校科学教师进行了培训。仅2006年以来,在国家级项目培训中,针对义务教育和高中阶段的科学课程骨干教师培训就达20多万名。各地也以中小学为重点,加强了科学教师培训、科学教材开发、科学教育特色学校创建和校内外青少年科学实践基地建设。

通过实施和推进"科普资源开发与共享工程",科普资源的数量和质量得到了提高,科普资源建设和共建共享机制建设受到社会重视。一些地方和部门通过组织开展展览设计和科普创作项目的资助、竞赛、征集等活动，动员社会各界力量，创作和集成了一批科普展览以及图书、动漫、影视、资源包等科普作品。特别是网络、数字资源近些年增长迅速，建成了中国数字科技馆等一批网络科普设施。

通过实施和推进"大众传媒科技传播能力建设工程"，大众传媒的科技传播力度进一步加大，科技传播能力进一步提升。电视、广播、报纸和网络等各级各类媒体增加了对科技政策、科技发展、科技事件的报道量，结合社会热点、突发事件、自然灾害，加强了对节约资源、保护生态、改善环境、应急避险、健康生活等知识的普及。尤其是全国电视科教频道、栏目、节目近年来增长较快，电视科普节目也受到观众欢迎。

通过实施和推进"科普基础设施工程"，我国科普基础设施建设有了长足发展，为公众提供科普服务的能力明显增强。科学技术类博物馆数量快速增加，一大批省级和地市级科技馆相继建成开放。全国科普教育基地稳步发展，一批科研院所和高等院校的实验室、研究中心开始面向社会开放。"中小科技馆支援计划"等项目的实施也提升了基层科普场馆的展教能力，科普大篷车、科普宣传栏、科普活动室等基层科普设施的覆盖面也不断扩大。

2　我国未来公民科学素质建设工作的重要任务

我国公民科学素质建设工作采取的是分阶段、滚动式、逐步推进的策略。《全民科学素质纲要》提出的公民科学素质建设近期、中期和长远目标，分别与我国"十一五"规划目标、全面建设小康社会目标、现代化建设第三步战略目标相衔接。[①] 经过几年的全面实施，公民科学素质得到了提高，《全民科学素质纲要》提出的近期目标已经基本实现。但是，我国公民科学素质水平与发达国家差距较大的问题还没有得到彻底解决，重点人群科学素质行动和科普基础设施建设等多方面任务仍然十分艰巨。

---

① 1987 年 10 月，中共十三大提出中国经济建设的总体战略部署：第一步目标，1981 年到 1990 年实现国民生产总值比 1980 年翻一番，解决人民的温饱问题；第二步目标，1991 年到 20 世纪末国民生产总值再增长一倍，人民生活达到小康水平；第三步目标，到 21 世纪中叶人民生活比较富裕，基本实现现代化，人均国民生产总值达到中等发达国家水平，人民过上比较富裕的生活。1997 年，中共十五大又对其中的第三步目标进一步具体化，分别提出到 2010 年、建党一百年和新中国成立一百年，形成一个新的"三步走"发展战略。2002 年，党的十六大重申："我们要在本世纪头二十年，集中力量，全面建设惠及十几亿人口的更高水平的小康社会，使经济更加发展、民主更加健全、科教更加进步、文化更加繁荣、社会更加和谐、人民生活更加殷实。经过这个阶段的建设，再继续奋斗几十年，到本世纪中叶基本实现现代化，把我国建成富强、民主、文明的社会主义国家。"

2.1　我国全民科学素质建设目前存在的主要问题

2010 年，国务院办公厅安排了《全民科学素质纲要》实施和落实情况的督促检查工作。督查组经过全面督查后认为，《全民科学素质纲要》实施工作取得明显成效，基本实现了《全民科学素质纲要》提出的近期目标，组织机构逐步健全，工作机制不断完善；主题活动丰富多彩，社会各界广泛参与；重点人群科学素质行动扎实推进，公民科学素质明显提升；基础工程建设稳步推进，服务能力明显增强；投入不断增加，保障条件逐步完善。

但是，就我国公民科学素质建设的总体情况看，科普服务能力还不能满足公众需求和转变经济发展方式的需要，不同地区、不同群体之间的科学素质工作发展还不平衡；面向社区居民、少数民族地区群众及其他公众群体的科学素质工作还比较薄弱；社会各界的积极性还没有得到充分调动，科普人才队伍建设还需要进一步加强，科普资源和基础设施建设还需要进一步加大投入，科普产业还需要加快发展。

因此，我国未来公民科学素质建设工作仍然需要持续加强重点人群科学素质行动，强化重点基础工程建设，同时进一步扩展科普公共服务范围，加大科普资源投入，加强人才队伍建设，促进科研与科普工作的结合，促进科普产业发展。另外，在目前《全民科学素质纲要》实施过程中，"政府推动"得到了进一步强化，但"全民参与"和社会化程度仍然不足，未来需要强化激励、引导、动员机制建设，调动社会各界的积极性。

2.2　《全民科学素质纲要》"十二五"确定的新任务

国务院办公厅下发的《"十二五"实施方案》根据《中华人民共和国国民经济和社会发展第十二个五年规划纲要》和《全民科学素质纲要》，确定了"十二五"期间全民科学素质工作的阶段目标、重点任务和保障措施，提出了"社区居民科学素质行动"、"科普人才建设工程"、"完善公民科学素质建设长效机制"等新任务，《全民科学素质纲要》"十二五"期间的重点任务在原有基础上得到了新的扩展。

（1）《"十二五"实施方案》确定的总体目标。在继续坚持《全民科学素质纲要》所确定的指导方针、基本任务的同时，《"十二五"实施方案》明确了"节约能源资源、保护生态环境、保障安全健康、促进创新创造"的工作主题，强调了面向基层、关注民生，完善机制、提升能力，加强领导、开拓创新。确定的总体目标是：到 2015 年，科学技术教育、传播与普及显著发展，基本形成公民科学素质建设的组织实施、基础设施、条件保障和监测评估等体系，具备基本科学素质的公民比例超过 5%。

《"十二五"实施方案》同时还强调，要通过实施《全民科学素质纲要》，以重点人群科学素质行动带动全民科学素质整体水平持续提升，使城乡居民之间、经济发达地区与欠发达地区居民之间科学素质差距逐步缩小，公民科学素质建设的公共服务能力大幅提升，公民科学素质建设机制不断创新，社会化工作格局基本形成，全民科学素质工作合力不断增强，公民提高科学素质的机会与途径显著增多，从而促进基本科普服务的公平普惠。

（2）实施社区居民科学素质行动。社区居民科学素质行动是《"十二五"实施方案》新提出的重点工作之一。主要任务是：宣传科学发展观，普及节约资源、保护环境、节能减排、健康生活等知识，促进社区居民形成科学文明健康的生活方式；提升社区居民应用科学知识解决实际问题、改善生活质量、应对突发事件的能力，激发社区居民提高科学素质的主动性和积极性；围绕建设文明和谐的学习型社区，提升社区科普服务能力，完善社区公共服务体系。

提出的措施主要包括：围绕安全健康、节能环保、防灾减灾等内容，开展科教进社区、卫生科技进社区、节能减排家庭行动等科普宣传和教育活动，发挥社区教育在素质提升方面的作用；充分依托社区公共服务场所和设施，建立健全社区科普活动基础设施、社区科普宣传员、科普志愿者队伍；实施社区科普益民计划，提升社区科普能力；整合社区及周边科普资源，建立共建共享机制，搭建社会化的社区科普工作格局。

（3）实施科普人才建设工程。科普人才建设工程是《"十二五"实施方案》新提出的另一项重点工作。主要任务是：提升科普人才队伍整体素质，培养一支规模适度、结构优化、素质优良的科普人才队伍；稳定专职科普人才队伍，建立专业化科普管理人才队伍，壮大兼职科普人才队伍，发展科普志愿者队伍，培养面向基层的科普人才；培育一批高水平的科普创作与设计、科普研究与开发、科普活动策划与组织、科普传媒、科普产业经营与管理等方面的人才。

提出的措施主要包括：积极发展农村科普员队伍，加强农村实用科普人才培养；壮大社区科普宣传员队伍，建立社区科普人才队伍；开展企业专业技术人员的教育和培训，培养企业实用科普人才；加强青少年科技辅导员培训，发展科技辅导员队伍；推动建立科普志愿者协会、服务站等组织，发展科普志愿者队伍；建设一批科普专门人才培养和实践基地，培养大批科普创作与设计、科普研究与开发等专门人才，加快高端和专门科普人才培养。

（4）完善公民科学素质建设长效机制。完善公民科学素质建设长效机制确定的任务是建立健全广泛动员社会各界参加全民科学素质工作的机制。提出的措施包括：完善人才培养和动员机制，完善科普人才评价政策，研究制定调动社会各界积极性的激励措施；建立科研与科普密切结合机制，推动国家重大工程项目、科技计划项目和科技重大专项增加相应科普任务的措施和办法；强化科普投入和产业发展保障机制，完善科普产业的政策措施；健全监测评估体系和考核激励机制等。

2.3　我国公民科学素质建设面临的几项重要任务

从我国目前全面实施《全民科学素质纲要》情况以及我国公民科学素质建设工作本身的发展看，加强科普人才培养和队伍建设、促进科普资源的开发与共享、推进科普工作社会化改革、培育和发展科普文化产业、强化科普事业相关机制建设、促进基本科普服务的公平普惠将成为我国未来公民科学素质建设工作面临的几项重要任务：

（1）加强科普人才培养和队伍建设。培养大批高素质的科普专门人才，建设一支高水平的科普人才队伍，是科技传播与普及事业发展、公民科学素质建设工作的基本保证。为此，《"十二五"实施方案》提出了科普人才建设工程。在推进科普人才建设工程的过程中，除了要落实既定的各项任务目标外，还要强调推进科普人才职业化和队伍体系化的建设，加快推进科普人才职业化进程，建立创作、设计、策划、管理等各方面人才的配套体系。

（2）促进科普资源的开发与共享。建设数量足够丰富和质量水平较高的科普资源及其体系是发展科技传播与普及事业和公民科学素质建设的一个基础支撑。科普资源建设工作需要围绕我国经济社会发展和公众科普需求，针对媒体（报纸、电视、新媒体等）科技传播、科普展览、科普活动等各类实践需要，繁荣科普创作，开发科普产品，丰富科普资源。同时，加大科普资源集成开发力度，扩大科普资源的共享范围。

（3）推进科普工作社会化改革。科技传播与普及事业的发展、科技传播与普及局面的活跃依赖科普工作的社会化。但到目前为止，我国科普工作社会化程度依然不高，仍然过于依赖政府的行政推动。未来需要持续推进科普工作社会化改革，鼓励并促进社会化科普组织和科普队伍的发展和壮大，激励并调动企业和产业界、科技和教育界对科普工作的积极参与，增强全民科学素质工作的合力，为公民科学素质建设提供强大的社会推动力。

（4）培育和发展科普文化产业。科技传播与普及事业和公民科学素质工作需要建立政府、科技、社会、产业多元驱动发展机制，未来在推进科普工作社会化改革的同时，落实和完善有利于科普文化产业发展的政策和措施，促进科普产业健康快速发展，激励科普企业面向公众科普需求，研发更高水平的科普产品，为科技传播与普及事业提供强大的产业推动力，促进我国尽快形成公益性科普事业与经营性科普产业并举的发展体制。

(5) 强化科普事业相关机制建设。无论是科普人才队伍的建设、科普资源的开发，还是社会力量的动员、科普产业的发展都需要相应的机制建设。完善公民科学素质建设长效机制已成为《全民科学素质纲要》"十二五"期间的重点任务之一。未来需要根据人才培育、资源建设、产业发展等工作的不同需要，细化工作内容，建立有针对性的系统机制，促进科普资源的共建共享、科研工作与科普工作的结合以及队伍的建设、产业的发展等。

(6) 促进基本科普服务的公平普惠。科技传播与普及事业和公民科学素质建设是一项惠及全民的事业，任何时候都要坚持公平普惠的原则。基于我国现实国情，目前采取的以重点人群科学素质行动带动全民科学素质提高的策略，随着全民科学素质建设工作向纵深发展，科普服务覆盖面需要继续扩大，针对中西部地区、边远地区、少数民族地区、经济欠发达地区以及重点人群之外的其他人群的科学素质工作需要强化。

本 讲 小 结

我国公民科学素质建设工作近年来取得了明显进展，《全民科学素质纲要》实施工作基本实现了所确定的近期目标，形成了一些重要的工作机制，提升了全民科学素质，提高了科普服务能力。但公民科学素质水平与发达国家差距较大的问题还没有得到彻底解决，科普服务能力还不能满足公众的需求和转变经济发展方式的需要，公民科学素质建设的未来任务仍然十分艰巨。尤其需要加强科普人才培养和队伍建设、促进科普资源的开发与共享、推进科普工作社会化改革、培育和发展科普文化产业、强化科普事业相关机制建设、促进基本科普服务的公平普惠。

第十三讲　科技传播与普及资源和能力建设

科技传播与普及资源和能力建设属于科技传播与普及工作的重要组成部分。加强资源与能力建设，改善资源状况、丰富资源种类、扩大资源规模、提高资源质量，可以为科技传播与普及实践活动的有效开展和效果提升提供强有力的资源支撑，提升科技传播与普及能力，促进科技传播与普及事业全面发展。科技传播与普及事业的发展依赖资源和能力建设成效，科技传播与普及工作、公民科学素质建设需要高度重视资源和能力建设。

1　科技传播与普及资源和目前我国的资源建设现状

科技传播与普及需求的日益增长及其多样化的发展特点，给科技传播与普及资源建设提出了更高要求，也指明了资源建设的基本方向。在我国，经过科普工作的长期积累，科普资源数量规模有了增长，随着《全民科学素质纲要》的全面实施，科普资源建设工作近些年来也快速发展。但相对于日益增长且多样化的科普需求而言，我国科普资源建设总体上仍然不能很好地满足实际需要，资源体系内部还存在许多"结构性失衡"问题。

1.1　科技传播与普及资源概念和构成

"科技传播与普及资源"概念可以从狭义和广义两个不同层面来理解。狭义的"科技传播与普及资源"指科普项目、科普活动中所涉及的科普内容及相应的载体，[①] 通常包括为社会和公众提供科普服务的内容、信息及承载这些内容和信息的媒介、作品、产品（如科普展板、图书、挂图、展品、影视作品、动漫作品、数字化科普资源）等。举办科普实践活动，需要根据活动需要对这些资源要素进行选择、组合。我国目前许多政策文本和研究文献中的"科普资源"通常指的是这种狭义的科普资源概念。

---

① 郑念. 科普资源开发的几个理论问题［N］. 大众科技报，2010-08-10.

基于推进科技传播与普及事业全面发展、强化科技传播与普及资源体系建设的要求，需要从广义上理解、概括"科技传播与普及资源"概念。广义的"科技传播与普及资源"指的是"服务发展科技传播与普及事业的政策环境、人力、财力、物力、科普组织机构、科技传播与普及内容及信息等要素的总和"，包括科技传播与普及事业、工作、实践活动所需的各种资源要素。科技传播与普及资源要素具有复杂多样的形态和表现形式。

任福君在《关于科普资源研究的思考》一文中将科技传播与普及资源分为科普能力资源、科普内容或产品资源两大类，前者主要包括政策环境、人力、财力、物力、组织和媒介等，是科普事业发展的基础支撑条件；后者主要包括场馆与基地类、传媒与信息类、活动类科普资源等科普产品资源，涉及科普的具体内容。① 中国科普研究所"科普资源调查"课题也曾将"科普资源"概括为科普能力、科普产品、科普活动三大类。②

中国科普研究所发布的科普蓝皮书《中国科普基础设施发展报告（2009）》曾提出科普资源的"七分法"，将科普资源分为制度类、投入类、产品类、设施类、活动类、信息类、媒体类七大类（图 13-1）。

由于科普资源要素形态具有多样化的特征，科普资源分类方法也可以是多样化的。基于科技传播与普及资源体系化建设的需要，可以将科技传播与普及资源区分为作品和产品资源、设施和渠道资源、政策和保障条件资源三大类，分别对应微观、中观、宏观三大层面，分别包括科普内容及表达和表现科普内容的科普作品和产品，科普渠道和科普设施以及科普组织，科普法规政策以及科普人力、财力、物力等。

近几年，随着《全民科学素质纲要》的颁布和实施，科技传播与普及资源问题受到科普界的重视，中国科普研究所曾专门组织关于科普资源的基础性和系列性专题研究，③ 对科普资源概念、分类和标准，科普资源建设基础理论，科普资源共享理论及模式，我国科普资源建设规划等问题进行了研究。④ 但关于科技传

---

① 任福君．关于科普资源研究的思考［A］．//任福君．中国科普理论与实践探索——2008《全民科学素质行动计划纲要》论坛暨第十五届全国科普理论研讨会文集［C］．北京：科学普及出版社，2008：36～43．

② 任福君，郑念，等．科普资源调查总报告［R］．中国科普研究所，2007 年 12 月；又见：郑念．科普资源开发的几个理论问题［N］．大众科技报，2010-08-10．

③ 例如，"科普资源建设的理论与实践研究"、"科普资源开发与建设研究"、"国家科普资源公共服务体系建设"、"我国科普资源调查"等。

④ 任福君．关于科普资源研究的思考［A］．//任福君．中国科普理论与实践探索——2008《全民科学素质行动计划纲要》论坛暨第十五届全国科普理论研讨会文集［C］．北京：科学普及出版社，2008：36～43．

播与普及资源的许多研究仍需继续深化，以便为促进科技传播与普及资源的优化、创新、集成、利用提供理论和实践的指导。

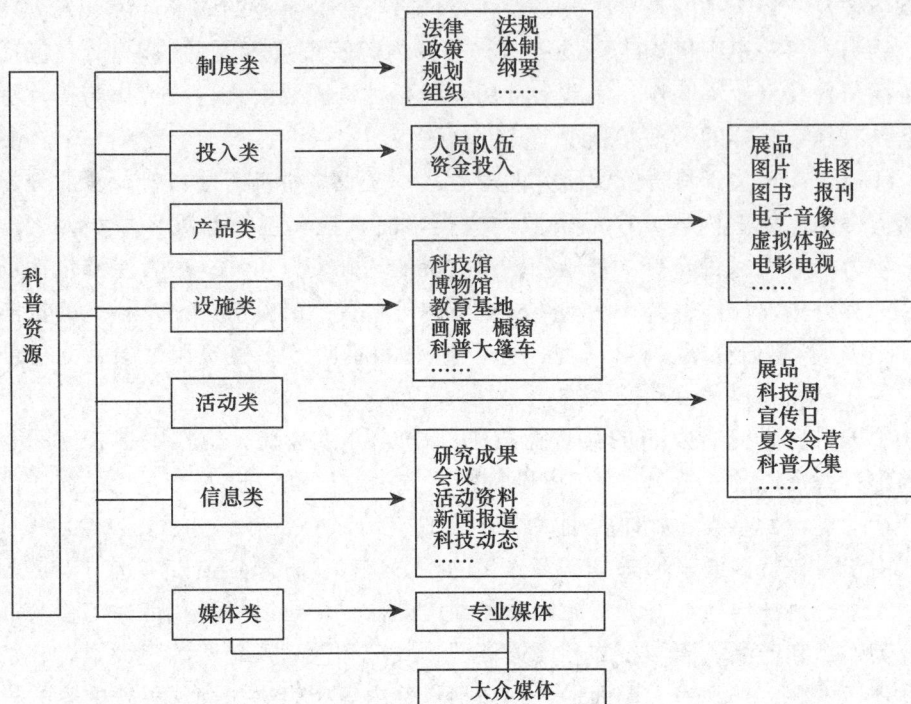

图 13－1　科普资源结构分类①

1.2　我国科技传播与普及资源建设现状

在当代经济社会与科学技术发展的背景下，科技传播与普及资源建设需要通过科学的规划、持续的投入、机制的完善，建立能够有效满足国家、社会和公众各层面科普需求的资源体系，宏观资源不断优化，中观资源能力增强，微观资源数量丰富、水平较高、分布均衡、配置合理、体系完善。分析和考察科技传播与普及资源建设和发展状况，需要从规划、投入、机制、能力、数量、分布、水平、配置、体系化等多个方面来综合判断。

经过科普工作的长期积累和近些年来的快速发展，我国科技传播与普及的宏观资源要素得到了明显优化，中观资源要素的能力有所增强，微观资源要素数量也达到了一定规模。但是，受传统科普理念和科普模式经验化的影响，我国以往

① 任福君．中国科普基础设施发展报告（2009）［M］．社会科学文献出版社，2010：61.

的科普工作过于局限在知识普及的层面，过于依赖群众性科普活动的开展，相对忽视科普资源体系化的建设和科普工作全面化的发展，致使资源建设没有受到足够的重视，资源建设方面仍然存在着许多亟待解决的问题。

科普资源建设问题突出表现在资源体系内部存在许多"结构性失衡"问题。例如，科技传播与普及工作在我国受到国家和政府的高度重视，国家和政府出台了许多支持科普工作的法规和政策，我国也拥有世界上唯一一部专门的科学技术普及法，公民科学素质建设也被纳入到国家整体发展战略之中。但法规政策的执行却不能令人满意，许多政策文本操作性不够，再加上缺乏配套制度建设，致使许多法规政策得不到良好执行，政策效应没有得到有效发挥。

在宏观资源的其他方面，科普人才队伍近些年来有所发展，但数量仍然有限、素质仍然不高，尤其是缺乏足够数量的高水平创作人员，管理、策划、创作、设计人才还没有形成合理的体系；财力投入近些年来明显改善，但相对于总体需求仍然匮乏，尤其是不同地区之间差别巨大、极不平衡，经济比较发达地区的科普经费相对充裕，而经济欠发达地区的科普经费则非常缺乏，部分县（区）人均年科普经费甚至还不到 0.1 元。

在中观资源方面，我国科学教育事业和社会化教育培训工作取得了巨大成就和长足进步，但科学教育和培训仍然存在重知识技能、轻素质培养的问题，特别是长期受应试教育的影响，学生群体的科学素质不高；我国大众传媒事业取得了巨大发展，媒体在科普方面也做了许多卓有成效的工作，但媒体科技传播还存在能力不强、水平不高的问题，精品严重不足；科普基础设施近年来发展迅速，但总量严重不足、分布极不平衡的问题仍然突出。

而且在我国目前的科普工作中，科普活动的开展仍然更多依靠的是政府部门的推动，参与科普活动的更多是政府部门、科技机构、大中小学、基层组织、科普组织等，科普社会化程度还不高，行政色彩浓厚。在我国，科技传播与普及"第三方"（例如各类 NGO、NPO 等）还没有得到良好发展，公司企业还相对缺乏积极参与科普的意识，科普产业还没有发展壮大起来，科普实践领域的行政化、公益化、产业化三方力量还极不平衡。

在微观科普资源（即狭义上的科普资源）方面，尽管近些年来在总量上不断增加，但相对社会的大量需求仍然不足，而且缺乏优秀原创资源、整体质量不高、开发力度不够、共享机制不完善、结构分布不平衡。特别是许多基层科普场馆由于缺乏足够数量的展品而处于闲置状态，西部地区 70％的宣传栏（画廊）由于缺乏足够数量的挂图不能定期更新；大量资源仍集中于利用简单手法普及知识的层面，能促进公众理解和体验科学的资源要素严重不足。

我国目前的科技传播与普及资源建设总体上还不能很好地满足科普发展的需

要和公众的需求，资源开发、建设、共享水平不高，重要的原因是资源建设的社会化激励机制没有完善，社会力量没有得到有效调动，社会化资源没有得到有效利用。例如，我国高等院校、科研院所、公司企业拥有许多可用于科普的场所、设备、装置以及知识和成果资源，甚至许多资源长期处于闲置状态，但由于各种原因却无法转化为科普资源。

2 科技传播与普及的资源建设和能力建设

科技传播与普及资源建设在科技传播与普及事业发展中处于相当基础的地位，没有内容资源的提供，科技传播与普及工作就成了"无源之水"；没有渠道资源的建设，科技传播与普及就缺少了科技通达公众的途径；没有政策环境资源的优化，社会各界积极性就难以得到激励，科普局面就难以充分活跃。科技传播与普及资源建设及其水平还直接影响着国家和社会的科技传播与普及能力，与科技传播与普及能力建设具有极为密切的关系。

2.1 科技传播与普及的资源建设

科技传播与普及资源建设涉及宏观科普资源建设、渠道设施资源建设、科普内容资源建设等多个层面。近些年来，随着《全民科学素质纲要》的颁布实施，科技传播与普及资源建设工作受到国家和社会的重视，特别是在"四大基础工程"的推动下，科普政策法规体系进一步完善，科普投入进一步加大，科普资源建设得到了加强，科普能力也有所提升。但就资源建设总体情况看，未来的任务仍然艰巨而繁重。

（1）宏观科普资源建设。宏观科普资源涉及法规政策、社会环境以及科普人力、财力、物力等保障条件和激励机制。宏观科普资源建设需要根据当代发展要求，建立体系化的法规政策，加强配套制度措施，加大人力、财力、物力投入。特别是要建立覆盖全面、衔接良好、层次清晰、相互配套的法规政策和配套制度体系，在内容上强化对科普社会化激励机制建设，同时提高法规政策的可执行性和执行的可检查性，不能仅仅停留在"政策呼吁"层面。

《全民科学素质纲要》在"保障条件"部分就强调了完善相关政策法规和机制建设的重要性，提出要制定鼓励和吸引境内外机构、个人独资或合作兴办科学技术教育、传播与普及机构等相关政策，加大财政保障力度、形成多渠道投入机制等问题，同时提出要建立有效机制和相应激励措施，培养科普人才，调动各界人士参加科普的积极性。科技传播与普及宏观资源建设未来仍然需要持续强化政策、制度、机制建设并加大各类资源投入。

（2）渠道设施资源建设。传统科学普及过于依赖相对单一的科普渠道和科普方式（如群众性或运动式的科普活动），当代科技传播与普及则已经拥有了包括科学技术教育、大众媒体传播、科普设施传播、群众性科普活动在内的多样化渠道和途径。扩大科技传播与普及渠道、设施的科普服务覆盖面，提高渠道、设施的科普能力和效果，建立各种渠道、设施相互配合的立体化、网络化体系，是科技传播与普及渠道和设施建设的重要目标。

渠道和设施资源建设需要发展多样化的传播渠道和各种类型的科普设施，扩大公众参与科普的机会，营造社会的科普氛围，促进科普服务的公平普惠。特别是需要利用大众媒体覆盖面广、影响力大的优势，提高媒体科技传播的力度，让大众媒体的作用得到更分的发挥；需要因地制宜地在全国城乡建设更多科普基础设施；在群众性科普活动方面，既要有高影响度、引导性的大型科普活动，也要结合当地公众需求开展形式多样的经常性科普活动。

（3）科普内容资源建设。我国科普内容信息资源、作品产品资源建设工作近年来受到社会各界重视。但到目前为止，资源数量匮乏、质量不高的问题仍然没有得到彻底解决。提高科普作品和产品的原创能力是科普内容资源建设的核心问题之一，需要社会通过激励机制建设、科普人才培养，促进优秀科普作品的创作和科普产品的研发。科普内容资源建设需要强化科普内容面向公众需求、面向发展需要、提升创作理念、运用创新手段。

面向日益增长的科普需求，科普内容资源建设同时需要关注各类社会资源科普化、科普产业化发展、共建共享机制建设的问题，强调利用社会化、产业化手段促进社会力量参与科普内容资源建设。科技、教育、产业等领域拥有可服务于科普的丰富资源，许多科学技术成果、闲置设备、成果展览都可以转化为科普资源。通过机制建设，充分调动社会各界力量，发展科普产业，建设资源共建共享机制，为资源建设提供多元化的推动。

2.2 科技传播与普及的能力建设

科普资源建设和科普能力建设具有密切关系，科普资源的基本状况、丰富程度及其质量水平，直接影响着科技传播与普及体系的潜力和实力，而且科普资源要素可以被看作是科普能力的重要载体，当资源要素用于科技传播与普及并发挥了科普功能和作用，资源就转化成了科普能力。例如，科普场所的科普展品、模型、装置，属于科普产品资源的范畴，但当它们被用于科普活动并促进了公众对科学的理解，就转化成科普场所的科普能力。

如果从科技传播与普及的宏观层面看，一个国家和社会的科普能力集中体现在利用丰富的资源向公众提供科普产品和服务的综合实力。①没有足够丰富和体系化的资源作为基础和支撑，科技传播与普及体系不可能拥有强大的实力和能力，科技传播与普及也很难对全民科学素质建设产生巨大的推动作用。因此，资源建设和能力建设构成科技传播与普及事业两个关系密切的支撑点，是公民科学素质建设的两大基础性建设工程。

最近几年来，科技传播与普及能力建设问题引起国家和社会的重视。国务院颁布的《国家中长期科技发展规划》明确提出要加强国家科普能力建设，《全民科学素质纲要》确定的"四大基础工程"也都与科普能力建设有关。2007年，科学技术部、教育部、中国科协会等8部委联合发布了《关于加强国家科普能力建设的若干意见》（以下简称《科普能力建设意见》），专门就国家科普能力建设的原则、目标、任务作出了规定。

《科普能力建设意见》认为，国家科普能力表现为一个国家向公众提供科普产品和服务的综合实力，包括科普创作、科技传播渠道、科学教育体系、科普工作社会组织网络、科普人才队伍以及政府科普工作宏观管理等方面；国家科普能力建设是建设创新型国家的一项重大基础性、战略性任务，也是政府推进科普工作的重要着力点；加强国家科普能力建设、提高公民科学素质是增强自主创新能力的重要基础、推进创新型国家建设的重要保障。

《科普能力建设意见》提出了"十一五"期间六个方面的主要任务：

（1）繁荣科普创作，大力提高科普作品的原创能力。针对新时期公众需求和欣赏习惯的变化，结合现代科技发展的新成就和新趋势，引导社会各方面积极投身科普创作，鼓励科研人员将科研成果转化为科普作品；针对科普场所和中小学校需求，重点开展科普展品和教具的基础性、原创性研究开发，鼓励和引导一批科研机构、大学、企业等社会力量积极开展科普展品和教具的设计和研究开发工作。

（2）加强公众科技传播体系和科普基础设施建设，建立更加广泛的科技传播渠道。加大大众媒体的科技传播力度，发挥网络等新兴媒体的科技传播作用；推进科普场馆建设，建设一批布局合理、管理科学、运行规范、符合需求的科普场馆，鼓励企业、社会团体和非营利组织等社会力量建设专业科普场馆，推动科研机构、大学建立定期向公众开放的制度；强化包括农村科普设施和城市社区科普设施在内的基层科普场所建设。

（3）完善中小学科学教育体系，提高科学教育水平。提高科学课程教育质量，推进以科学探究为核心的科学教育改革，体现"以科学探究为核心"的科学

---

① 任福君，谢小军，等.科普资源理论与实践研究报告［R］.中国科普研究所，2011年10月.

教育理念，培养中小学生对科学的兴趣，提高学生的操作和动手能力；加强中小学科学教育基础设施建设，建立健全科学教育实验室，加强校外活动场所的科普教育功能，充分利用校外科学教育资源，积极开展多种形式的未成年人科普活动和课外科技活动。

（4）完善政府与社会的沟通机制，促进公众理解科学。加强国家科技计划项目的科普工作，注重对国家科技计划项目科普资源的开发；在国家重大工程、重大专项、科技计划实施过程中，逐步建立健全面向公众的科技信息发布机制，让社会公众及时了解有关信息；建立公众参与政府科技决策的有效机制、通畅的沟通渠道、听证制度，听取公众对科技规划和政策研究制定的意见和建议，扩大公众对重大科技决策的知情权和参与能力。

（5）加强示范引导，提高科普工作的社会动员能力。深入开展各类群众性科普活动，加强行业科普工作、国防科普工作、企业科普工作；充分发挥医疗卫生、环境保护等行业部门优势，根据其自身特点和资源，把行业工作与科普工作有机结合，建设一批具有鲜明特色的行业科普教育基地，发展行业的基层科普组织，形成一支高水平的行业科普队伍；调动行业部门积极性，挖掘行业科普资源，开展体现行业特色的专题性、系列性科普活动。

（6）采用专兼职相结合的方式，建设高素质的科普人才队伍。壮大由科技工作者、科学课程教师、科普创作人员、科技记者和编辑、展览设计制作人员、科普策划和管理人员等组成的科普人才队伍，提高科技传播队伍的科学素质和专业化水平；在高校设立科技传播专业，培养科技传播、科普创作和理论研究人才；倡导科技人员投身科普事业，加强志愿者队伍建设，动员大学生利用暑期实践等活动深入农村和西部地区开展科普宣传活动。

作为全面阐明国家科普能力建设意见的一份专门文件，《科普能力建设意见》强调要围绕增强自主创新能力、建设创新型国家、构建社会主义和谐社会的实际需求，坚持政府引导和全社会参与、公益性和市场机制相结合的原则，加强新时期国家科普能力建设。同时，《科普能力建设意见》还提出了加强领导、加大投入、建立监测评估体系、加强科普资源共享、加强科普理论研究等重要保障措施。

《科普能力建设意见》提出的目标是：经过 15 年左右的努力，形成一个比较完备的公众科学教育和传播体系，创作出一批适合不同人群需要的优秀科普作品，造就一支高素质的专兼职科普人才队伍，构建一个有效运行的科普工作组织网络，建设一批功能健全的科普基础设施和科普教育基地，营造一个激励全社会广泛参与科普的社会环境，推动我国科普能力不断增强，促进公民科学素质不断提高。

国家科技传播能力包括多方面的构成要素、受到多方面复杂因素的影响，实质上是国家有效整合科技传播力量、高效配置科学技术信息资源的一种基本能力，影响着国家有效传播科学技术知识、广泛扩散科学技术成果的实际效能，属于国家促进科技创新、推动经济增长、提高公民科学素质的一种基础保障能力。[1][2]《科普能力建设意见》较为系统地规划了国家科技传播与普及能力建设工作，为我国科技传播与普及能力建设指明了一些重要的方向。

本 讲 小 结

科普资源建设和能力建设构成科普事业的两个关系密切的重要支撑点，是公民科学素质建设的两大基础性工程。经过科普工作的长期积累，科普资源数量规模有了增长，但相对于日益增长且多样化的科普需求，我国科普资源建设总体上还不能很好地满足实际需要，资源体系内部还存在许多"结构性失衡"问题，这些问题也直接影响着我国科普能力的整体提升。近几年来，科普资源和能力建设问题引起了国家和社会的重视，科普资源和能力建设也取得了明显进展，未来的科普资源建设和科普能力建设都需要在多个方面持续加强。

---

① 翟杰全. 宏观科技传播研究：体制、政策与能力建设 [J]. 北京理工大学学报（社会科学版），2004（3）：22～25.

② 翟杰全. 国家科技传播能力：影响因素与评价指标 [J]. 北京理工大学学报（社会科学版），2006（4）：3～6.

第十四讲　科技传播与普及政策

　　科技传播与普及事业、公民科学素质建设需要复杂的支撑结构和保障条件。其中主要包括科普内容与信息资源、渠道与设施资源、政策与环境资源等支撑要素以及人力、财力、物力等各类保障条件。政策因素在其中扮演着重要角色。国家和政府可以通过制定完善的科普政策并有效执行，推进科普工作领域的机制建设，营造良好的科普环境和氛围，激励社会各界对科普工作的支持和参与，从而改善科普的社会环境，活跃社会的科普局面。

1　科技传播与普及政策的内涵和目标

　　科技传播与普及政策（科普政策）属于科技政策的一部分，是国家和政府为推进科普事业发展而制定和出台的政策。科普政策的目的和价值在于通过政策手段建立科普工作的管理体制和运行机制、确立科普事业的目标和战略、确定科普工作的任务和计划、引导科普资源的合理配置、激励社会各界积极支持和参与科普工作、规范各类科普实践活动，促进科普事业的良好发展，促进科技传播与普及更好地服务科学技术和经济社会的发展。

1.1　科技传播与普及政策的内涵和特征

　　科普政策是指国家权力机关、执政党、政府部门为促进科普事业发展、活跃科普局面、推进科普工作，并通过推进科普工作发展而实现国家、社会、公众（公民）目标而制定并付诸实施的行动准则、方案和措施。国家和政府的科普政策通常由针对科普工作以及和科普工作相关的法律法规、行政规章、政府规划以及国家领导人相关指示来表达，在内容上通常包括为促进科普事业发展而确立下来的任务目标、方针原则、战略规划和行动措施等。

　　科普政策从内容上看属于科技政策的范畴，从性质上看属于公共政策的范畴。科技政策是国家和政府促进科学技术发展以及利用科学技术为国家目标服务的政策。① 科技政策是国家和政府管理科学技术的重要手段之一。国家和政府通过科技政策对科技事业进行有效管理和宏观调控，促进科学技术的发展，并利用科学技术促进社会进步。科学技术创新和科学技术普及是科学技术工作的两个重要方面，科普政策属于科技政策的一部分。

公共政策是公共权力机关为解决公共问题、达成公共目标、实现公共利益而确定下来的行动准则和行动方案。科技传播与普及服务科学技术的社会扩散和公众对科学技术的分享，提高公众的科学素质，推进科学技术的创新应用，对经济社会发展具有重要的价值和功能。发展科普事业、促进科学技术的广泛传播和普及，有助于利用科学技术更好地推动社会进步、实现科学技术的公共利益。因此，科普政策具有公共政策的属性。

科普政策从政策内容上看，包括针对科普工作的专门政策、科普相关政策两大部分。前者包括专门针对科普而制定或出台的法规政策，例如，中共中央、国务院 1994 年发布的《关于加强科学技术普及工作的若干意见》、我国 2002 年颁布的《科普法》等；后者则包含并非专门针对科普的法规政策，如国务院 2005 年颁布的《国家中长期科技发展规划》等。

科普政策从政策目标上看，包括"促进科普的政策"、"利用科普的政策"两大部分。前者是国家和政府用来促进科普事业发展、推进科普工作的政策，后者则是国家和政府用来利用科普服务国家、社会、公众（公民）目标的政策。提高公民科学素质既是科普的重要工作内容，也是科普工作的基本目标。鉴于这种特殊关系，与公民科学素质建设工作相关的所有政策都属于科普政策的重要组成部分。

科普政策从文本形式上看，包括法律化的科普政策（如《科普法》），国家和政府相关部门出台的关于科普工作或与科普工作相关的"决定"、"纲要"、"意见"、"条例"、"办法"、"通知"以及相关的规定、章程、制度或会议文件等，中共中央、国务院、全国人大领导人以及政府管理机关或相关部门负责人针对科普工作或涉及科普工作做出的重要指示、讲话等。法律法规、政府文件、指示、讲话构成我国科普政策表达的三种基本文本形式。

科普政策从政策层级上看，包括国家、部门、地方三个基本层级。国家级的科普政策属于"顶层"政策，由中共中央、国务院和全国人大及其代表机构颁布；科技部、教育部、中国科协等部门独立或联合出台的政策属于部门级政策；各省、自治区、直辖市以及地方政府制定的科普政策（如各省颁布的科学技术普及条例等）属于地方政策。国家科研、教育、传播机构（或系统）内确立的内部

政策，有时也会产生重要的社会影响。

　　鉴于当代科技传播与普及发展涉及复杂的支撑结构和保障条件，有些科普政策在内容上可能涵盖多方面的科普工作，属于一般性政策；有些政策则可能只针对某方面的科普工作，属于专门化政策。前者通常承担更多宏观指导的功能，后者通常承担更多细化任务的功能。随着我国科普事业向纵深发展，管理机关和相关部门将会出台更多针对设施建设、人才培养、能力提升和产业发展等方面的专门政策，完善科普政策体系的建设。

1.2　科技传播与普及政策的目标和任务

　　在我国，科普政策的基本目标是推进科普工作机制建设，活跃社会的科普局面，促进各项科普工作的发展，并利用科普工作服务国家科技、经济、文化、教育目标和高素质人力资源建设目标，服务并促进公众（公民）的全面发展以及公民提升运用科技解决实际问题和参与公共事务能力，从而最终促进科普事业的全面发展，满足科学技术和经济社会发展提出的各种科普需求，为科学技术创新和经济社会发展奠定坚实的基础。

　　在我国目前的科普政策体系中，科普工作被视为是承担多种重要任务、服务多个重要目标、具有多方面重大意义的社会工程。中共中央、国务院《关于加强科学技术普及工作的若干意见》指出，科学技术普及工作是普及科学知识、提高全民素质的关键措施，是培养一代新人的必要措施，是国家基础建设和基础教育的重要组成部分，是社会主义物质文明和精神文明建设的重要内容，是一项意义深远的宏大社会工程。

　　《关于加强科学技术普及工作的若干意见》同时还指出，科学技术普及程度是国民科学文化素质的重要标志，事关经济振兴、科技进步和社会发展的全局。并强调了普及科学文化教育、加强科学普及工作、提高全民科学素质对引导科学的生产和生活方式，实现经济发展战略目标，引导人们应用科学方法、学会科学思维，拆除封建迷信赖以存在的社会基础，提高精神生活水准，维护社会稳定等等方面的重要性。

　　科技部、中国科协等 9 部委于 1999 年联合发布的《2000～2005 年科学技术普及工作纲要》也将广泛开展科普工作与带动精神生活水准和社会文明程度提高、实施科教兴国战略和可持续发展战略等方面紧密联系起来，强调要从事关现代化建设成败和民族兴衰的战略高度认识科普工作，把提高国民科技素质作为增强综合国力和国际竞争力的基石，把发展科普事业作为科技创新、素质教育和文化建设的重要环节。

　　国务院 2006 年颁布的《全民科学素质纲要》同样将提高公民科学素质与增

强公民获取和运用科技知识的能力、改善生活质量、实现全面发展，与提高国家自主创新能力、建设创新型国家、实现经济社会全面协调可持续发展、构建社会主义和谐社会联系起来，提出要实现科学技术教育、传播与普及等公共服务的公平普惠，促进社会主义物质文明、政治文明、精神文明建设与和谐社会建设全面发展。

近些年来，党和国家领导人在全国科学技术大会、全国科普工作会议、纪念中国科协成立大会等不同场合也都特别强调了传播普及科学技术、提高全民科学素质对激励科技创新、营造创新环境、建设创新型国家、促进科技进步和经济社会发展的重要性，提出创新科学技术和普及科学技术是科技工作两个相辅相成的重要方面。这些文件和讲话为科普工作确立了基本定位和基本方向，也确定了我国科普政策的基本基调和基本目标。

2　新中国成立以来的科技传播与普及政策

中华人民共和国成立以来，国家和政府就始终给予科普工作以高度重视，特别是 20 世纪 90 年代之后出台了许多推动科普事业发展的法规政策。我国科普政策发展可以分为三个重要时期，分别是自中华人民共和国成立到 20 世纪 80 年代、90 年代、进入 21 世纪之后。经过这三个时期的发展，我国的科普政策体系不断健全，初步形成了包括国家、部门、地方三个层级的法规政策体系。

2.1　20 世纪 80 年代之前的科普政策

早在 1949 年 9 月 29 日，中国人民政治协商会议第一届全体会议通过的《中国人民政治协商会议共同纲领》第 43 条中就明确规定，努力发展自然科学，奖励科学的发现和发明，普及科学知识。我国 1954 年颁布第一部宪法以来，发展自然科学和社会科学事业、普及科学和技术知识、奖励科学研究成果和技术发明创造，就一直是宪法总纲部分的基本内容。

1950 年 8 月，中华全国自然科学工作者代表大会在北京召开，毛泽东主席出席会议并讲话，大会成立了"中华全国自然科学专门学会联合会"（简称"全国科联"）和"中华全国科学技术普及协会"（简称"全国科普协会"）。1953 年 4 月，中共中央在《关于加强对科学技术普及协会工作领导的指示》中明确指出，科学知识的宣传，不但对人民群众形成唯物主义世界观和破除迷信保守思想有其重要作用，而且在今后国家大规模建设时期，劳动人民学习科学技术的要求将日益增长，群众性的科学普及工作必将有更大的发展。

1956 年 7 月，中共中央宣传部在给中共中央的报告中提出了科普协会的工作重点：一是向工人进行一般科技知识和专业技术知识的宣传；二是根据《1956年到1967年全国农业发展纲要（草案）》向农民宣传农业知识和其他科学知识；三是配合国防现代化工作，向军队进行科学知识，特别是国防科学知识的宣传；四是向干部宣传基础的科学知识和现代科技最新成就。这实际上等于确定了当时条件下科普工作的四个重要领域和四个重点人群。

1958年9月，经中共中央批准，全国科联和全国科普协会合并成立"中国科学技术协会"（简称"中国科协"）。在成立之初，中国科协所确定的重点工作任务就是针对生产建设中的关键科学技术问题，进行总结、交流并推广生产中具有普遍意义的重大发明创造和先进经验。1962年春，周恩来总理参加在广州召开的全国科学技术工作会议时进一步明确了中国科协的任务，提出科协要一手抓学术活动，一手抓科学普及。

我国科普事业在"文化大革命"期间曾一度陷入停顿。"文化大革命"结束后，科学技术受到党和国家的高度重视，科普工作也得到了全面恢复，中国科协组织了一些有影响的科普活动和青少年科技活动，成立了中国科普作家协会等专门学会，设立了中国科普研究所，加强了基层科普组织建设，形成了较为系统的科普网络。到20世纪80年代中后期，中国科普事业迎来了新的发展高潮，科普图书、报刊、影视等作品创作呈现出繁荣景象。

自新中国成立到20世纪80年代，我国虽没有针对科普工作出台重大的专门政策，但科普工作始终受到党和政府的重视。新中国成立初期，中央人民政府就在文化部设立了科学技术普及局，成立了全国科普协会。中国科协成立后，普及科学技术被确定为科协的基本任务之一。经过这一阶段的发展，以各级政府科技行政部门和中国科协拥有的网络型组织体系（学会、协会、研究会和地方科协）为依托，形成了一个覆盖全国的科普工作推进网络。

2.2　20世纪90年代的科普政策

我国科普工作在20世纪90年代之后发展到一个全新阶段，科普工作被逐步提升到国家战略的高度，中共中央、国务院、全国人大以及各部门、各地区出台了一系列促进科普工作的法规政策。1993年，全国人大通过了《中华人民共和国科学技术进步法》，其中第6条明确规定"国家普及科学技术知识，提高全体公民的科学文化水平"，第42条规定"科学技术社会团体应当在普及科学技术知识等方面发挥积极作用"。

1994年12月5日，中共中央、国务院发布新中国成立以来关于科普工作的第一个纲领性文件——《关于加强科学技术普及工作的若干意见》。"意见"强调了科普工作的重要意义，明确了科普工作的任务要求，同时提出了要促进科普工作群众化、社会化、经常化、法制化和制度化。1996 年 4 月，为加强对科普工作的领导和管理，国家成立了以国家科委为组长单位，[①] 中宣部、中国科协为副组长单位的国家科普工作联席会议制度。

1995 年 5 月，中共中央、国务院做出《关于加强科学技术进步的决定》，明确提出实施"科教兴国"发展战略，"提高全民族的科技文化素质"被列为"科教兴国"战略实施的重要内容，强调了"加强科学技术的宣传和普及工作"的重要性。正是在"科教兴国"战略的推动之下，国家和政府相关部门先后召开了一系列重要的专门会议、出台了一系列重要的政策文件、组织开展了一系列重要的科学普及活动。

例如，1996 年，中宣部、国家科委、中国科协共同召开了全国科学普及工作会议，联合发出《关于加强科普宣传工作的通知》；同年，中宣部、中国科协等 10 部委联合发出《关于开展文化、科技、卫生"三下乡"活动的通知》；1999 年，科技部、中国科协等 9 部委联合发布《2000～2005 年科学技术普及工作纲要》；2000 年，科技部、中国科协、共青团中央等 5 部门发布了《2001～2005 年中国青少年科学技术普及活动指导纲要》；等等。[②]

自 20 世纪 90 年代中期开始，全国许多省、自治区、直辖市以及一些地方政府根据中共中央、国务院《关于加强科学技术普及工作的若干意见》的精神和我国实施"科教兴国"战略的要求，纷纷制定本地区的科学技术普及条例，出台促进本地区科普工作的措施。随着国家和政府、相关部门以及各地区出台科学技术普及相关政策和措施，我国科普政策在 20 世纪 90 年代迈出了体系化建设的重要步伐。

2.3　我国新时期的科普政策

我国科普政策在 20 世纪 90 年代开始走向体系化的建设之路，国家和社会对科普工作的认识有了前所未有的提高，有力地推动了科普事业的发展。正是在这些工作的基础上，2002 年 6 月 29 日，我国颁布了《科普法》，用法律形式确立了科普工作的属性和任务，规定了国家机关、社会团体、企业事业单位、基层组织、科技部门、科协等组织以及公民在科学普及方面的权力、义务、职责和责任。

《科普法》的颁布实施为科普工作提供了法律保障，并带动了相关政策文件的出台。2003 年，中国科协、建设部等部门联合出台了《关于加强科技馆等科普设施建设的若干意见》；中宣部、中国科协等部门联合发出了《关于进一步加

---

① 国家科委，即国家科学技术委员会，现在的科学技术部。
② 任福君. 新中国科普政策的简要回顾［N］. 大众科技报，2008 - 12 - 16.

强科普宣传工作的通知》；2004 年，国土资源部、科技部联合提出《国土资源科学技术普及行动纲要》；修订后的《国家科学技术奖励条例实施细则》将科普成果列入国家科学技术进步奖的奖励范围；等等。

2005 年底，国务院颁布《国家中长期科学和技术发展规划纲要（2006～2020 年)》，"提高全民族科学文化素质，营造有利于科技创新的社会环境"被列为"规划纲要"实施的重要政策和保障措施之一，明确提出实施全民科学素质行动计划、加强国家科普能力建设、建立科普事业的良性运行机制。正是根据这一明确要求，国务院颁布了《全民科学素质行动计划纲要（2006—2010—2020 年)》，成立了全民科学素质工作领导小组。

《全民科学素质纲要》颁布后，全民科学素质工作领导小组和相关部门围绕或结合全民科学素质行动需要先后出台了许多政策和措施，落实《全民科学素质纲要》、加强科学普及工作、提高全民科学素质也成为近几年来科普政策的基本内容。各省、自治区、直辖市也根据《全民科学素质纲要》要求和地方科普工作发展需要，出台了相应的科普政策和公民科学素质建设措施。

在我国科普政策领域，目前已经初步形成了以《关于加强科学技术普及工作的若干意见》、《科普法》、《全民科学素质行动计划纲要》三大纲领性文件为核心，体系不断健全，覆盖不断扩展，包括"国家—部门—地方"三个层级的科普政策体系。随着科普政策体系的不断健全和完善，政府推动、全民参与的科普工作机制逐步形成，科普环境和社会氛围不断改善。我国科普事业迎来了历史上最好的发展时期。[①]

3 科普政策的体系化建设

近些年来，政府相关部门、各级地方政府将科学普及工作和公民科学素质建设纳入本部门、本地区的工作计划，出台了系列性的政策措施，促进了中央和地方联合推动的矩阵式工作格局以及大联合、大协作的工作机制，促进了各地区、各行业、各方面科普工作的发展。无论是与世界其他国家相比，还是与我国先前的各个历史时期相比，都可以认为我国目前拥有的科普工作政策环境都是最好的。

目前，我国的科普政策体系已经初步形成，政策体系的基本框架得以初步确立。我国未来科普政策的发展将会主要集中于进一步健全政策体系、提升政策效应、强化机制建设等几个重要方面：

---

① 任福君. 新中国科普政策的简要回顾［N］. 大众科技报，2008 - 12 - 16.

（1）进一步完善科普政策体系。进一步健全和完善科普政策体系，需要在全面分析当代科学技术和社会发展要求，考察并细化科普事业、科普工作、全民科学素质建设发展要求的基础上，确定和提炼这些发展要求所提出的政策需求，调整和完善现有的法规政策，出台和制定新的政策措施，不断扩展科普政策体系的覆盖面，最终建立覆盖全面、互相协调、具有"横向"和"纵向"体系化特点的科普政策体系。

"横向"体系化要求根据科普发展需要，通过制定和出台新的政策，消除政策"空白点"，特别是要在重点人群以外其他公众群体的科学素质提升、科普产业发展、调动社会主体参与科普的积极性等方面，出台系统化的政策措施，完善现有的科普政策体系。"纵向"体系化要求在明确相应政策的同时，制定具体的配套制度，提出更具体的推进措施，使每一方面的政策都能形成相对完整的配套措施和制度体系，保证政策得到切实的执行和落实。

（2）进一步提升科普政策效应。从目前我国科普政策实际执行的总体情况看，许多政策的政策效应还没有得到很好的发挥，其中重要的原因是政策存在操作性差、执行力弱、配套制度建设不到位的问题，甚至某些政策文本还停留在"政策呼吁"的层面，无法使政策内容最终落到实处。科普政策是国家和政府推动和管理科普工作的重要手段，在政策内容和规定上不能虚化，政策手段和执行上不能弱化，否则就很可能成为"一纸空文"。

科普政策的制定必须强化政策内容的科学性和可操作性、政策执行的严格性和可检查性、强化配套制度和落实措施的出台。例如，《科普法》早就规定"对科普事业实行税收优惠"，财政部、国家税务总局、科技部等部门也出台了《关于鼓励科普事业发展税收政策问题的通知》、《科普税收优惠政策实施办法》等文件，但由于仍然缺乏系统化和细化的配套制度，所产生的政策效应并不明显。

（3）进一步强化科普机制建设。我国科普事业发展的机制建设近些年来有了重要进展，但适应市场经济条件的科普事业管理体制与运行机制仍然需要进一步完善，科普工作社会化工作格局需要进一步推进，社会激励和动员机制建设需要进一步强化。特别是社会组织、公司企业的积极性并没有得到有效调动，科普产业还没有得到很好的发展，需要通过出台推进政策和措施，促进形成政府、科技、社会、产业等多元推动的科普发展模式。

我国科普工作长期以来主要依靠政府行政力量来推动，科普工作带有很强的自上而下和行政化色彩。这种发展模式不仅不利于充分调动社会各界的积极性，也容易造成政府科普资源相对短缺的问题。科普事业的发展需要利用政策手段，通过社会化的激励、动员、引导机制建设，发展科普领域的 NGO 和 NPO 组织，壮大科普文化产业，利用社会和产业的力量推进科普事业的发展。

本 讲 小 结

　　科技传播与普及政策的目的和价值在于能够利用它建立科普工作的管理体制和运行机制、确立科普事业的目标和战略、确定科普工作的任务和计划、引导科普资源的合理配置、激励社会各界积极支持和参与科普工作、规范各类科普实践活动，在推动科技传播与普及事业发展、推进公民科学素质建设工作中扮演着重要角色。目前，我国已经初步形成了包括国家、部门、地方三个层级的科普法规政策体系，通过出台系列性的科普政策措施，也推进了科普工作机制建设，改善了科普的社会环境和氛围。我国未来的科普政策仍需进一步完善政策体系、进一步提升政策效应、进一步强化机制建设。

第十五讲 科技传播与普及人才队伍建设

科普人才资源是科技传播与普及事业资源支撑体系中最具活力和基础性的资源要素。科普需求需要人才去发掘，科普作品需要人才去创作，科普工作需要人才来推动，任何财力、物力形态的资源要素也都需要人才来掌握和运用。科技传播与普及事业的发展需要一支数量足够、结构合理、水平较高的科普人才队伍来开发科普资源、推进科普工作、活跃科普局面，科普实践活动需要科普人才相互配合、密切合作、认真组织、积极实施，提高活动效果。

1 科普人才和科普人才资源

科普人才队伍属于科普人力资源的重要组成部分。科普事业的发展、科普工作的推进、科普活动的开展，离不开科普人才的强力支撑。加强科普人才队伍建设，是科技传播与普及事业、公民科学素质建设的基础性工作和保障性工程，也是提高科普产品生产能力、科普服务能力、推动科技传播与普及事业发展的关键性工作。科技传播与普及事业需要强化科普人才培养和科普人才队伍建设。

1.1 科普人才的内涵和分类

中国科协在 2010 年 7 月发布的《科普人才发展规划纲要（2010—2020 年）》（以下简称《科普人才规划》）将"科普人才"界定为"具备一定科学素质和科普专业技能、从事科普实践并进行创造性劳动、做出积极贡献的劳动者"。《科普人才规划》提出了建设农村科普人才队伍、城镇社区科普人才队伍、企业科普人才队伍、青少年科技辅导员队伍、科普志愿者队伍、高端和专门科普人才队伍等 6个方面的重点任务。

中国科普研究所的郑念认为，科普人才是从事科普事业或专业性工作，具有一定专门知识，具有把这些知识通过一定方法、渠道和形式向公众进行传播普及的能力，或具有协调管理科普工作能力的劳动者。① 并认为我国科普人才主要包括：科普管理队伍、专兼职科普创作队伍（包括科普展品设计者）、大众媒体科技记者和编辑队伍、科技场馆和技术示范推广机构的从业者、科普教育和研究队伍、科普志愿者队伍。②

从推进科普事业发展以及目前科普工作实际情况看，可以将"科普人才"界定为具备一定科学素质和科普专业技能，从事科普实践，为科普事业创造价值、做出贡献的专门人才，包括在科普创作和设计、科普研究和开发、科普活动策划和组织以及在科普场馆、科普传媒、科普产业等领域做出贡献的各类人才。广义上理解，只要能在科普意识指导下、在一定时间内从事科普实践活动或为科普工作提供创造性劳动的人，都属于科普人才的范畴。

对科普人才可以进行多维度的划分。例如，根据科普人才的职业属性，分为专职科普人才、兼职科普人才、科普志愿者等；根据其服务面向，分为农村科普人才、城镇社区科普人才、企业科普人才、青少年科普教育人才等；根据其工作属性，分为科普创作与设计、科普研究和开发、科普活动策划和组织、科普工作管理和运营人才等；根据其所属机构，分为科普研究机构、科普场馆基地、科普传媒、科普网站、科普产业经营人才等。

1.2　科普人才资源的价值和作用

科普人才属于科普人力资源中的优质部分，是科普事业发展的"第一资源"，是科普资源支撑体系中最具活力的资源要素。科技传播与普及的发展需要把科普人才看作最宝贵的资源，将人才队伍建设视为最基础的工作。科普事业的全面发展依赖培养大批高素质的科普人才，需要建设一支高水平的科普人才队伍；科普工作的推进和科普实践活动的开展依赖科普人才作用的充分发挥，依赖科普专业人才和科普人力资源的其他部分的密切配合。

科普人才是掌握和运用各类科普资源并发挥其科普功能和作用的主体，是科普资源创新、科普资源体系建设的主体。科普人才资源在科普资源体系中对科普资源体系和科普的社会系统具有"系统加强"功能。中国科普研究所"科普人才规划课题组"在《实施科普人才工程、服务经济社会发展》中，利用"线性逻辑模型"（图 15 - 1）和"系统加强模型"（图 15 - 1），很好地说明了科普人才资源

① 郑念. 我国科普人才队伍存在的问题及对策研究 [J]. 科普研究，2009（2）：19～29.
② 郑念. 我国科普人才队伍发展的历程和取得的成绩 [J]. 科普研究，2009（4）：5～15.

的这种特征和作用。①②③

"线性逻辑模型"通过对科普"投入—产出"线性关系的分析，认为科普投入只有通过科普人才才能实现产出的效果（效能）。"系统加强模型"则利用对科普系统构成元素关系的分析，认为科普系统构成元素或部分之间互为因果，既可能互相加强，也可能相互削弱，人的因素在其中起关键作用，如果提高人在系统中的作用能力和作用效果，将会使系统功能得到加强。

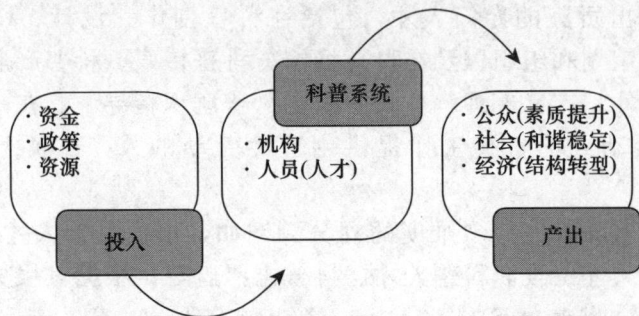

图 15-1　科普人才队伍建设与科普投入—产出效果的线性关系

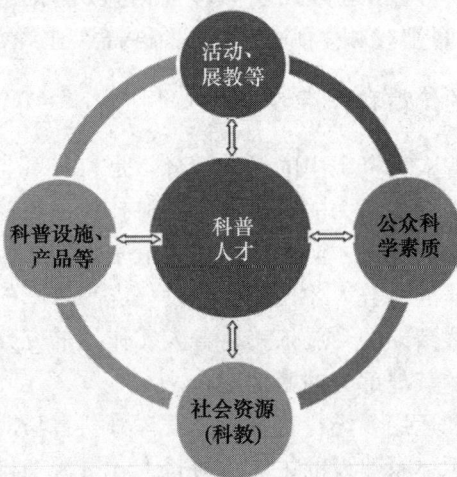

图 15-2　科普人才队伍建设与科普社会系统的关系

---

① 科普人才规划课题组（执笔人郑念）. 实施科普人才工程、服务经济社会发展 [EB/OL]. [2010-10-12]. http://www.cast.org.cn/n35081/n12030994/n12031026/12292344.html.

② 郑念，张义忠，孟凡刚. 实施科普人才队伍建设工程的理论思考 [J]. 科普研究，2011 (3)：20～26.

③ 任福君. 第十三届中国科协年会系列访谈：科普人才的培养与发展 [EB/OL]. [2011-09-16]. http://www.cast.org.cn/n35081/n35623/index.html.

科普人才不仅对发挥和提升现有科普资源的功能和作用有重要作用，而且有助于促进科技、教育、产业资源向科普资源的转化，推进科普资源的开发、创新和建设。目前在我国，科技、教育、产业乃至各行各业都蕴藏着数量丰富的科学技术知识、成果、设备、设施资源，许多资源都可以转化为科普资源，服务于科技传播与普及。如果没有科普人才去发掘和转化它们，这些丰富的科技资源就无法转化为科普资源，并在公民科学素质建设中发挥作用。

2　我国科普人才现状及队伍建设面临的任务

目前在我国，科普人才队伍已经达到一定规模。但从科普事业发展的需求看，仍然存在着规模数量严重不足、整体水平亟待提高、人才培养和使用机制不够完善等问题，特别是在科普创作和设计、科普研究和开发、科普活动策划和组织以及科普场馆、科普传媒、科普产业等方面缺乏高端人才，社会各界专业人才的科普积极性也没有得到有效调动。科普人才数量不足、水平不高已经成为制约我国科技传播与普及事业发展的重要瓶颈之一。

2.1　我国科普人才现状及存在的问题

《科普人才规划》指出，新中国成立以来，党和国家高度重视科普事业，提出了一系列加强科普工作的政策措施，科普工作取得了长足进展，全国已基本形成了比较完善的科普组织体系和一定规模的科普人才队伍。2010年全国共有科普人员175.14万人，其中科普专职人员22.34万人，科普兼职人员152.80万人。[①] 自改革开放以来，科普人才队伍快速发展，科普人才整体素质不断提升。科普人才队伍为科普事业的发展和全民科学素质的提高作出了巨大贡献。

但是，我国科普人才的发展现状还不能满足科普事业发展和公民科学素质建设的需求，与国家人才强国战略的要求还有一定差距。这主要表现在：专职科普人才数量不足、水平不高，兼职科普人才队伍不稳定、作用没有充分发挥，面向基层的科普人才短缺，科普创作和设计、科普研究和开发、科普传媒、科普产业经营、科普活动策划和组织等方面的高水平科普人才匮乏，科普人才选拔、培养、使用的体制和机制不够完善。[②]

---

① 科技部日前发布 2010 年度全国科普统计系列数据 ［EB/OL］．［2012 - 01 - 09］．http：// www. gov. cn/gzdt/2012－01/09/content＿2040367. html.

② 任福君．第十三届中国科协年会系列访谈：科普人才的培养与发展 ［EB/OL］．［2011 - 09 - 16］. http：//www. cast. org. cn/n35081/n35623/index. html.

《全民科学素质纲要》"十二五"实施方案为此专门提出了"科普人才建设工程"。为了落实科普人才建设工程提出的任务，中国科协根据《国家中长期人才发展规划纲要（2010—2020年)》的精神以及我国科普事业发展和全民科学素质建设的需求，研究制定了《科普人才规划》，全面规划了未来10年我国科普人才队伍建设工作。《科普人才规划》是新中国成立以来第一个专门针对科普人才队伍建设制定的系统规划。

2.2　我国科普人才队伍建设面临的任务

无论是从当代科学技术和社会发展的要求看，还是从我国实施《全民科学素质纲要》的现实看，公众提升科学素质所产生的科普需求都在大幅增长，从而产生旺盛的科普人才需求，给科普人才队伍建设提出更高的要求。科普人才队伍建设主要涉及两个方面的基本任务：一是扩大数量、提高水平、建立体系化的科普人才队伍；二是健全和完善相关政策和机制，充分发挥科普人才的作用，调动社会各界专门人才参与科普工作的积极性。

当前，尤其是需要做好科普人才队伍建设的统筹规划，根据科普事业发展需要，进行科学的顶层设计，明确队伍建设的方针和原则；通过政策引导和支持措施，创新科普人才选拔、培养、使用的体制和机制，建立科普人才培养和培训基地以及服务平台，探索有利于吸引、稳定和壮大科普人才队伍的建设模式；利用多种方式培养更多实用科普人才和科普骨干人才，解决科普人才队伍中存在的结构矛盾，培养更多紧缺、高端、专门科普人才。

3　我国新时期的科普人才队伍建设

随着我国《全民科学素质纲要》的全面实施和我国公民科学素质建设工作的不断推进，科普人才队伍建设工作近年来受到政府和社会的重视，政府相关部门发布的各类科普政策文件强调了科普人才培养的相关问题，科普人才队伍建设也被列为重要内容之一。《全民科学素质纲要》提出的科普人才建设工程以及中国科协实施的《科普人才规划》，将会进一步推进我国科普人才队伍建设工作，并促进科普人才队伍建设迈上制度化的轨道。

3.1　我国近年来推出的科普人才政策措施

科技部、国家发展改革委、中国科协等8部委于2007年发布的《关于加强国家科普能力建设的意见》，将"专兼职结合，建设高素质的科普人才队伍"列为"十一五"期间加强国家科普能力建设的重要任务之一，提出要提高科普人员的专业化水平，不断壮大由科技工作者、科学课程教师、科普创作人员、科技记者和编辑、科普展览设计制作人员、科普活动策划和经营人员、科普研究工作者等组成的科普人才队伍和科普志愿者队伍。

国家发改委、科技部、财政部和中国科协于 2008 年联合编制的《科普基础设施发展规划（2008－2010－2015）》，也将"科普人才队伍培养工程"列为推进科普基础设施全面发展、推动国家科普基地建设工作、构筑科学素质建设物质支撑体系的四大工程之一。[①] 提出要完善正规教育体系中科普基础设施适用人才培养体系和科普基础设施人员在职培训体系；发展和壮大兼职、志愿者队伍，提高兼职和志愿者科普队伍服务能力。

作为我国第一部科普人才队伍专门规划，《科普人才规划》提出的科普人才队伍建设总体目标是：到 2020 年，培养和造就一支规模适度、结构优化、素质优良的科普人才队伍；科普人才总量至少比 2010 年翻一番，整体素质明显提高，结构明显优化，地区布局、行业布局趋于合理；建设并形成一批科普人才培养和培训基地，建立健全有利于科普人才队伍建设和发展的体制与机制。

《科普人才规划》确定的科普人才发展基本原则是"面向基层，专兼并重，提升能力，服务全民"，培养大批面向城乡基层的实用型科普人才，发展专职科普人才队伍，挖掘兼职科普人才资源，壮大兼职科普人才队伍，完善科普人才结构，提升科普人才的创新能力，提高科普人才的素质，把服务公民科学素质建设和促进经济社会全面协调可持续发展作为科普人才工作的出发点和落脚点。

按照《科普人才规划》提出的目标，到 2020 年，全国科普人才总量将达到 400 万人，其中专职 50 万人、兼职 350 万人（含注册科普志愿者 220 万人）；特别是培养大批面向基层的科普人才，农村科普人才达到 170 万人，城镇社区科普人才达到 50 万人，企业科普人才达到 80 万人，青少年科技辅导员达到 70 万人；重点培育一批高水平科普场馆专门人才以及创作和设计、研究和开发、科普传媒、产业经营、策划和组织等方面的高端人才。

3.2　科普人才队伍建设的几个关键问题

科普人才队伍建设是一项复杂而艰巨的系统工程，既涉及数量的增加，又涉及水平的提高；既涉及农村、城镇、企业、青少年科普教育人才，又涉及高端和各类专门人才的培养；既涉及选拔、培养、使用、管理的体制和机制建设，又涉及科普人才培养基地等基础条件建设。因此，不仅需要给予科普人才队伍建设以高度的重视，而且要充分认识到科普人才队伍建设的艰巨性，特别是要采取重点

---

① 其他三项工程是科普展教资源开发工程、科普基础设施拓展工程、数字科技馆建设工程。

措施推进跨越式发展。

（1）增加数量，提高水平。科普人才数量不足、水平不高，基层人才短缺，高端人才匮乏，是我国科普人才队伍建设存在的突出问题。增加数量、提高水平是我国目前科普人才队伍建设的两个基础目标，需要利用实施《科普人才规划》这个抓手，通过加强科普人才培养与培训基地和体系建设，强化对各类科普人才的培养、培训、能力提升工作，增加科普人才的数量，提高科普人才的水平。

同时，结合重点人群科学素质行动需要，培养大批面向城乡基层的实用型科普人才，挖掘兼职科普人才资源，吸引更多科技工作者和各行业技能人才积极参与科普工作；在科普作品创作、科普产品研发、科普活动策划、科普产业经营等方面培养一批高端和专门科普人才；利用各种更具专业化、更有针对性的培养与培训措施，提升科普人才的创新能力和科普能力，提高科普人才队伍的整体水平，优化科普人才队伍的素质结构。

（2）完善体系，形成配套。面对我国经济社会快速发展、公民科学素质工作全面推进以及当代社会发展背景下公众科普需求的普遍化、多样化，科普人才队伍建设需要强调体系化和配套化的观念、强化体系化建设措施，防止因某些部分、某些类型的人才出现"短板"而影响科普人才队伍系统能力的提升。科普人才队伍的体系化建设需要建立和完善系统化的人才体系规划，并根据科普工作的不同需要，有针对性地培养不同类别的科普人才。

科普人才队伍的体系化首先要强调培养足够数量的各种类型的科普人才，例如，专业科普人才、兼职（业余）科普人才、科普志愿者之间结构比例相对合理，农村科普人才、社区科普人才、科学课程教师、青少年科技辅导员、媒体和场馆科普人才、公司企业科普人才等各类科普人才数量足够，科普创作和设计、科普策划和组织、科普产品研发、科普经营和管理之间以及高端人才、专门人才、普通科普工作者之间的数量相互配套。

（3）加强机制建设，推进职业化。《全民科学素质纲要》和《科普人才规划》都提出了机制建设的任务。《全民科学素质纲要》"十二五"实施方案提出要完善人才培养和动员机制，制定专职科普工作者的评价标准，完善科普人才评价政策，研究制定调动社会各界参与科普积极性的激励措施；《科普人才规划》则提出了创新科普人才培养和使用、社会化举才荐才、科普人才发挥作用等方面的机制。

科普人才队伍机制需要完善科普专门人才的选拔、培养、使用机制，建立有效调动社会各界专门人才积极性的激励、吸引、凝聚机制，同时还需要采取措施加速科普工作职业化进程。在世界发达国家，某些领域的科技传播与普及工作职业化已经达到较高水平。① 我国科普人才队伍建设工作需要根据发展需要，制定科普专业人才的认定标准，实行科普工作职业认证制度，使科普行业早日列入"国民经济行业分类"，科普职业早日列入"国家职业分类"。

（4）建立培养基地，完善培养体系。目前，教育部已在国内部分高校设置了"科学教育"、"科普学"等相关专业，不少高校也设置了"科技传播"研究生培养方向。科技教育、传播、普及人才专业化培养工作有了良好开端。但体系化建设仍需加强，例如，在本科层次设置专门的科技传播与普及专业、辅修专业、第二学位，在研究生层次设置更多专业学科点、专业学位，高等学校还需要面向理工科各专业大学生开设科技传播课程、加强传播技能教育等。

政府部门尤其需要加大投入，依托高等学校、研发机构、科普组织、大型科普场馆等建设一批科普人才培养、实践、培训基地，依托覆盖城乡的科普人才远程教育网络等渠道加强对各类科普工作者的科普技能培训，支持并鼓励高等院校、科研院所、企业和科普机构联合共建与科普相关的硕士点、博士点、博士后流动站（工作站），加强对各类高端科普人才的培养与培训，完善我国科普人才培养和培训体系。

本 讲 小 结

科普人才资源是科普资源体系中最具活力和基础性的资源要素，对科普资源体系和科普社会系统具有"系统加强"功能。科普事业的发展需要一支数量足够、结构合理、水平较高的科普人才队伍。目前，我国科普人才队伍已经达到一定规模，但也存在着规模数量不足、整体水平亟待提高、人才培养和使用机制不够完善等问题，特别是缺乏各方面的高端人才。科普人才队伍建设工作近年来受到政府和社会的重视，《全民科学素质纲要》提出了"科普人才建设工程"，中国科协也制定了《科普人才规划》。未来科普人才队伍建设需要在扩大数量、提高水平、健全机制、建立体系化的科普人才队伍等方面采取有效措施。

---

① 翟杰全，杨志坚. 加速科技传播职业化进程 ［J］. 北京理工大学学报（社会科学版），2004（5）：54～57.

第十六讲 科技传播与普及产业发展

国家和社会提供的公益性科普服务、按照市场规律运行的经营性科普产业是科技传播与普及事业发展的"车之双轮、鸟之双翼"。科技传播与普及产业实际上是利用市场机制和产业化手段促进部分科技传播与普及业务走向市场，通过市场途径为社会和公众（消费者）提供科普产品和科普服务。科技传播与普及产业的发展可以从丰富科普产品、活跃科普局面、扩展科普服务、提高服务能力等多个方面促进科技传播与普及事业的全面发展。

1 科技传播与普及产业的特征及其价值

科技传播与普及产业实际上是以科技传播与普及资源为资本或对象进行生产和服务的产业，[①] 是为社会和公众提供科普文化产品和科普文化服务的产业，具有文化产业的属性和特征，可以将"科技传播与普及产业"称为"科普文化产业"或简称为"科普产业"。科普产业属于广义的科普事业中具有产业属性的一个组成部分。发展科普产业实际上就是将科普事业中可以产业化的部分推向市场，利用市场机制促进其发展壮大。

发展"经营性科普产业"的问题近年来已成为科普界热议的重要话题。科普产业概念与曾经流行的"科普产业化"说法不同。发展科普产业强调的是利用市场机制和手段，促进科普产品和科普服务经营性市场的发展，促进以科普产品和服务为主要业务的经营性组织的发展，实际上是在"公益性科普服务"之外发展"经营性科普产业"，而不是泛指将全部科普工作和科普服务都产业化。

---

① 翟杰全，杨志坚．加速科技传播职业化进程［J］．北京理工大学学报（社会科学版），2004（5）：54～57．

1.1 科普产业的内涵与特征

中国科普研究所《科普产业发展"十二五"规划研究报告》将科普产业界定为：以满足国家、社会和公众科普市场需求为前提，以市场机制为基础，向国家、社会和公众提供科普产品和科普服务的活动，以及与这些活动有关联的活动的集合。并认为科普产业业态呈现多样化特征，包括科普展教品业、科普图书出版业、科普影视业、科普动漫业、科普玩具业、科普游戏业、科普旅游业、数字科普业、科普创意业、网络科普业等。[①]

科普产业以科普内容和科普服务为核心产品，包括科普内容和科普产品的创造、生产、传播、服务和消费等构成要素。科普产业的核心在于以满足市场领域中的科普需求为前提，以市场机制为基础，以市场经营为手段，满足消费者日益增长的科普需求，向国家、社会和公众提供科普产品和科普服务。科普产业在产业属性上具有服务业、文化产业、知识产业的特征，[②] 属于服务业、文化产业、知识产业的一部分。

科普产业的价值和功能是基于丰富多样的科技元素，发掘社会和公众中的消费性科普需求，研发和提供富含科技内容的产品和服务，并利用市场平台和手段提供给社会和公众。发展科普产业的目的在于让经营性组织通过经营科普产品和科普服务获得经营性收益，让消费者通过市场购买来满足自身的科普需求，并通过消费过程获得科学技术知识和信息，增加对科学技术的理解，提升自身的科学素质。科普产业拥有服务业的属性和特征。

文化产业是指从事文化产品生产和提供文化服务的经营性行业，与公益性文化事业一起构成文化建设的两个基本方面。我国现行的《文化及相关产业分类》并没有将"科普产业"单列一类，但科普产业却可以与文化产业的各个类别建立密切联系（表 16-1）。科普产业拥有明显的文化产业属性，满足的是社会和公众的科普文化需求，目标是传播普及科学技术，提升公众科学素质和科学认识，服务人们改善精神和文化生活质量。

---

① 任福君，周建强，张义忠等．科普产业发展"十二五"规划研究报告 [R]．中国科学技术协会，2010 年 12 月．

② 任福君，谢小军．发展科普产业的三个"不能忽视" [N]，学习时报，2011-02-21；任福君，周建强，张义忠等．科普产业发展"十二五"规划研究报告 [R]．中国科学技术协会，2010 年 12 月．

表 16 - 1　科普文化产业与文化产业的关系

《文化及相关产业分类》的九大类别	与其相关的科普文化产业内容
一、新闻服务	科学新闻、科普新闻等
二、出版发行和版权服务	科普书籍、科普音像制品等
三、广播、电视、电影服务	科普广播、科普电视、科普电影与科幻电影等
四、文化艺术服务	科普艺术表演、自然博物馆、科技馆等
五、网络文化服务	科普网络文化服务等
六、文化休闲娱乐服务	科普旅游、科普休闲等
七、其他文化服务	与科普文化产业相关的代理、广告、会展服务等
八、文化用品、设备及相关文化产品的生产	科普用品、设备及相关产品制造等
九、文化用品、设备及相关文化产品的销售	科普用品、设备及相关产品销售等

资料来源：曾国屏，古荒. 关于科普文化产业几个问题的思考 ［J］. 科普研究，2010 (1)：5～11.

"知识产业"通常指的是以从事知识和信息产品生产、传播，或提供知识和信息服务为主要业务的产业。知识产业基于知识和信息资源而存在，经营富含知识和信息的产品与服务，满足消费者的知识和信息需求。科普产业为社会和公众提供科学技术内容的传播服务，向社会和公众提供富含科学技术内容的产品，增加公众对科学技术的理解，提升公众的科学素质，拥有明显的知识产业属性和特征。

目前在我国，尽管学者们对科普产业提出了一些不同的分类方法，但科普产业在现实中还没有成为独立的产业门类，还没有统一的分类方法，《科普产业发展"十二五"规划研究报告》参照国家文化产业分类，依据科普产业的核心产品形态，将科普产业分为四大类：科普内容产业、科普服务产业、科普内容相关产业和科普服务相关产业（表 16 - 2）。[1][2]

---

① 任福君，周建强，张义忠，等. 科普产业发展"十二五"规划研究报告 ［R］. 中国科学技术协会，2010 年 12 月.
② 任福君，张义忠，刘萱. 科普产业发展若干问题研究 ［J］，科普研究，2011 (3)：5～13.

表 16 – 2　科普产业分类

产品形态		产业分类
科普内容产品		科普展教品、科普图书、科普期刊、科普广播、科普影视、音像、科普动漫、科普剧、科幻电影、科普游戏、科普玩具及其他科普创意产品
科普服务产品	科普场馆和网络服务	科普基地、科普画廊、科普活动室、科技馆、博物馆、科技活动中心、科普网络服务、网上科技馆、网上博物馆科普产品展示和交易网络平台
	科普旅游资源服务	科普旅游服务（包括：现代企业园区、科技园区旅游资源、高校和科研机构旅游资源）
	科普文化娱乐服务	科普休闲中心、科普艺术表演
科普内容相关产品		科普内容产品的生产设备，相关产品设计、制造、销售、服务以及科普动漫衍生品
科普服务相关产品		与科普服务产品相关的代理、广告、会展服务、科普平台开发、与科普服务产品相关的基础设施开发、建设、维护

1.2　科普产业的功能和价值

科技传播与普及事业的发展影响着公众科学素质的提高、科学技术的发展以及国家的经济增长和社会的全面进步，是知识经济时代必须大力发展的一项基础性社会事业。从其本性上说，科技传播与普及事业天然包含公益性和产业化两个基本组成部分，国家和政府既要动员和整合广泛的社会力量，形成政府、科技、社会、产业等多元推动的发展格局，同时又要大力发展科技传播产业，建立"公益—产业"双驱动的科技传播与普及事业发展机制。①

从当今国际发展经验看，科普事业的发展依赖国家、政府和社会的"公益推动"，同时也依赖产业界的"产业推动"，"产业推动"可以为科普事业提供重要推动力。科普事业的"产业推动"包括产业界积极参与和支持公益性科普（例如建设非营利科普场馆、资助公益性科普活动、支持科普资源建设、发展产业技术科普等），也包括发展经营性的科普产业，利用市场经营满足社会和公众（消费

---

① 翟杰全. 科技传播事业建设与发展机制研究［J］. 科学学研究，2002（2）：167～171；翟杰全. 科技传播事业的社会援助［J］. 科学管理研究，2002（3）：27～30.

者）的消费性科普需求。

经营性科普产业向社会和公众提供的是拥有科普功能的产品和服务，在实现经营目标的同时实现面向社会和公众的科普服务功能。因此，经营性科普产业同时拥有与公益性科普工作相同的科普功能和价值。只不过，经营性科普产业拥有经营性的属性和目的，在提供科普产品和服务过程中要追求经营的目标，并以实现盈利作为持续提供科普产品和服务的基础和前提，而公益性科普工作则不以盈利为目的和目标。

支持和鼓励经营性科普产业的发展，有助于建立公益性科普事业与经营性科普产业并举体制，建立科普事业"公益—产业"双驱动发展机制，为科普事业发展注入新的活力，使科普事业获得新的推动力。科普产业拥有公益性科普工作不可替代的社会功能。随着人民群众物质生活水平的不断提高，科普需求呈现出明显的多样化和分层化发展趋势，公众在科普方面的选择性、差异性明显增强，这就给发展科普产业提供了必要性和合理性。

在科学技术日益广泛深刻影响经济社会和社会生活的当代背景下，无论是从国家还是从社会与公众的层面看，政府和社会都需要高度重视并积极发展公益性科普，促进科学技术的传播普及，保证科学技术的发展成果惠及全民，保障公众了解科学技术及其发展的基本权利。公益性科普需要满足社会和公众不断增长的科普需求，政府在提供公益性科普服务方面也扮演重要角色，政府推动、全民参与是公益性科普的基本特征。

公益性科普是科普事业的基础部分，服务对象和工作领域是具有公共性、广泛性、普遍性、基础性的科普需求，提供公益性的科普公共服务，保障公民基本的科普权益，需要坚持公益性、公平性、均等性和普惠性原则，以政府为主导，以公共财政为支撑，鼓励全社会积极参与。当然，公益性科普服务可以由政府设立专门组织或机构提供，也可以通过采购、外包、特许授权或某种混合方式，由社会组织或经营性企业以公益性服务形式来提供。

但是，相对于社会多样化科普需求的不断增长以及公众在科普方面选择性的不断增强，以满足社会和公众共性需求和基本需求为目标的公益性科普总会存在资源"短缺"的问题，无法在任何时候都能满足社会和公众的任何需求，科普事业需要向社会开放，动员社会广泛参与，同时利用市场机制，发展科普产业，建立公益性科普事业与经营性科普产业并举的发展体制。①

科普产业的服务对象和工作领域是公众多层次、多方面、多样化甚至是个性

---

① 任福君，周建强，张义忠，等．科普产业发展"十二五"规划研究报告［R］．中国科学技术协会，2010 年 12 月；任福君，张义忠，刘萱：科普产业发展若干问题研究［J］，科普研究，2011（3）：5～13.

化的科普需求，满足的是社会和公众消费性的科普需求。科普产业的价值在于利用市场机制，调动社会资源，细分科普服务市场，丰富科普产品和服务，提高科普服务品质，以便弥补公共科普产品和服务的不足，提升科普服务的整体能力，促进科普事业的全面发展。同时，科普产业还可以通过为政府的公益性科普工作提供采购和订单服务，服务公益性科普工作。

2　科普产业的市场需求和相关政策

随着社会和公众对需求满足的选择性、差异性的增强，社会和公众对科普需求也呈现多样化、分层化的发展，使得科普产品或科普服务的消费有了可能。因此，当代社会和公众科普需求的不断增长会促进科普消费需求的不断增长，从而为科普产品经营和科普产业发展奠定了需求和市场基础，提供了产业发展的现实性和可行性。当然，科普产业发展还需要有合理性和合法性依据，这依赖于社会对科普产业属性的认识以及政府提供相应的产业政策。

2.1　科普产业的市场需求和发展空间

科普市场需求是科普产业发展的基础和原动力。随着科学技术和经济社会及社会生活的关系越来越密切，来自国家、社会、公众等各个层面上的科普需求都在不断增长。其中一部分需求属于基本需求，需要国家和政府提供公共性的科普服务予以满足。这部分需求属于公益性科普的工作领域。但随着科普需求多样化、个性化、差异化的发展，有些需求则应该通过发展科普产业来满足。这部分需求就是科普产业发展的基础，即"消费性科普需求"（或称"科普消费需求"、"科普市场需求"）。

科普消费需求同样也可以划分为国家、社会和公众三个层面。三个层面的科普消费需求既相对独立又相互联系，所形成的需求合力是科普产业发展的原动力。[①] 国家层面的科普消费需求来自国家经济社会发展需要以及面向全社会的各类科普任务的需要。例如，为了加强科普基础设施建设，国家和政府需要向能够提供建设服务、展教资源的企业进行服务外包和采购。这种外包和采购需要通过市场平台来实现，这即是国家层面的消费性科普需求。

社会层面的科普消费需求主要来自社会各类组织、团体、群体自身发展的需要和提升成员素质的需要；公众层面的科普消费需求来自公众学习科学技术、了解科技发展、完善知识结构、提升科学素质、改善精神生活、提高个人技能等各

---

① 任福君，谢小军．发展科普产业的三个"不能忽视"［N］．学习时报，2011-02-21.

种需要。这两个层次的科普消费需求同样在当代背景下有不断增长的趋势，特别是公众层面的科普消费需求会随着生活水平的不断提高而快速增长。

据中国科协《科普产业发展"十二五"规划研究报告》预测，随着我国加强公民科学素质建设工作，政府对科普产品采购力度的加大，科普场馆设施的快速发展，应急（自然灾害、公共卫生、生产安全、食品安全、环境保护等）科普资源急需建设，科普休闲娱乐日渐兴盛，科普产品和服务领域正在形成一个巨大市场。到 2020 年，仅科技馆建设就将有 400 亿元的投入，各类重点群体的科普音像制品消费总量可达 600 亿元。① 科普展教品、图书、动漫、玩具、旅游等业态未来也会有巨大的发展空间。

2.2　科普产业的研究探索和相关政策

正是基于全面实施《全民科学素质纲要》和推进公民科学素质建设工作的现实需要，正是看到了我国科普消费需求的不断增长和科普产业发展的巨大空间，近些年来有关科普产业的问题成为国内科普界关注和热议的话题。国内学者对科普产业相关政策、发展模式、促进措施等问题进行了研究。② 这些研究目前虽然还处于起步阶段，但已经为发展科普产业提供了某些重要的理论依据。

而在科普产业实践方面，中国科协以及一些地方政府也在积极推进科普产业的发展。例如，中国科协和安徽省政府合作，连续举办了四届以推进科普产业为主题的"中国（芜湖）科普产品博览交易会"，为科普产品及研发成果的展示和交易搭建平台。安徽省还通过政策支持在芜湖国家级高新技术开发区建立了全国首个科普产业园。我国科普产业的培育和发展虽然还处于起步阶段，但已经对发展科普产业做了有益探索。

事实上，在我国政府及相关部门出台的科普政策中，早就包含有利用市场机制推进科普工作、发展科普产业的相关内容。同样，建立公益性科普事业和经营性科普产业并举体制近年来也成为重要的政策议题。中共中央、国务院 1994 年发布的《关于加强科学技术普及工作的若干意见》指出，要引导基层科普组织和

---

① 转引自：任福君，张义忠，周建强，等. 科普产业发展"十二五"规划研究报告 [R]. 中国科学技术协会，2010 年 12 月.

② 例如，劳汉生. 我国科普文化产业发展战略框架研究 [J]. 科学学研究，2005（2）：213～219；曾国屏. 关注科普与文化产业发展的结合 [J]. 新华文摘，2007（10）：122；江兵，耿江波，周建强. 科普产业生态模型研究 [J]. 中国科技论坛，2009（11）：43～47；任福君，周建强，张义忠等. 科普产业发展"十二五"规划研究报告 [R]，中国科学技术协会，2010 年 12 月；任福君，谢小军. 发展科普产业的三个"不能忽视" [N]. 学习时报，2011-02-21；任福君，张义忠，刘萱. 科普产业发展若干问题研究 [J]. 科普研究，2011（3）：5～13；等等.

机构"面向社会，面向市场，按市场经济规律运行，开展多种形式的有偿服务。"

2002 年颁布的《科普法》规定"国家支持社会力量兴办科普事业。社会力量兴办科普事业可以按照市场机制运行。"《全民科学素质纲要》更是明确提出"制定优惠政策和相关规范，积极培育市场，推动科普产业发展"。中共中央书记处自 2007 年以来在听取中国科协工作汇报以及国务院领导在 2010 年《全民科学素质纲要》实施情况汇报会议上都曾明确要求，加强对科普产业的政策扶持、促进科普产业的健康发展。①

《全民科学素质纲要》"十二五"实施方案将"公益性科普事业与经营性科普产业并举的体制初步建立"列为"十二五"期间的重要目标之一，并就推进科普产业发展问题提出了许多措施。例如，研究制定科普产品技术规范和设计制作机构资质认定办法，培养科普产业经营与管理人才，落实和完善有利于发展科普产业的财政、税收、金融等措施，等等。这些法规政策的出台事实上为发展科普产业提供了重要的政策依据。

3　我国科普产业发展现状和推进措施

目前，我国科普产业总体上还处在发展的起步阶段，科普产业市场化程度不高，科普产业组织处于"散、小、弱"状态。针对科普产业发展的现状，政府需要立足于建立公益性科普事业与经营性科普产业并举体制，从促进政策、市场制度、扶持措施等方面，推进科普产业健康快速发展，特别是要将发展科普产业置于提升国家科普服务能力、促进文化产业大发展、增强国家文化软实力的战略高度，纳入到公民科学素质建设和发展文化产业的整体规划。

3.1　我国科普产业发展现状

在世界经济发达国家的传媒、文化、娱乐、服务、互联网等产业领域，已经涌现出许多以提供科普类产品和服务为核心业务的成功企业。例如，Discovery传播公司作为全球著名的媒体公司，制作了许多优秀的自然与科技纪录片，目前观众遍及 180 多个国家和地区，订户超过 15 亿；美国国家地理频道推出了大量历险探索、尖端科技、自然历史、野生世界等高质量节目，在全球 180 多个国家和地区有超过 3 亿个家庭用户。

许多以提供文化、休闲、娱乐、服务为主营业务的著名企业，也推出了许多能让观众体验自然与科技内容的科普类经营项目。例如，全球著名的娱乐公司迪

① 任福君，张义忠，刘萱．科普产业发展若干问题研究［J］．科普研究，2011（3）：5～13.

士尼公司旗下的迪士尼乐园就包括有不少以体验神奇自然为主题的经营项目，如能让游客坐上潜艇观赏海底植物和鱼类的"海底两万里"，埃布克特中心的"未来世界"开设的通讯、能源、交通、农业和未来设想等六个与科学技术相关的主题馆，等等。

这些成功案例表明，以提供科普产品和服务为主要业务的科普产业具有良好的市场发展空间。目前，我国科普产业还没有发展壮大起来，也没有出现国际知名的企业，但科普产业已经初露端倪。国内首个科普产业园区已在安徽省芜湖正式开园，广西北海市正在积极筹建国际科普动漫产业城，北京市石景山区也计划在"十二五"期间打造"石景山科普"品牌集群。传统的科普出版近年来同样也有所发展，科普旅游也在国内悄然兴起。

从总体上看，我国科普产业市场化程度仍然不高，整体上没有形成规模化、集约化、专业化的发展格局；科普产业组织处于"散、小、弱"状态，还没有出现龙头企业；整个科普产业结构中传统科普展教品业的比重较大，现代新兴科普产业发展不够。制约科普产业发展的深层次问题包括：重公益性事业、轻经营性产业的观念仍然比较突出，相关法规政策和制度建设不完善，高素质经营管理人才匮乏，科普产业理论研究比较滞后，等等。①

从科普产业自身的发展看，导致我国科普产业发展不快的核心问题是创新不足，包括科普产品内容创新不足、科普服务手段创新不足、科普产业业态创新不足。目前，我国科普产品经营者对公众科普消费需求发掘分析不够，利用新技术和新媒体的手段创新不够，提供的优秀科普作品和产品不够，因此无法产生广泛的带动和示范效应，从而导致良性运行的机制也未能建立起来。这些问题与产业界对科普产业的认识不够、信心不足以及对科普需求发展动向分析不透有很大的关系。

3.2 科普产业发展的主要任务

公益性科普事业和经营性科普产业是科技传播与普及事业、公民科学素质建设的两大重要支柱，二者相互区别、功能不同，但又相互促进、相互支持。公益性科普事业以满足人民群众的科技文化基本需求为主要任务，承担科技文化公共服务的基本功能，是实现和保障公民科技文化权益的主要手段。科普产业则按照产业模式开发生产科普产品，丰富科普服务品种，满足公众多样化的科普需求，让公众在满足科普需求方面能有更多选择。

利用市场机制、发展科普产业，有助于建立政府推动和市场推进的互动机

---

① 任福君，张义忠，刘萱. 科普产业发展若干问题研究［J］. 科普研究，2011（3）：5－13.

制，解决政府科普资源相对短缺的问题，并为政府提供购买或外包科普服务提供支持。国家和政府需要根据公益性科普事业和经营性科普产业的不同属性，采取不同的政策措施，既要加大对公益性科普事业的投入，又要克服单纯依赖政府投入办科普的倾向，坚持公益性科普事业和经营性科普产业相互促进的发展方针和原则，大力促进科普产业的发展。

《科普产业发展"十二五"规划研究报告》认为，我国科普产业发展面临的主要任务包括：选择一批成长性好、持续发展能力强的科普企业，加大项目扶持和政策扶持力度；引领科普产业的研发工作，增强产业创新能力；加快建设一批具有示范效应和产业拉动作用的重大科普产业项目，推进科普产业园区、科普产业示范基地、科普产业市场体系、科普产业标准体系建设；实施科普产业人才建设工程，培养大批高素质的科普产业人才；等。①

在培育和发展科普产业方面，政府应该扮演重要角色，坚持政府引导与市场调节相协调、整体推进与重点突破相结合、社会效益与经济效益相统一的原则，根据科普产业本身的发展特征，制定科普产业促进政策，规范市场秩序和规则，引导科普企业建立自我发展的经营机制和社会效益与经济效益相统一的经营目标；科普产业布局上以发展新兴科普产业业态、培育龙头企业为突破口，科学规划、统筹安排、立足当前、着眼长远、全面推进。②

科学技术的发展为科普产业提供了丰富的内容资源，科普消费需求的增长也为科普产业提供了巨大的市场空间，科普产业的培育和发展首先需要国家和政府进一步完善相应的法律、政策，出台系统的产业政策，确立相应的制度措施，促进、引导、规范和扶持科普产业的发展；其次是通过培育重点企业、加大扶持力度，推进科普产业组织在内容、产品、服务、经营、业态等方面全面创新。

科普产业创新是科普产业的内在驱动力，是科普产业发展壮大的关键。科普企业需要深入发掘市场的科普消费需求，把握消费者的心理需求和欣赏习惯，开发有创意的科普产品，进行精品化和品牌化经营；注重产品的系列化和多元化，延伸产业价值链，针对不同群体开发有针对性的产品。科普产品开发要注重科学性、趣味性、体验性、娱乐性的完美结合，能够运用适宜的技术和形式，将科学技术内容转化为生动有趣的产品和服务。

2011 年 10 月 18 日，中国共产党第十七届六中全会通过了《中共中央关于深

---

① 任福君，张义忠，周建强，等. 科普产业发展"十二五"规划研究报告 [R]. 中国科学技术协会，2010 年 12 月.
② 任福君，张义忠，刘萱. 科普产业发展若干问题研究 [J]. 科普研究，2011 (3)：5～13.

化文化体制改革、推动社会主义文化大发展大繁荣若干重大问题的决定》，①"决定"提出了建设社会主义文化强国的总体要求，确定了文化改革发展的重要方针，提出了推进文化改革发展的重大举措。"决定"在提出大力发展公益性文化事业的同时，也提出要加快发展文化产业、推动文化产业成为国民经济支柱性产业和构建现代文化产业体系的发展目标。

科普文化产业是文化产业的重要组成部分。推进科普文化产业发展、丰富科普文化产品，不仅有助于扩展科普文化服务的范围，提升科普文化服务的能力，更好地满足社会和公众多样化的科普文化需求，而且还可以给开展公益性科普活动、加强科普基础设施建设、健全科普公共服务体系、推进科普文化服务均等化，提供重要的支持和服务。因此，科普文化产业的发展可以在促进我国文化事业繁荣和发展方面承担重要职责、发挥重要作用。

本 讲 小 结

科普产业实质上是利用市场机制和产业化手段促进部分科普业务走向市场，通过市场途径为国家、社会和公众提供科普服务，满足科普市场需求的产业。支持、鼓励、发展经营性科普产业，有助于扩展科普服务、丰富科普产品、提高科普服务能力，促进形成公益性科普事业和经营性科普产业的并举体制，推动科普事业全面发展，同时也有助于加快我国文化产业的发展、构建现代文化产业体系。来自社会各个层面的科普需求的不断增长为发展科普产业已经提供了巨大市场空间，但目前我国科普产业总体上还处在发展的起步阶段，科普产业市场化程度不高，科普产业组织处于"散、小、弱"状态，未来需要通过完善相关法律和政策，加大扶持力度，培育重点企业，推进科普产业全面创新，促进我国科普产业的发展。

---

① 中共中央关于深化文化体制改革、推动社会主义文化大发展大繁荣若干重大问题的决定［EB/OL］．［2011-10-25］．http：//news. xinhuanet. com/politics/2011-10/25/c_122197737. html.

第十七讲　科技传播与普及实践活动策划和实施

科普事业的发展和科普工作的推进依赖于组织开展丰富多彩的科技传播与普及实践活动（科普实践活动），而科普实践活动的组织开展依赖于科学设计、周密策划、严密组织和认真实施。科普实践活动的设计、策划和实施并没有固定模式，需要充分发挥设计者和组织者的创造性。本讲内容主要涉及设计者和组织者需要在科普实践活动设计、策划和实施过程中予以重视的一些共性问题。

1　科普实践活动的一般原则和基本定位

科普实践活动从立项开始到实施可以划分为设计、策划和实施几个重要阶段。活动在项目立项之初就需要考虑和确立科普实践活动应遵循的一些基本原则，然后根据这些原则确定实践活动的基本定位，然后进行活动方案的科学设计，周密策划活动的内容和形式。科普实践活动遵循的原则同时也是活动设计和策划所要依据的基本方针，活动设计和策划需要根据这些原则设定目标、选择内容、确立主题、谋划活动的形式。

1.1　科普实践活动的一般原则

组织开展科普实践活动需要考虑科学技术及其发展要求、组织者现有的科普资源优势、公众的科普需求、提升公众科学素质的需要，通过设计和策划将其完美地统一在一起，提高科普实践活动的吸引力和影响力。所有的科普实践活动都应该遵循紧跟时代发展要求、发挥科普资源优势、满足社会科普需求、提升公众科学素质、服务社会全面发展的基本原则，这也是科普实践活动设计应该坚持的基本方针。

"紧跟时代发展要求"是要求科普实践活动贴近公众需求、贴近科技和社会发展需要。例如，当代公众的科普需求呈现出明显的多样化和分层化特征，既有从认识自然现象到了解食品安全的多种知识性需求，从理解科学方法到理解科学的社会作用的理解性需求，也有从运用科技解决实际问题到参与公共事务的能力性需求。科普实践活动只有贴近并满足了公众、科技、社会需要，才能取得最好的科普效果，产生最大的科普效益。

"发挥科普资源优势"是要求科普实践活动充分利用组织者拥有的科普资源优势。每一类组织者都会拥有自己独有的科普优势，充分利用并发挥这些优势的作用，是科普实践活动取得成功、提升效果的基础，也是保证科普实践活动具有可持续性的重要条件。科普实践活动设计和策划需要分析组织者拥有的各类科普资源优势，并结合这种优势对科普实践活动的组织开展进行具体的设计。

"满足社会科普需求"是要求科普实践活动以满足公众群体、社会组织、国家发展提出的各种需求为出发点和落脚点，服务社会组织和公众群体对科技知识的学习、对科学技术的理解，是科普实践活动的本质所在和应有之义。科普实践活动通过丰富社会组织和公众的科技知识、增强公众运用科技知识解决实际问题和参与公共事务的能力，最终实现"提升公众科学素质"、"服务社会全面发展"的目标。

科普实践活动设计必须根据这些基本原则，确定科普实践活动的具体目标和任务，对科普实践活动的内容和活动形式进行具体设计。基于这些原则的要求，科普实践活动在立项阶段就需要认真调查社会和公众的科普需求、分析时代发展要求、寻找科普实践活动组织者拥有的各种科普资源优势，从而通过活动设计和策划将组织者的资源优势、公众需求、时代要求完美对接。

1.2 科普实践活动的基本定位

明确科普实践活动的对象群体定位、效果目标定位、活动内容定位等基本定位问题是科普实践活动设计阶段的重要任务。由于不同公众在接受能力、知识基础、兴趣爱好等方面存在差异，而且这些差异会直接影响科普实践活动的科普效果，因此科普实践活动需要根据对象群体的不同而选择不同的科普内容、科普方式和传播策略，定位于不同的效果目标，以提高科普实践活动的针对性和实际效果。

科普实践活动通常不会局限于某种单一的目标，也不会只产生某种单一的效果。但科普实践活动设计和策划仍然需要对活动的主要的和基本的目标进行恰当定位，确定科普实践活动是要提高公众的科学意识、增加公众的科学体验、激发公众的科学兴趣，还是要促进公众对科技知识的学习、增加公众对科学技术的理解、提高公众运用科技的能力、促进公众对科学问题的思考等。不同的目标定位会直接影响对科普内容和活动方式的选择。

科普实践活动的内容同样不会局限于某种单一内容，但在活动设计与策划阶段仍然需要就科普内容主要是科学知识、科学方法、科学思想、科学精神，还是科学的社会作用作出选择，确定科普实践活动在内容上的侧重点，然后再根据这些内容定位设计科普实践活动的具体活动形式。在通常情况下，科普实践活动定位需要结合实际情况因地制宜、结合时事状况（例如社会热点问题等）因材施教、结合社会需求因势利导。①

2　科普实践活动的方案策划及其一般方法

科普实践活动方案策划是科普实践活动设计的关键环节。在这一阶段上，科普实践活动设计需要规划和计划好科普实践活动的基本内容、形式、步骤，梳理出活动过程中可能遇到的关键问题，提出解决问题的基本措施。科普实践活动的方案策划对科普实践活动的开展具有导向和导引的功能，是科普实践活动项目实施之前就要确定下来的"蓝图"。我国许多科普实践活动，组织者比较缺乏策划意识，更多的是依靠过往的经验和模式。

2.1　科普实践活动的方案策划

科普实践活动策划是在系统分析社会和公众科普需求的基础上，确立科普实践活动主题和目标，并围绕主题和目标而确定实践活动的内容、策略和步骤的过程，其基本任务是对整个活动进行系统筹划、谋划、计划，对即将实施的活动进行系统、周密、科学的预测，制定出可行性方案。成功的科普实践活动离不开高水平的策划，高水平的策划是科普实践活动成功的重要保证。

科普实践活动策划涉及活动主题和内容、活动目标和任务、活动的基本程序和步骤等重要工作内容，策划工作的程序实际上和社会其他领域的策划工作类似，可以分为方案构思与计划编制两大阶段。方案构思是对即将开展的科普实践活动进行通盘的策略性思考，确定实践活动的整体方案。计划编制则是将策略性思考的结果落实到具体的计划，编制出具体的行动方案。

科普实践活动策划不是要考虑如何使科普实践活动项目在将来能够赚足公众眼球、吸引媒体关注，而是要强调通过对科普实践活动的内容、主题、定位等关键性问题的思考，确定能引发公众关注的主题、内容和活动方式，吸引更多公众的热情参与，让公众在参与中获得科学素质的提升，让科普实践活动的实施获得最好的科普效果。科普实践活动策划要能够落到实处，落到更好地提高公众科学素质和科普效果上。

---

① 朱利荣．科普活动策划的要素研究［A］//任福君．中国科普理论与实践探索——2010科普理论国际论坛暨第十七届全国科普理论研讨会论文集［C］．北京：科学普及出版社，2010：252～257．

2.2　方案策划可用的一般方法

科普实践活动策划目前还没有形成自己独有的方法，但科普实践活动策划具有策划的共性特点，可以借鉴目前常用的一些策划方法和经验，例如，广泛用于企业管理、技术、营销决策及其执行的 5W2H 分析法等。5W2H 分析法要求在制订活动方案时通过考虑和回答七个方面的问题来推动策划工作的进程，最终确定策划方案的基本内容。这七方面问题分别是：

Why——为什么？为什么要这么做？理由、原因、目的是什么？

What ——是什么？做什么工作？

Who——谁？由谁来做？谁来完成？谁来负责？

When ——何时？什么时间完成？什么时机最适宜？

Where——何处？在哪里做？从哪里入手？

How——怎么做？如何提高效率？如何实施？怎样的方法？

How much——做到什么程度？需要多少成本？

在科普实践活动方案策划中，策划者需要在"Why"方面考虑科普实践活动本身的目的和目标，同时分析目标公众可能会基于什么样的目的和需要来参与活动；在"What"方面考虑活动的内容和任务，活动能给公众提供什么样的科普服务；在"Who"方面回答参加活动的具体人员以及面对的目标公众；在"When"和"Where"方面需要回答活动的时间和地点；在"How"和"How much"方面考虑活动实施的方法、程序和手段，分析活动的成本和公众参与的成本。

科普实践活动方案策划需要特别注意具体确定活动的目标公众，分析目标公众的群体特点，考虑采取什么样的动员和吸引措施（包括相应的宣传策略），才能让这些目标公众积极参与到活动中来，以及公众参与活动需要花费什么样的成本、能够通过活动获得什么样的收获等。公众参与科普实践活动的积极性会受到他们预估花费成本、预期收获的直接影响。科普实践活动需要尽可能让公众感到参与方式的简便，能有较多的收获。

企业管理和营销领域常用的 SWOT 分析方法对科普实践活动设计和策划也会有重要的借鉴意义。SWOT 分析方法是通过分析优势（Strength）和劣势（Weakness）、找到机会（Opportunity）和威胁（Threat）而确定竞争战略的一种方法。SWOT 方法的思想可用于对科普实践活动特色的设计和策划。尽管社会和公众的科普需求在不断增长，但并非所有科普实践活动都能激起同样的兴趣，科普实践活动需要通过特色的内容或形式来吸引公众。

另外，营销领域的需求分析理论、定位理论也可以给科普实践活动设计和策划提供重要启示。定位理论认为，在广告泛滥、信息爆炸和传播渠道拥挤的时代，产品营销的定位问题变得非常重要，定位就是要通过营销手段让产品显得与众不同。任何具体的科普实践活动项目同样需要形成自己的特色和优势、有恰当的定位，这样才能更好地吸引公众关注和参与。科普实践活动项目设计和策划也需要有公众营销意识和"竞争"意识。

2.3　科普实践活动的主题设计

当代科普实践活动设计和策划越来越强调利用主题设计策略和方法来整合科普实践活动的多种内容，引导公众的认识，并表达科普实践活动的特色内容。例如，大型群众性科普活动（如全国科技活动周等）通常会通过活动主题整合活动的各种内容，使主题成为贯穿各种活动内容的"中心思想"；科技类博物馆的科普展览通常会利用展览主题整合或组织相关的各种展览展示内容。明确、恰当的主题能够鲜明地表达出活动的内容特色。

我国科技活动周近几年在活动期间就以"携手建设创新型国家"为主题，围绕"节约能源资源、保护生态环境、保障安全健康、促进创新创造"组织了丰富多彩的群众性科普活动。中国科协近几年也以"保护生态环境，坚持科学发展"、"坚持科学发展，创新引领未来"、"走近低碳生活，坚持科学发展"、"坚持科学发展，节约保护水资源"为主题举办了"全国科普日"活动。

大型群众性科普活动的主题设计往往需要在时代发展、社会需求、引导公众等方面找到很好的结合点。而其他类型的科普实践活动在主题设计上通常会更多地结合自身的特点和资源情况。中国科技馆常设展览部分就采用了典型的主题设计方法，用华夏之光、科学乐园、探索与发现、科技与生活、挑战与未来五大主题以及再次一级的主题，划分出不同的展厅和展区，很好地整合和规划了丰富的展览内容，

主题设计方法在科普实践活动的组织开展方面具有多重重要的价值。对科普实践活动组织者来说，可以利用确定的主题表达要传播的思想，整合要传播的多种内容，使之形成有机整体，并引导公众形成某种整体性的认识。而对于公众来说，可以借助于主题从整体上把握和理解活动中的多种内容，领会科普实践活动传达的基本思想和知识内容。科普实践活动的主题设计是避免知识碎片化、提升科普教育效果的一个重要策略。

3　科普实践活动的方案细化和组织实施

科普实践活动的方案细化是计划编制的关键环节，通过方案细化使方案达到

可执行的要求。科普实践活动的组织实施实际上可以看作是对细化方案的实施和执行过程。方案细化的质量和水平对组织实施具有决定性的影响。优秀的方案细化可以给组织实施提供清晰的路径和程序，能够让组织者、实施者按每个步骤的任务、要求自我监控过程的进展，评估执行的效果以及及时发现执行中的偏离。

3.1 科普实践活动的方案细化

科普实践活动方案细化需要对包括从活动准备、人员调配、资源配置，到活动项目启动、实施过程执行与监控，再到活动结束后的全面总结、效果评估等各环节在内的所有任务及目标进行详细的分解和计划；包括提出具体而明确的活动内容及要求、分解出活动的详细步骤、预测执行中可能出现的问题、提出可能的应对方案以及项目宣传推广的基本策略等。方案细化需要对各项工作进行全面细化和具体化，具有良好的可操作性和可执行性。

多任务的大型科普实践活动项目可能会包括开闭幕式、科普展览、科普讲座、科普研讨会等多个环节或内容（子项目）。但不管是什么类型的科普实践活动，都需要重视内容的科学性、普及性、启发性，让公众能够有所收获、受到启发；方式上重视创新性、趣味性、参与性，以增加对公众的吸引力和兴趣的激发；效果上重视实效性、吸引性、提升性以及后续效应，提高公众的理解和意识，促进公众对相关问题的关注与思考。

当代科普实践活动拥有多样化的活动形式，例如，科普展览、科普讲座（报告）、科技竞赛、科普咨询、科学影视展映、科学探究活动、科技兴趣小组、科技夏（冬）令营、科技周、科普日、公众开放日等，它们各有不同的特点和优势。科普实践活动设计可以利用 SWOT 方法等对这些活动形式进行比较分析，从中选择恰当的活动方式。当然，科普实践活动策划者和组织者更应该有创新的意识，设计更具创意、更有效果的活动形式和活动方式。

科普实践活动及其细化需要特别注意活动的宣传、推广、"营销"方案的设计与细化。科普实践活动是面向公众并为了公众而组织的活动，但现实中的公众处于分散化的状态，活动的组织实施需要有促进公众知晓活动信息、激发公众参与热情的宣传、推广策略、途径、手段和措施，让目标公众了解活动的内容，并能对活动有所期待，产生参与其中的兴趣。大型群众性科普活动还需要考虑吸引社会组织和大众媒体的关注和参与。

3.2 科普实践活动的组织实施

科普实践活动的成功与否取决于策划方案是否科学、完备和具有可操作性，也取决于组织实施过程对方案的执行是否规范、严格、认真以及遇到特殊问题时的灵活性，更取决于组织者和实施者的执行力。科普实践活动的组织实施包括许多关键性的环节和任务，如活动实施前的各项准备、对社会组织和公众的广泛动员、科普活动过程的认真组织、实施过程中的严密的监控、结束后的全面总结，等等。

对于包括多项工作任务和多环节的大型科普实践活动来说，组织实施过程中需要组建得力的工作团队，保证各类条件足够配备、各个环节良好衔接、各项工作任务按时完成。工作团队按任务分解明确分工、分头落实，保证各项活动内容有序进行；工作团队内部纵向关系和横向关系明确，指令传递通畅，各类关系协调。必要的时候需要组织相关人员的培训、研讨、学习，做到思想统一、步调一致、目标明确和任务清楚。

对于公众参与规模较大的群众性科普实践活动来说，组织实施过程中需要营造良好的环境和氛围，落实并布置好活动场所，准备好相关材料和设备，做好代表性参与者（例如专家、领导、各方代表）的安排，组织好相关的展览展示。现场环境氛围要美观大方、赏心悦目、突出主题；现场活动氛围能促进参与者的良好互动和热情参与。甚至还要吸引各类媒体的积极参与，提高媒体的宣传力度，从而营造良好的社会氛围。

科普实践活动组织实施过程中同时要注意过程监控，密切注意过程的进展状况，随时收集各类参与者对活动组织的意见、建议以及各种反馈信息，必要时及时灵活地调整活动方案。活动结束后要进行分析总结工作，对科普实践活动进行系统、全面、认真的工作总结，目的是总结经验、发现不足，以便为今后不断提高科普实践工作水平提供指导。分析总结工作实际上相当于一种简化形式的内部评估。

本　讲　小　结

科普事业的发展和科普工作的推进离不开组织丰富多彩的科普实践活动。而科普实践活动的成功与否取决于活动策划是否科学、完备和具有可操作性，取决于组织实施过程是否规范、严格及组织者的执行力。当代科普实践活动需要紧跟时代发展要求、发挥科普资源优势、满足社会科普需求、提升公众科学素质、服务社会全面发展。科普实践活动的开展需要有策划意识，在对社会和公众科普需求进行系统分析的基础上，明确科普实践活动的主题、任务和内容，计划好活动的策略和步骤。科普实践活动的组织实施包括多个关键性的环节和任务，需要认真做好各种准备、动员、组织、监控等工作，以保证活动实施过程的顺利。

第十八讲　科技传播与普及领域的监测和评估

科普监测评估是科普工作中的一项重要内容，也是管理科普工作的一种重要手段。科普监测评估实践和研究近些年来已经受到管理部门和科普界的重视。《全民科学素质纲要》将监测评估工作列为一项重要措施，提出了建立公民科学素质状况和《全民科学素质纲要》实施的监测指标体系。中国科普研究所等机构近些年来也开展了关于科普监测评估理论和方法的研究，并对我国科普基础建设发展状况、大型科普活动进行了监测评估。

1　科普领域的监测和评估

科普监测评估工作具有重要的评价功能、导向作用和指导作用，可以通过有效的监测评估，分析工作成效、总结以往经验、发现存在的问题、强化绩效与效果观念，引导并指导工作的改进。发达国家政府机构和科普组织都非常重视对科普场馆和活动的监测评估工作。美国已形成了比较成熟的科技类博物馆评估制度，英国和德国每年都会委托评估机构对举办的科学节、科学年活动进行全面评估。①

1.1　科普监测和评估的概念与特征

"监测"和"评估"在监测评估研究和实践中经常作为一组术语同时出现，但二者实际上既有联系又有区别。监测通常指的是通过系统收集和分析特定指标的数据，就正在进行的项目、正在采取的措施或某方面工作的发展状况，分析实际进展情况、目标实现程度等。监测工作的主要职能是对发展状态进行动态的跟踪、分析和判断，发现问题、反馈信息、提出措施。监测工作具有动态性、持续性的特点。

---

① 科学普及出版社出版的《2005 爱因斯坦年评估总报告》就是关于德国 2005 年举办的"爱因斯坦年"活动的评估报告。参见：［德］马尔库斯·加布里尔. 2005 爱因斯坦年评估报告［M］. 王保华，译. 北京：科学普及出版社，2008.

评估通常指的是通过系统收集和分析特定指标方面的数据和情况，分析项目或工作达到的状态、成效和产生的影响。评估对象通常是具有周期性的项目或具有阶段性特点的工作，评估可以在项目或工作进展到特定阶段性时进行，也可以在项目或工作完成时进行。评估更强调对结果（包括中间结果）和结果达到的水平做出分析和判断。不同于监测重在分析和判断过程进展的状态，评估重在对进展结果的评价和判断。

就我国科普事业、科普工作、科普实践活动而言，监测主要是针对科普事业、科普工作发展的层面，通过监测，考察科普事业、科普工作的进展情况，分析其中存在的问题和不足，提出改进的措施，以便更好地推进科普事业的发展和科普工作的进展。对科普基础设施建设、科普资源建设、科普能力建设与科普管理改革等具有持续性和长期性的科普重大事项和重要工作，都需要进行经常性和持续性的全面监测。

国务院颁布实施的《全民科学素质纲要》提出了对我国公民科学素质状况和《全民科学素质纲要》实施情况进行监测评估的要求。公民科学素质提升是一个持续和长期的过程，实施《全民科学素质纲要》是一项持续性的重大工程，在目前阶段也是推进我国科普事业发展的重要手段。因此，对我国公民科学素质状况的监测（如中国科协组织的公民科学素质调查）和《全民科学素质纲要》实施情况的监测，都属于科普监测的范畴。

科普评估则主要是针对科普实践活动的评估，评估的目的是对活动的效果、绩效进行分析和评价，通过评估总结经验、发现不足、提出建议，帮助组织者和实施者在今后改进工作。科普评估更多的是针对科普工作中的微观对象，例如，政府部门、研究机构、科技社团开展的群众性科普活动，科普基础设施组织的科普教育活动项目等。对科普组织、科普机构的科普工作情况、科普能力状况进行整体评价，也可归入科普评估的范畴。

当然，监测与评估之间并不是互不相容的关系，对科普事业和科普工作在某些特定发展阶段上取得的成效、达到的结果和水平可以进行评估，并且这类评估可以构成科普事业和科普工作发展监测的一个重要组成部分，成为持续性监测科普事业和科普工作发展状况的一个重要基础和重要手段。中国科普研究所出版的科普蓝皮书《中国科普基础设施发展报告（2009）》的总报告就使用了"评估报告"的说法。[①]

---

① 参见：任福君．中国科普基础设施发展报告（2009）［M］．北京：社会科学文献出版社，2010：1～55．

1.2　科普监测和评估的理念与原则

科普监测和评估虽然具有评价的功能和特征，但都需要坚持"淡化结果，注重改进"的理念，总结经验，发现不足，诊断问题，谋求改进。例如，英国在对科学节的评估中就十分注意对项目是否产生了效果、效果如何产生、还有哪些不足、为什么会存在不足等问题进行分析和诊断、提出改进措施，帮助管理机构总结经验教训，促进科学节活动日臻完善。中国科普研究所对"全国科普日"的评估从第一次（2007年）开始就确定了"为今后提高和改进提供依据"的评估目的。

科普监测和评估需要坚持严肃、严格、规范、客观、全面、深入、科学以及监测评估工作的学习性、发展性、提升性等重要原则。评价、学习、指导是科普监测评估工作应该强调的基本价值取向，发挥监测和评估工作对今后科普事业、科普工作、科普活动的示范、指导和引导作用，使成功的经验和做法能对今后工作有所示范和启示，促进我国科普事业提升发展水平、科普工作提升工作水平、科普实践活动提升组织水平。

科普监测和评估工作需要建立科学的监测评估指标体系，按照规范的监测评估办法，坚持客观公正的立场。为保证监测评估的客观公正性，需要在监测评估过程中进行深入调查，广泛收集相关数据和各方意见，然后做出全面客观的分析和评价。参与科普活动的各方在动机、需求和期望等方面可能存在差异，他们对科普活动的实际情况可能会有认知和判断上的差异，广泛收集各方意见并做出客观全面的分析是非常关键的。

1.3　科普监测和评估中的几个关键环节

（1）学习和研究与监测评估对象相关的科普理论和实践发展背景，保证监测评估具有较高的专业水准。当代科普事业包括不同的方面、科普工作包括不同的工作内容，科普实践活动也有类型多样的特点，科普资源建设不同于基础设施建设，科普展览不同于科普讲座。因此，监测评估工作需要学习和了解监测评估对象背后的相关理论和实践发展动态，保证能用科学的理论作指导，合理设计监测的具体内容，建立科学的评估标准。

（2）对监测评估对象进行全面研究，确定监测评估的重点任务和具体内容。如果说上述理论和实践研究主要涉及某一类科普对象（群众性科普活动或是常设展览）的共性化问题，这一阶段的任务则是个性化研究。例如，同样是群众性科普活动，全国科技周和全国科普日就有不同的特点和内容。监测评估需要分析和研究对象的个性特征，确定监测评估的重点，规划好监测评估的技术路线和行动路线。

（3）科学设计监测评估的指标体系，确立科学的监测评估标准。建立结构化的监测评估指标体系是目前监测评估中常用的一种方法。设计监测评估指标体系是科学性极强的一项研究性工作，需要针对不同类型、特点、内容的监测评估对象，建立不同的监测评估指标。评估指标的选择需要遵循可测性、完备性、可行性、导向性等重要原则，指标体系的建立可以利用德尔斐法、层次分析法、主成分分析法、模糊综合评价法等一些科学方法。

（4）进行全面深入调研，获取充分的信息和数据，并进行认真和科学的分析处理，最后得出科学客观的分析结论。建立科学的监测评估指标体系是保证科学性的前提，获取充分的信息和数据并科学分析是保证科学性的基础。信息和数据的获取可以利用统计调查、问卷调查、深度访谈、现场观察等方法获得。在得出初步分析结论之后，可能还需要征询参与各方以及专家意见，甚至需要进行补充调研，以保证评估的科学性、可靠性、准确性。

2　科普实践活动的项目评估

科普评估广义上可以包括科普实践活动项目评估（以下简称"科普活动评估"）、机构科普工作评估、国家（或地区、机构等）科普能力评价等不同评估，通过评估考察科普实践活动项目实现的效果、机构科普工作取得的成效、国家（或地区、机构等）科普能力达到的水平，等等。国内也有学者将科普评估分为战略规划评估、科普项目评估、组织能力评估。[①] 科普活动评估是目前国内外最常见、研究得比较多的一类科普评估。

2.1　科普活动评估的基本类别

科普活动评估的对象是科普实践活动"项目"，这些"项目"往往具有特定的目标、任务和边界。其中包括政府部门和科技团体举办的群众性科普活动、科普教育基地开展的科学探索项目、科技类博物馆组织的科普展览、社区组织的社区居民科普行动、政府部门或科普组织面向特定人群或地区实施的科普计划项目（如政府部门开展的"科技下乡"活动、中国科协组织的"科普惠农计划"）等。

科普活动评估包括不同的类型。例如，在活动组织实施的不同阶段，分别进行可行性评估、形成性评估、总结性评估。可行性评估是科普活动正式实施前针对项目的立项、策划、方案设计进行可行性分析和评价。形成性评估是在项目实施后、完成前之间的某个时间节点上对实施情况进行评估，考察项目的执行情况及存在的问题。总结性评估是在项目结束后，进行全面和系统的评估，特别是要

---

① 张风帆，李东松 . 我国科普评估体系探析 ［J］. 中国科技论坛，2006（3）：69～73.

分析项目实施的成效和取得的效果。

根据评估者的来源和评估方式，可以分为内部评估、外部评估和参与式评估。内部评估是由项目实施者自己进行评估，这种评估成本较低、简单易行，评估者对项目较为熟悉。外部评估是由项目实施成员及其机构以外的评估专家（机构）来进行评估。外部评估容易保证公正性和规范性，但也存在外部专家对有关情况不甚熟悉的问题。评估机构吸收项目相关方（项目组织者、实施者、参与者等）共同参与的评估是参与式评估。

根据科普活动项目属性，可以区分为科普展览展示评估、科学教育项目评估、群众性科普活动评估等。甚至可以进一步将科普展览展示评估细分为常设展示、临时展览、科学巡展评估等，将科学教育项目评估细分为青少年探究性活动、科学兴趣小组、科技夏（冬）令营评估等，将群众性科普活动评估细分为科技活动周这类大型科普活动、科技机构公众开放日这类机构科普活动、城乡社区各类科普讲座和科普咨询这类小型科普活动的评估等。

根据科普活动评估的内容范围，可以分为综合性评估和专题性评估。综合性评估是对科普活动从组织实施到科普效果进行全面评估，专题性评估则主要是针对科普活动的某个方面或某个部分的评估。例如，针对影响广泛的大型群众性科普活动（例如面向全国的科技活动周或科技类博物馆的大型科普展览等），可以专门就其组织实施、活动方式、宣传推广或公众参与情况、取得的科普效果、产生的社会影响进行专门评估。

2.2　科普活动评估的主要内容

（1）项目方案评估。科普活动正式实施之前需要进行立项论证、项目策划、方案设计，最后形成一个可执行的具体方案，项目方案评估就是针对这一方案进行评价，考察目标公众群体的科普需求、活动项目的设计方案、项目策划设计依据的理论（项目理论），评价活动方案确定的主题是否鲜明、目标是否明确、定位是否恰当、方案是否可行、安排是否合理等。科普活动的需求评估、可行性评估就属于项目方案评估的范畴。

（2）活动内容评估。活动内容评估是针对科普活动的具体内容及活动形式进行评估。科普活动需要利用一些具体活动形式（如展览、讲座等），将科学技术内容送达目标公众群体。活动内容评估需要分析、评价内容与主题是否相关、知识内容与公众需求是否匹配、知识层次与公众水平是否协调、科普活动及其内容是否丰富、活动形式手段是否利于传播普及相关内容等。科普活动内容会对活动能否产生吸引力有重要影响。

（3）活动方式评估。活动方式评估是针对科普活动项目采取的活动方式进行评估。例如，群众性科普活动、科技类博物馆科普展览、青少年科学探究活动在活动方式上存在巨大差异，不同活动方式对科普对象也会产生不同的影响和作用。活动方式评估需要考察和分析科普活动采取的活动方式是否切合活动主题和内容的需要，活动方式是否有新颖性和吸引力，是否能激发参与者的兴趣和热情，是否能提升活动的互动性、参与性和娱乐性等。

（4）组织实施评估。组织实施评估是对科普活动的组织实施过程进行评估。例如，考察评价活动硬件条件的配备情况，环境布置和氛围营造与活动主题的协调程度，活动项目承办者的管理执行工作的规范性、有序性、协调性情况，执行团队的整体工作效率及服务水平以及活动项目各方参与者对组织工作的整体满意度情况。组织实施评估还包括对活动的宣传推广工作进行分析评价，考察宣传推广工作的手段和效果等。

（5）科普效果评估。科普效果情况通常被认为是衡量科普活动成功程度的核心指标。科普效果评估可以从参加活动的公众受到实际影响的程度、社会各界（包括媒体）对活动的满意程度等方面加以分析评价。其中尤以考察参与活动的公众是否因为参加了活动而更好理解了活动的主题、产生了更高的科学兴趣、受到了更多的启发等内容最为重要。在效果评估基础上，可以进行绩效分析（绩效评估）和社会影响评价（社会影响评估）。

3　具有典型意义的几类监测评估研究

科普监测和评估可以成为规范管理科普事业的重要工具。科普监测评估对科普管理工作的重要性近些年来得到科普管理部门和科普界的关注，《全民科学素质纲要》等科普政策文本已将监测评估列为重要内容。中国科普研究所近几年先后组织了"全国科普基础设施发展状况监测评估"、"科普效果评估理论与方法研究"等专题研究，[①] 成立了"科普监测和评估中心"，对中国科协举办的"全国

---

① 例如：任福君.中国科普基础设施发展报告（2009）[M].北京：社会科学文献出版社，2010；任福君，张志敏等.全国科普日北京主场活动评估报告（2007—2010）[R].中国科普研究所，2011；中国科普研究所《中国科普效果研究》课题组.科普效果评估理论和方法 [M].北京：社会科学文献出版社，2003；郑念.科普效果评估研究案例 [M].北京：中国科学技术出版社，2005；郑念，廖红.科技馆常设展览科普效果评估初探 [J].科普研究，2007（1）：43～46；谭超.大型科普活动前期宣传效果评估的探讨 [J].科普研究，2011（3）：81～83；张志敏.科普展览巡展的社会效益评估指标体系研究 [J].科普研究，2010（6）：-45～49；张志敏.对科普讲座开展评估的一般方法研究 [A]//任福君.中国科普理论与实践探索 [C].北京：科学普及出版社，2008：166～170；张志敏，雷绮虹.对大型科普活动进行综合评估的角度及相关探讨 [A].//任福君.中国科普理论与实践探索 [C].北京：科学普及出版社，2009：501～505；张锋.对我国"科普惠农兴村计划"效果评估的探索 [A]//任福君.中国科普理论与实践探索 [C].北京：科学普及出版社，2010：486～493；等等。

科普日"活动也进行了评估。①

目前，我国科普监测评估研究和实践整体上还处于初期探索阶段，今后需要在科普监测评估的理论和方法方面继续深化研究，在各类科普对象监测评估方面进行全面探索，积极推进科普监测评估工作，尤其是需要在科普基础设施发展状况监测、科普基础设施常设展览效果评估、大型群众性科普活动评估等几类具有典型意义的监测评估研究和实践方面加大探索的力度。

3.1 科普基础设施发展状况监测和评估

科普基础设施是社会为公众提供科普服务的重要支撑平台，是国家公共文化服务体系的重要组成部分，是国家科普能力建设的重要内容，也是各类科普工作开展的重要基础。科普基础设施建设和功能的发挥直接影响着公众科学素质提高的速度和质量。如果科普基础设施数量规模足够、区域布局合理、功能发挥高效，整体服务能力就会大幅度增强，就可以为公众提高科学素质提供更多机会。

科普基础设施建设工作近些年来受到国家和社会的重视，《全民科学素质纲要》提出了"科普基础设施工程"，政府有关部门也发布了一些专门文件。② 为全面了解我国科普基础设施发展的基本状况，中国科协科普部组织中国科普研究所等单位于 2009 年针对我国科普基础设施发展状况进行了监测指标体系的研究和实际的监测工作，监测报告最后以"科普蓝皮书"形式出版。③

在充分研究我国科普基础设施发展规划提出的发展要求、目标任务以及不同类型科普基础设施的科普属性、运营特点的基础上，中国科普研究所"科普基础设施发展状况监测评估课题组"结合我国科普基础设施建设的实际，设计了一套包括 3 个一级指标、7 个二级指标、23 个三级指标的监测指标体系（表 18 - 1），重点考察和监测了我国科普基础设施的规模、结构、效果等方面的发展状况。

---

① 2010 年全国科普日北京主场活动评估报告．［2011 - 03 - 02］．http：//www.crsp.org.cn/show.php? id=2236&p=1；2010 年全国科普日北京主场活动评估报告目录．［2011 - 03 - 02］．http：//www.crsp.org.cn/show.php? id=2236&p=2.

② 例如，全民科学素质领导小组 2006 年转发中国科协等部门制定的《科普基础设施工程实施方案》；建设部和发改委 2007 年发布的《科学技术馆建设标准》；国家发改委、科技部、财政部、中国科协 2008 年联合发布的《科普基础设施发展规划（2008 - 2010 - 2015）》；中国科协 2009 年印发的《全国科普教育基地认定办法（试行）》等。

③ 即：任福君．中国科普基础设施发展报告（2009）［M］．北京：社会科学文献出版社，2010。该报告包括"总报告"（中国科普基础设施发展状况评估报告）、专题报告（科技类博物馆、科普教育基地、基层科普设施、科普大篷车、网络科普设施、科学技术馆发展报告）、典型案例三个部分。以下内容主要引自该书第 1 页至第 55 页的"总报告"。

表 18－1　全国科普基础设施发展状况监测评估指标体系

一级指标	二级指标	简单说明	三级指标	单位	简单说明
规模（指数）	主要类型与拥有量	包括人财物三要素	总展厅面积/总建筑面积 每万人口拥有设施建筑面积 平均单个室外设施展示长度 平均单个流动设施行驶里程 平均单个网络科普设施可访问总字数	% 米²/万人 米 千米 千比	反映、衡量设施的类型、拥有量
	资产		每万人口拥有设施资产值 每万人口拥有设施展览资源资产值	元/万人 元/万人	反映设施资产质量
	人员		每万人口拥有专职科普人员 每万人口拥有本科以上科普人员 每万人口拥有科普志愿者人数	人 人 人	反映人员构成，间接反映社会化情况
结构（指数）	年经费投入与支出	反映设施运营能力和发展潜力	年总投入占 CDP 的比例 年财政投入占经费投入的比例 年社会资金占经费投入的比例 年设施建设投资占年经费支出比例 年科普经费支出增长率 年展教品研发经费增长率	% % % % % %	从经费上反映政府、社会对科普设施的支持程度 反映设施总体活动的结构
	展览资源与活动		年展教品更新比例 年新展教品开发增长率 年临展增长率	% % %	反映资源化的程度和效率
效果（指数）	社会效果	反映社会效果及全民受益情况	年媒体宣传报道总次数 平均单个数字科普网站年访问量	次 万人次	反映社会效果
	公民惠及率		每百元科普活动经费年受益人次 每平方米展教面积年接待观众人次	人次/百元 人次/米²	反映社会资本积累、全民受益程度

　　此次监测评估的对象包括科技类博物馆、基层科普设施、网络科普设施以及其他科普设施（如青少年宫、动植物园、科研机构和大学面向公众开放的实验室等各种依托教学、科研、生产和服务的机构，面向社会和公众开放的科技教育、传播与普及的场馆、设施或场所）。通过广泛调查和数据分析，监测评估课题组认为，随着我国经济社会发展水平的不断提高和《全民科学素质纲要》的全面实施，科普基础设施近年来取得长足进步。

　　课题组得出的结论还包括：当前，我国科普基础设施建设政策环境逐步改善，资金投入有较大幅度的提高，国家和各地重视科普基础设施建设，各类设施数量明显增加，科普基础设施总量增长较快，呈快速发展态势，建设类型和形式也趋向多样化，科普基础设施的内容建设得到加强，科普服务能力进一步提高；但我国科普基础设施建设仍然还存在滞后于经济社会发展、展教资源质量低、地区和学科发展不均衡等问题。

3.2 科技类博物馆常设展览科普效果评估

科技类博物馆属于科普基础设施的重要组成部分，在面向社会公众的科技传播与普及体系中扮演重要角色。世界科技发达国家都非常重视科技类博物馆及其评估工作。例如，美国博物馆协会从 1971 年就开始开展科技类博物馆认证工作，目前已经建立了一套比较成熟和规范的认证制度，建立了包括宏观评估、微观评估在内的多维度评估体系（表 18 - 2）。

表 18 - 2　美国科学博物馆的评估类型

类型	内　　　容
机构评估	考察科学馆的整体运行，包括任务和规划、管理、经营、财政、藏品、服务工作、讲解、市场营销、公共关系、会员关系、社区支持。评估的重点在于任务设定、管理层的构成情况及素质水平、财政状况分析、可接近性、观众服务、在竞争环境中科学馆的地位等方面
藏品管理评估	关注在科学馆的整体运行中与藏品管理有关的事务，包括目标任务、治理、财政、讲解和市场营销。评估的重点在于藏品管理，包括藏品的收藏范围、获得与交换藏品的方式、法律和安全事务、登记备案、订货、制定藏品目录和风险管理
公众评估	评估科学馆的公众知名度、处理公共关系的经验以及公众对场馆的参与。包括考察科学馆与观众互动的方式，如市场营销、公共关系、拓展观众群体以及展览等内容
管理评估	考察科学馆的管理架构、角色和职责，评估的重点在于任务、管理层代表、组织会议的能力、组织绩效的测量、战略焦点、招聘人员和发展方向、对藏品负责等方面

资料来源：李健民，刘小玲，张仁开. 国外科普场馆的运行机制对中国的启示和借鉴意义 [J]. 科普研究，2009（3）：23～29.

科技类博物馆评估可以包括机构评估、管理评估、运行评估、观众评估、展览评估、科普教育效果评估等。科技类博物馆是面向公众进行科技传播与普及的重要场所，其中的常设科普展览是科技类博物馆面向公众开展科普教育的基本手段。因此，对科技类博物馆常设展览科普效果的评估在科普评估中具有非常重要的意义。另外，科技类博物馆常设展览科普效果评估对所有展览类科普活动的评估都具有重要的示范价值。

郑念、廖红在《科技馆常设展览科普效果评估初探》中认为，科技馆常设展览科普效果表现在学习效果、启示效果、吸引效果、社会效果四个基本方面。学习效果体现在观众通过参观学习到新的知识、方法、思想，加深了对科学知识的理解；启示效果体现在观众通过参观增加了对科学的认识和理解，产生了对科学的浓厚兴趣；吸引效果体现在观众参观以后感到意犹未尽，或展览把观众吸引到相关的科学领域或科学问题；社会（影响）效果体现在科技馆在公众群体中产生了影响、保持了良好的声誉等。[①]

根据这一认识，他们提出了常设展览效果评估的指标体系（表18-3）。尽管这一指标体系还比较宏观，但为常设展览效果评估指明了一些重要方向。事实上，当代科技类博物馆的科普展览理念、展览模式、操作手段已经发生巨大变化，更加强调了促进公众对科学的理解、体验、思考、探索，科普展览的效果评估需要根据这种新变化，将科普展览是否能够更好地促进公众理解、增加公众体验、启发观众思考、提升科学素质作为评估的重点内容。

表 18-3　科技馆常设展览效果评估指标体系

教育效果（功能指标）	学习效果	学习到了新的知识、方法
		对科学产生了兴趣
		增加了对科学的理解
	展品与展览设置	展览内容的知识性与科学性
		展览内容的先进性和丰富性
	体验效果	展品的可参与性
		展品的操作简便性

---

① 郑念，廖红. 科技馆常设展览科普效果评估初探 [J]. 科普研究，2007（1）：43～46.

吸引力 （管理指标）	展览环境	空间布局合理性
		展览照明的合适度
		展览/展厅安全性
		标示牌的易懂性
	综合环境 （展厅及其他空间）	整洁度
		休息处和餐饮的方便度
		意见、建议的处理与反馈
		特殊设施的考虑
社会效果 （影响指标）	知名度	名称知晓度
		功能知晓率
		参观比例
		媒体关注程度（报道频率）
	认可度	休闲活动
		科普设施
		科普知识来源
		重复参观率

资料来源：郑念，廖红．科技馆常设展览科普效果评估初探［J］．科普研究，2007（1）：43～46.

3.3 大型群众性科普活动评估

所谓大型群众性科普活动，通常是指以传播科学技术、提升公众科学意识为主要目的，面向全社会或某一范围的全体公众，并具有较大规模的科普活动。世界上许多国家都定期或不定期地举办科学节、科学周、科学年等群众性科普活动，我国也举办有"科技活动周"、"全国科普日"等大型群众性科普活动。[1] 大型群众性科普活动通常具有集多种科普活动形式于一体的特点，能发挥科普宣传

---

① "科技活动周"是中国政府于2001年批准设立的大规模群众性科学技术活动，举办时间为每年5月第三周。"科技活动周"由科技部、中宣部、中国科协等部门和单位组成组委会，在全国范围内组织实施。"全国科普日"由中国科协发起，是为纪念《科普法》的颁布和实施而举办的群众性科普活动，举办时间为每年9月的第三周双休日。"北京科技周"是由北京市政府于每年5月举办的全市性大型科普活动，起始于1995年，近年来北京科技周与全国科技活动周同期举办，开幕式合并举行。

平台的作用，是科技传播的重要手段。①

　　"大型群众性科普活动"尽管是难以精确界定的一个模糊概念，但客观上与一般科普活动有很大区别，通常具有公众参与性、影响广泛性、内容丰富性、活动多样性等特点，设置有鲜明的科普主题，除政府部门和科技团体之外，往往还有许多相关机构、社会团体、公司企业积极参与，② 并通过广泛的社会宣传吸引公众积极参与，对整个社会的科普工作具有较强的带动、促动和导向作用，能产生较为广泛的社会影响力。

　　大型群众性科普活动近些年来受到许多国家政府部门和科技团体的重视。英国自 20 世纪 90 年代开始就每年举办科学节，德国从 2000 年开始每年举办主题科学年，而且这些国家都重视对这类大型科普活动进行全面评估，活动结束后都委托专业机构进行评估。英国科学节的评估包括了影响力、参加人群、活动过程评估等多种内容，关注对各类参与者、观众、报告人以及科学节活动、各种反馈意见、媒体报道等方面的分析，甚至让观众参与评估。

　　大型群众性科普活动由于包含多元化和多样化的目标、任务、活动内容和活动形式，对大型群众性科普活动的评估往往也是涉及多内容、多维度、多任务的复杂评估。中国科普研究所对"全国科普日"的评估就从参加活动的公众、组织服务者、专家、新闻媒体报道四个角度入手，对活动的策划与设计、公众宣传与公众知晓、活动组织与实施、效果与影响进行立体的多角度评价，③ 涵盖了组织评估、公众评估、宣传评估等多个方面。

　　大型群众性科普活动评估需要按照活动主办方或评估委托方的要求来进行，但一般而言，评估重点应集中于活动内容、活动方式、活动过程、科普效果、社会影响评价。黄小勇在《大型科普活动评估方法》中构建了一个包括活动内容评估、组织管理评估、社会效果评估三个模块的评估模型，提出了大型科普活动评估的指标体系（表 18-4）。这一指标体系对科学设计大型科普活动评估指标体系有重要的参考价值。

　　① 张志敏，雷绮虹．对大型科普活动进行综合评估的角度及相关探讨［A］.//任福君．中国科普理论与实践探索——2009《全民科学素质行动计划纲要》论坛暨第十六届全国科普理论研讨会文集［C］.北京：科学普及出版社，2009：501～505.
　　② 刘彦君等．英国科学节效果评估模式分析及思考［J］．科普研究，2010（2）：60～66.
　　③ 张志敏，雷绮虹．对大型科普活动进行综合评估的角度及相关探讨［A］.//任福君．中国科普理论与实践探索——2009《全民科学素质行动计划纲要》论坛暨第十六届全国科普理论研讨会文集［C］.北京：科学普及出版社，2009：501～505.

表 18－4　大型科普活动评估指标体系

评估内容	一级指标	简单说明	二级指标
活动内容	内容与主题相关性	活动内容与活动主题的相关程度	
	知识性	科普活动内容上的知识丰富程度	
	吸引力	科普活动内容让受众感兴趣的程度	形式方面
	互动性	活动中包含的与受众的交互、交流的比例、程度	内容方面
			形式方面
	创新性	科普活动的形式和内容的新颖性	形式方面
			内容方面
	通俗易懂性	科普活动的内容、形式的大众化程度	形式方面
			内容方面
组织管理	宣传力度	承办方在宣传方面的工作投入程度	活动前及活动中媒体报道
			目标受众知晓度
			活动前及活动中其他宣传
	环境	承办科普活动的硬件资源方面的条件	匹配性（环境与主题的相称程度）
			舒适性
			安全性
	协调性	承办方的组织管理有序性	活动有序性
			现场有序性
	服务	活动承办方软环境的质量	服务态度
			工作效率
			工作技能

续表

评估内容	一级指标	简单说明	二级指标
社会效果	受众数量	参加科普活动的受众总数量	受众总数量
			自发参加数量
			活动中的目标受众占参与活动的受众比例
	对受众影响	受众参加科普活动后受科普活动的影响程度	认知
			情感
			操作技能
	媒体报道	从媒体方面来衡量产生的影响	直接报道数量
			媒体层次
			网络转载量
	满意度	社会对科普活动的总体满意度水平	社会媒介的评价
			受众满意度
			专业评估人员的意见
			地方党政部门的意见

资料来源：黄小勇．大型科普活动评估方法研究［D］．哈尔滨工业大学，2006：19～24．

本 讲 小 结

　　科技传播与普及领域的监测评估是科普工作中的重要方面，也是管理科普工作的重要手段。科普监测评估工作具有重要的评价功能、导向作用、指导作用，可以通过有效的监测评估，分析工作成效、总结以往经验、发现存在问题，引导并指导各项科普工作的改进。科普监测评估实践和研究近些年来受到管理部门和科普界的重视，《全民科学素质纲要》将监测评估工作列为重要内容，中国科普研究所等机构也开展了监测评估理论、方法和实践研究。科普监测评估需要建立科学的监测评估指标体系，按照规范的监测评估办法进行。随着我国科普事业的发展、科普管理改革的深化以及全民科学素质建设的不断深化，关于公民科学素质发展、科普设施建设进展、科普实践活动效果等方面的监测评估工作将成为科普理论研究和实践的重要内容。

第十九讲　我国科技传播与普及实践和理论的当代发展

　　自中华人民共和国成立以来，国家和政府就将普及科学技术纳入到国家科学技术事业发展之中，"普及科学和技术知识"被明确写入国家宪法，国家和政府针对科普工作专门出台了系列法规政策。特别是近年来随着《全民科学素质纲要》的全面实施，科学技术普及事业发展迅速，科普理念进一步提升，科普政策环境不断优化，科普实践取得了丰富硕果，公民科学素质建设成效显著，在科普理论体系建设和学科建设方面也取得了重要进展。

　　当然，我国科普事业发展还存在着许多亟待解决的问题，科普政策法规体系需要进一步完善，科普工作推进机制需要进一步建设，科普投入需要进一步加大，科普资源建设需要进一步加强，科普能力尚待进一步提高，适应新媒体时代的科普方式方法亟待更进一步的创新，科普理论和实践研究也需要在广度和深度上进一步拓展。我国科技传播与普及实践和理论都面临着艰巨而复杂的任务。

1　我国科技传播与普及实践的当代发展

　　近些年来，随着我国科学技术和经济社会全面发展、科普工作不断向纵深推进、公民科学素质建设工作全面展开以及科普理论研究不断深化、科普领域中外交流不断加强，我国对科技传播与普及作用和价值的认识有了重要提升，科普工作的观念和理念发生了重要变化，科普事业迈入了新的发展阶段。特别是科普工作的公平普惠原则得到了明确和强化，重点措施更加注重满足公众需要和科普实效，科普手段创新、渠道拓展和资源建设也受到了重视。

1.1　科普认识和科普理念的提升

　　我国科普工作在传统上强调面向工农业生产需要以及面向广大人民群众的科学知识普及和实用技术推广，目标是引导人民群众学习科学知识、掌握先进技术，更好地运用科学技术改造外部客观世界和自身主观世界；科学普及被定位于服务人民群众改善生活、改变观念、抵制愚昧迷信、提高生活和生产技能，服务社会物质生产和精神文明。科普工作推进方式也主要是群众性科普活动、媒体科技宣传、出版通俗科普读物等。

改革开放以来，我国对科普工作的认识、科普工作的理念有了明显提升，科学普及定位、科普工作推进方式也有了重要变化。特别是基于对科技创新驱动经济社会发展的认识，科普工作被纳入到科教兴国和建设创新型国家战略，发展科普事业也和科技事业发展、国家发展战略、国民素质提升紧密联系在了一起，科学技术普及被视为事关经济增长、科技进步和社会发展全局的一项意义深远的宏大社会工程和意义重大的战略性任务。

中共中央、国务院《关于加强科学技术普及工作的若干意见》将科普工作视为提高全民素质的关键措施、两个文明建设的重要内容、国家基础建设和基础教育的重要组成部分，认为科普工作是事关经济振兴、科技进步和社会发展的全局性、根本性、战略性工作和一项意义深远的宏大社会工程。《全民科学素质纲要》也强调了发展科学技术教育、传播与普及对提高国家自主创新能力、建设创新型国家等方面的重要意义。

目前在我国，科学技术普及被看作是与科学技术创新具有同等重要的作用。2008年，胡锦涛在纪念中国科协成立50周年大会上明确指出，科技工作包括创新科学技术和普及科学技术这两个相辅相成的重要方面。普及科学技术，提高全民科学素质，既是激励科技创新、建设创新型国家的内在要求，也是营造创新环境、培育创新人才的基础工程，必须作为国家的长期任务和全社会的共同任务切实抓紧抓好，为科技进步和创新打下最深厚、最持久的基础。[①]

科普认识的提高促进了科普观念和理念的变革。我国当代科普工作既强调向公众普及科学技术知识，也强调公众对科学方法、科学思想、科学精神、科学的社会作用的理解以及对公共事务的参与；既包括了面向普通公众普及科学技术知识，也包括了促进公众理解科学、服务公众参与公共事务。科学普及在我国已不再局限于普及科学知识和推广实用技术，而是包含了新含义、新内容、新任务、新观念的"现代科普"，其时代特征愈发明显。

《全民科学素质纲要》就将"公民具备基本科学素质"界定为"了解必要的科学技术知识，掌握基本的科学方法，树立科学思想，崇尚科学精神，并具有一定的应用它们处理实际问题、参与公共事务的能力"。它既强调了公民科学素质

---

① 胡锦涛. 在纪念中国科协成立50周年大会上的讲话 ［EB/ OL］. ［2008-12-15］. http：// news. xinhuanet. com/newscenter/2008-12/15/content_10509648. html.

对科学技术知识、科学方法、科学思想、科学精神的依赖性，也强调了公民科学素质与公民应用科学技术知识和方法处理实际问题、参与公共事务的能力之间的内在关系。

面对国民科学素质整体水平不高、不同地区和不同群体之间存在较大差异等国情，面对经济社会全面发展、创新型国家建设等方面提出的要求，继承我国以往科普工作积累的成功经验，学习和借鉴国际先进理论，融入更多现代传播理念，强调科普公共服务作用，突出服务民生的根本要求，使科普工作服务经济社会发展、提高全民科学素质、促进科技创新创造，已成为我国当前科普工作中的一种基本特征。

1.2 当代科普实践的拓展与发展

我国当代科技传播与普及在目标和任务、内容和渠道、手段和形式等方面都有了极大拓展，在目标和任务上包括了普及科学技术知识、提升公民科学素质、服务公众参与公共事务、促进科技创造创新等多个方面；在渠道和手段上综合利用科普基础设施、大众媒体、科技教育与培训、群众性科普活动等多种渠道，结合现实情况因地制宜、结合实际需求（包括社会热点问题等）因势利导，成为新时期科普工作的显著特征。

根据不同科普对象和科普内容的特点，探索科普手段和形式创新，并通过创新科普新载体和科普新形态、开展丰富多彩的科普实践活动来提高科普效果，也成为我国当代科普的重要特征。例如，近些年来面向青少年学生的科普教育包括了许多带有探究性质的科技创新竞赛、科学调查体验活动；科技类博物馆探索了利用新的展览模式，增加观众的科学体验；社区科普、热点科普、电视科普、网络科普也得到比较快速的发展，等等。

随着科普工作不断深化发展，科普对象细分化、科普工作体系化程度明显提高。依据科普需求的差异性对科普对象进行细分，并在此基础上采取更有针对性的科普行动，提高科普工作的实际效果，同样成为当代科普发展的重要特征和基本趋势。《全民科学素质纲要》就细分了重点人群素质行动及其目标任务，例如农民科学素质行动强调了提高农民获取科学知识的能力，领导干部和公务员科学素质行动强调了提升科学决策与管理能力，等等。

近些年来，我国科技传播与普及事业获得全面发展，针对科技传播与普及和公民科学素质建设出台了一系列专门的政策法规，科普政策法规环境和社会氛围得到优化，政策体系不断完善，科普投入不断增加，科普能力整体上不断增强，现代科普手段不断出现，科普资源建设工作得到加强，科普产业也在兴起与发展，主题性科普活动更加贴近民生和国家发展需求，各类科普活动更加注重实际效果，等等。

特别是在全面实施《全民科学素质纲要》的推动下，我国科普工作在服务时代发展、顺应时代要求等方面取得了明显进展。在《全民科学素质纲要》实施过程中，我国确立了"节约能源资源、保护生态环境、保障安全健康、促进创新创造"的工作主题，明确并强化了落实科学发展观、以人为本、公平普惠等重要原则，体现了科普工作和公民科学素质建设服务经济社会发展、服务民生的宗旨，凸现了科普公共服务的作用和科普工作的时代特征。

通过《全民科学素质纲要》的实施，确立了"政府推动、全民参与、提升素质、促进和谐"的公民科学素质建设方针，形成了"国务院领导实施，各部门分工负责、联合协作"的工作机制，形成了中央和地方联合推动的矩阵式工作格局，形成了大联合、大协作、大科普的工作模式，同时也探索了发挥政府主导作用、调动社会力量共同参与的科普社会化机制建设，推动我国科普事业迈进新的发展阶段。

近些年来，我国科普工作的管理模式、组织方式也在发生变革，正在由政府"包办"、"行政"推进向政府推动、政策激励、资源引导的方向转变；正在从政府主导向政府动员、社会参与的方向转变；科普工作正在向建立专业化的科普队伍、社会各界力量分工协作的方向转变；科普手段也由过去主要依靠群众性科普活动、科普读物出版等手段，向综合发挥多种渠道的作用和不断推进科普工作社会化、经常性的方向转变。

1.3 科普事业发展面临的重要任务

我国科技传播与普及事业尽管近些年来取得明显进展，我国公民科学素质有了比较明显的提高，顺应时代发展要求、针对我国国情需要、借鉴发达国家经验、融入更多先进理念、推进科普工作创新也成为科普工作的基本主题和鲜明特点。但科普事业发展中的一些深层次问题还没有得到彻底解决，未来我国科普事业发展还面临着许多复杂而艰巨的任务，科普工作需要向纵深推进，科普事业管理还需要深化改革。

无论是与发达国家相比，还是对照我国当前与未来经济社会发展提出的需求，目前我国的科技传播与普及工作和公民科学素质建设工作都存在较大差距，需要在各方面强力推进，包括进一步完善科普政策法规体系、加大科普投入、加强科普设施建设、加强科普人才队伍建设、提高国家科普能力、推进科普资源共建共享、繁荣科普作品创作、创新适应新媒体时代的科普方式方法、培育和扶持科普产业，等等。

特别是在全民科学素质工作方面，需要通过健全科普公共服务体系，扩展科普公共服务范围，加强科普基础设施建设，提高各类传播渠道的能力，开展丰富多彩的科普活动，推进科普文化服务均等化，促进科普基本服务公平普惠，增加公众提高科学素质的机会和途径，促进公民科学素质提升和对公共事务的参与。目前，我国全民科学素质工作采取的是以重点行动和重点工程带动整体提高的策略，未来需要加大对"重点"以外的各项相关工作。

在深化科普事业管理改革方面，需要重点推进科普工作社会化改革，完善适应市场经济条件下的科普运行机制，培育和发展科普产业。到目前为止，我国科普工作和公民科学素质工作的社会化程度还不高，仍然存在高度依赖政府行政推动的问题，需要通过强力推进科普工作社会化管理改革，建立激励机制和社会动员体系，培育和发展民间和公民科普组织，激励并调动社会各界对科普工作的积极参与，促进科普工作社会化格局的早日形成。

科普工作社会化改革需要强化机制建设。事实上，机制建设在科普事业的各个方面都起着关键作用，无论是科普人才培养和队伍建设、科普资源开发和共享、社会力量激励和动员、科普产业的发展和壮大等都需要相应的机制建设。目前，"完善公民科学素质建设长效机制"就被列为《全民科学素质纲要》"十二五"期间的重点任务之一。新的科普运行机制建设应定位于推动科普工作快速发展，形成政府、科技、社会、产业等多元推动的格局。

发展和壮大科普产业是推进科普事业发展的重要突破点，需要国家和政府提供系统化的促进政策、制度和措施，包括建立科普产业认证制度和市场准入机制，健全科普产品技术规范和标准，规范科普文化市场秩序，保护科普文化产品知识产权等。推动科普产业发展，有利于形成公益性科普事业和经营性科普产业的并举体制，建立"公益—产业"双驱动发展机制，提升科普服务整体能力，满足社会多样化的科普需求，并促进我国文化产业发展。

2 我国科技传播与普及研究的当前进展及未来课题

科学技术和经济社会发展提出的强烈需求，国内外对公众科学素质问题的高度关注，科技传播与普及事业本身的快速发展，极大地推动了对科技传播与普及的研究。特别是进入 21 世纪之后，我国科技传播与普及研究在广度和深度上都有了重要突破。我国科技传播与普及研究目前也迈入一个重要发展阶段。科技传播与普及研究需要在积极探索新理论和新方法的基础上，深化和拓展理论和实践研究，朝着建立系统的科技传播与普及理论体系迈进。

2.1 我国科技传播与普及研究的当前进展

科学普及受到社会的关注已有很长的历史,[①] 我国学术界早在 1978 年就提出了建立"科普学"的倡议。[②] 在 20 世纪 90 年代之前,我国科普研究主要是围绕科普创作展开的,中国科普研究所在 1980 年成立时的名称就是"中国科普创作研究所"(1987 年更名)。[③] 20 世纪 90 年代之后,我国科普研究从科普创作领域扩展到更广阔的领域,并开始引入传播理论。进入 21 世纪之后,科普研究迅速繁荣起来,逐步形成了独具特色的科普研究格局。

国际上对科技传播的专门研究始于科学社会学家贝尔纳,他在《科学的社会功能》一书中专门用一章的篇幅讨论了科技传播问题。[④] 科技传播研究目前已在国际学术界成为活跃的研究领域。国内科技传播研究起始于 20 世纪 80 年代中期,正式起步于 90 年代中期,[⑤] 同样是进入 21 世纪之后变得活跃起来,目前也形成了几种重要的研究方向。[⑥] 关于科学普及和科技传播的研究构成了目前我国科技传播与普及研究的两大基本组成部分。

经过近十几年来的研究,我国科技传播与普及研究,在研究范围上有了极大拓展,深度上也不断深化,已经初步形成了中外发展、科普效果、公民科学素质以及科普资源、政策、设施、产业、人才、监测评估、实践研究等重要领域,特别是通过对科技传播与普及对象、内容、目的、手段、过程、效果等的研究,科普理论体系雏形初见端倪。理论研究也促进了我国科普理念的变革,给国家和政府制定相关政策提供了重要的研究支撑。[⑦]

我国科技传播与普及研究工作者近些年来积极学习和借鉴国外科技传播新理论和新理念,运用科技哲学、传播学、社会学等学科的理论和方法,深入分析了影响科技传播与普及实践的各种关键要素,提出了一些新概念,得到了一些新成

---

① 参见本教程第一讲。

② 周孟璞,松鹰. 科普学 [M]. 成都:四川科学技术出版社,2007:1~2.

③ 大众科技报. 有益的探索 积极的贡献——中国科普研究所建所 30 周年巡礼 [N]. 大众科技报,2010 - 05 - 18. http://www.stdaily.com/other/dzkj/2010/0518/B1 - 1.html.

④ 参见本教程第二讲。

⑤ 翟杰全. 让科技跨越时空:科技传播与科技传播学 [M]. 北京:北京理工大学出版社,2002:311~317.

⑥ 翟杰全. 国内科技传播研究:三大方向与三大问题 [J]. 自然辩证法研究,2007 (8):68~71;翟杰全,张丛丛. 科技传播研究:"普及范式"和"创新范式" [J]. 北京理工大学学报(社会科学版),2008 (1):9~11.

⑦ 例如,《国家中长期科学和技术发展规划纲要》《全民科学素质纲要》等重要政策文件在制定过程中都曾专门组织过和科技传播与普及相关的专题研究。

果，科技传播与普及研究的框架体系初步确立，科技传播与普及研究迈入体系化的初级阶段。随着近些年来中外交流合作的不断活跃和深化，我国科技传播与普及研究也在不断和国际接轨。

同时，我国科技传播与普及学科建设近年来也得到较快发展，并初步迈入初步体制化阶段，和科技传播与普及相关的本科、硕士、博士、博士后教育和人才培养渐成体系。例如，国内已有许多院校开办了"科学教育"等本科专业，在"科学技术哲学"硕士专业下设置了科技传播方向；教育部最近也在部分院校设立了"新闻与传播"（科技传播方向）专业硕士；中国科普研究所联合北京师范大学等高校创办了我国科技传播与普及领域第一个博士后工作站。

2.2 我国科技传播与普及研究的未来课题

中国科协书记处书记程东红在 2010 年中国科普研究所建所 30 周年庆祝会上曾指出，30 年来，我国科普研究队伍逐渐壮大，研究平台日益扩展，初步形成了研究对象明确、理论需求强劲、理论体系初具脉络、学术交流国际化的科普研究格局，科普理论工作者在公民科学素质建设、科技传播机制、科普监测和评估、科普创作、科普基础设施建设、科普资源建设和使用等方面取得了丰硕成果，科普研究也为《科普法》的颁布和《全民科学素质纲要》的出台提供了重要的理论服务。[①]

我国科技传播与普及研究和实践工作近些年来已经形成了良好的互动关系，理论研究越来越面向迫切需要解决的重大理论和现实问题，给实践工作以重要指导，同时又受到实践工作的推动和实践需求的促动。我国未来的科技传播与普及研究将会延续十年来的繁荣，在借鉴国际研究成果和先进理念的同时，根据我国经济社会发展和科普实践提出的新命题，在广度上进一步拓展，在深度上进一步深化，在丰富科技传播与普及理论的同时，为政策制定、管理改革、机制建设和科普实践提供更强的理论支撑。

科学技术传播、扩散、普及和其他社会现象一样受其内在的规律制约，科普实践的良好发展依赖基础理论对这些规律的揭示，科普政策的制定也需要理论成果的指导。持续深化相关基础理论研究，对建立科技传播与普及理论体系、对促进科技传播与普及事业发展，具有重要意义。科技传播与普及基础理论研究，需要继续运用和借鉴科技哲学、传播学、社会学等学科的理论和方法，深化对科技传播与普及结构过程、效果机制等基本问题的研究。

---

① 陈瑜. 我国科普研究格局已初步形成 [N]. 科技日报, 2010 - 05 - 17. http://www.stdaily.com/kjrb/content/2010 - 05/17/content _ 187849. html.

特别是要通过对科技传播领域复杂因素相互作用关系的理论研究以及案例分析，建立科技传播与普及的效果机制模型，为科普实践活动的效果提升提供理论指导；通过对经济社会发展和科学技术创新等背景需求，对科技传播和经济增长、文化建设等重要关系，对国家、社会和公众多样化、多层次科普需求的理论和现实分析，为明确科技传播的当代目标、探讨科普事业的发展机制、定位科普工作的重大方向、推进管理机制创新提供理论依据。

基于科技传播与普及和公众科学素质的特殊关系以及我国实施《全民科学素质纲要》的需要，公民科学素质建设将仍然是研究的重点领域，公民科学素质及其测量理论和方法、针对不同人群的科学素质工作、科普资源建设理论及共建共享机制、科普渠道拓展和科普能力提升、社会化科普工作格局建设、推进科普服务均等化和公平普惠，以及法规政策体系建设、科普人才队伍建设、科普监测评估等等理论和现实问题将继续成为研究的热点问题。

同时，国家科技传播体系建设、科研和科普结合机制、社会资源科普化问题、科普产业发展研究、社会化科普组织建设，以及"热点"科普、"应急"科普、企业科普、高校科普、科普学科建设、科普职业认定等问题及这些问题背后所需的机制，都会成为未来研究的重要课题。随着互联网为代表的新技术和新媒体的发展、应用和普及，利用新技术和新媒体创新科普手段、模式、机制将成为科技传播与普及实践研究的重要方向。

在创新驱动发展的时代背景下，国家创新体系的良好运行需要配套的国家科技传播体系，科技传播对国家创新体系的高效运行有重要的作用和功能，[①] 建设高效的国家科技传播体系的重要性正在不断上升。而基于科普事业发展机制创新的要求，[②] 建立和完善科研和科普的结合机制，积极促进科技、产业、教育等领域各类资源向科普资源的高效转化，不断壮大各类科普组织和科普文化产业，将会成为科技传播与普及事业发展新的重要支撑点。

目前在我国，科技传播与普及事业发展和科技传播与普及研究迎来了最好的环境和机遇，我国经济社会发展处于快速上升阶段，创新型国家战略推动科技事业全面发展，全民科学素质建设工作受到了全社会重视，科普事业拥有了良好的政策和社会环境，传播新技术也为科技传播实践提供了新手段和新平台，来自社会的旺盛需求更是提供了广阔舞台，科技传播与普及研究三十余年的积累也为深

---

① 翟杰全.构建面向知识经济的国家科技传播体系［J］.科研管理，2001（1）：8～13；翟杰全.国家科技传播体系内的知识交流研究［J］.科研管理，2002（2）：5～12；曾国屏.国家创新系统视野中的科学传播与普及［J］.科普研究，2006（1）：13～18.

② 例如，建立公益性科普事业和经营性科普产业并举的发展体制，发展政府、科技、社会、产业等多元推动的发展格局，建设科普事业"公益—产业"双驱动发展机制等。

化研究奠定了良好基础。

经过十余年的努力，在上述这些课题方面，学者们已经发现了一些重要问题，提出了一些重要概念，也得到了一些初步成果，我国的科技传播与普及研究正处在跨越式发展和实现突破的前奏，围绕这些问题、概念、方向，通过继续深化研究，在不远的未来将有可能获得更为重要的理论和实践研究成果，并朝着建立系统的科技传播与普及理论迈出关键性的一步。

当然，科技传播与普及研究面对的是一个复杂的系统对象，科技传播与普及事业发展涉及一系列复杂的关系，当代科技传播与普及实践也包含普及科学技术知识、增进公众科学理解、提升公民科学素质、促进公众参与公共事务、服务科学领域的交流对话、促进科技创造创新、服务经济社会发展等多个复杂的方面，科技传播与普及研究因而面临着艰巨而复杂的任务。

但是，只要能够脚踏实地，不断进取，总结历史和当代经验，学习和借鉴国际先进理念，就可以通过对科技传播与普及中的复杂关系、复杂因素、复杂机制、复杂问题的深入研究，把握科技传播与普及领域的基本规律，回答时代提出的重大问题。我国科技传播与普及研究的目标应定位于探索和建立反映中国认识成果、面向中国国情、具有中国气派而又具有时代特征的科技传播与普及理论体系，为推进国际科技传播与普及理论和实践发展作出应有的贡献。

本 讲 小 结

近些年来，随着我国科学技术和经济社会全面发展、科普工作不断向纵深推进、公民科学素质建设工作全面展开，我国科普实践和科普研究已经形成良好的互动关系，二者都取得了重要进展，迈入了新的发展阶段。在科普实践领域，科普认识和科普理念明显提升，科普工作更加注重科普实效。在科普研究领域，研究框架体系初步确立，理论体系初见雏形。但是，我国科普实践和科普研究都面临着艰巨而复杂的任务，正处于孕育突破的前奏。科普事业需要在完善政策法规体系、强化机制建设、提高科普能力等方面全面推进，科普研究需要在科普基础理论、公民科学素质、科普资源建设、国家科技传播体系建设等方面全面深化，朝着建立系统的科技传播与普及理论体系迈进。

中国科技传播与普及发展史略

　　中华民族在古代科学技术方面曾有过辉煌的历史，拥有独具特色的科学技术传统，科学技术的许多重要成就也曾在世界范围内广泛传播和扩散，为世界科学技术的发展和世界文明的进步作出过重要而独特的贡献。但直到近代发展阶段，中国传统科学技术并没有实现向近代科学技术的转型，科学技术的传播与普及也没有实现独立的发展。中国科学技术及其传播普及的重大转型实际上是在近代鸦片战争和国门洞开之后，有识之士有感于西方船坚炮利、为寻找富国强兵之道，尝试引进西方思想和西方科技的背景下实现的。

　　中国现代意义上的科学技术传播与普及应该说是从五四运动时期新文化运动开始的。新文化运动高举民主和科学两面大旗，通过传播和普及新思想、新理论和新科学，极大地推动了中国社会的思想解放和科学的传播普及。自 20 世纪初的新文化运动至今，中国科技传播与普及形成了五四运动前后、新中国建立之后、20 世纪 80 年代之后三个重要的繁荣发展期，经历了从传统科学普及向现代科普不断转变的过程，特别是在 20 世纪 90 年代之后，科技传播与普及观念和理念发生了重要变化，科普事业迈入全面发展的新阶段。

1　中国古代的科技传播与普及

　　中国古代科学技术在众多重要领域都作出过重要贡献，许多技术成就曾通过传播扩散对世界文明的发展产生了重大影响。被誉为"现代实验科学的真正始祖"的弗兰西斯·培根（Francis Bacon，1561—1626）在《新工具》一书中就对印刷术、火药、磁石①三大发明的巨大影响发出这样的赞叹："这三种发明已经在世界范围内把事物的全部面貌和情况都改变了：第一种是在学术方面，第二种

---

　　①　"磁石"，这里实际上指的利用磁石性质发明的磁罗盘，即人们常说的指南针。指南针的前身是中国古代四大发明之一的司南，是用天然磁体做成的。

是在战事方面，第三种是在航行方面；并由此又引起难以数计的变化来。"

马克思在《1861—1863 年经济学手稿》中对这三项发明也作出高度评价："这是预兆资产阶级社会到来的三项大发明。火药把骑士阶层炸得粉碎，罗盘针打开了世界的市场，并建立了殖民地；而印刷术却变成新教的工具，并且一般地说，变成科学复兴的手段，变成创造精神发展的必要前提的最强大的推动力。"这三项发明最初都源于古代中国，在 12～14 世纪辗转传到欧洲。

中国古代科学技术不仅为世界科学技术贡献出了"四大发明"，而且在科学技术的许多方面都曾经领先于世界，许多重要的科学技术成就曾广泛传播到周边国家，并辗转传到欧洲，促进了欧洲文明的发展。中国科技史家李约瑟的巨著《中国科学技术史》以及柯林·罗南改编的《中华科学文明史》都曾专门分析过中国和欧洲之间的科学技术传播，并列举了中国古代科学技术西传的大量实例。①

但从整体上看，中国古代科学技术体系是基于传统农耕文明的需要发展起来的，主要受农业与手工业生产实践需要的牵动，并附属于生产实践过程。中国古代先进的科学技术主要体现在与农耕文明相关的天文、历法、算学、农学、水利、医学以及各种手工业技术等方面，并以经验化、实用化、技能化为主要特点。例如，中国古代关于农业的著述数量之多（已知的有 370 多种），可居古代世界各国之冠，但这些著述基本上都是对各种农业生产经验的记载，② 理论性的概括和总结甚少，并没有达到形成系统的农学理论的程度。

中国古代社会并没有形成类似于西方的那种知识传统，附属于生产实践的发展特征决定了中国古代科学技术难以实现超越自身的理论化和相对独立的发展。科学技术的这种发展特征同时也决定了中国古代科学技术的传播与普及制度及其特点。中国古代科学技术的传播与普及主要依靠的是生产实践过程本身、依赖"人—人"（如师传徒受）之间的经验传递等基本途径，科技知识和百工技艺主要在民间、在实践中通过观察模仿、师传徒受甚至是"传子不传女"的家族传承来传播。

中国古代虽然也曾出现大量与科学技术有关的著作，但其功能更多的是记载早已流传于生产实践中的经验和知识，由于缺少理论性的内容和理论化的体系，③ 科学技术传播与普及的功能实际上有相当大的局限性。中国古代有发达的

---

① 例如，柯林·罗南. 中华科学文明史（卷一）[M]. 上海：上海人民出版社，2001：64～84.

② 科学技术普及概论编写组. 科学技术普及概论 [M]. 北京：科学普及出版社，2002：3.

③ 活跃于战国时期的墨家学派所创立的墨家科学也许是一个奇特的例外。墨家学派曾经发展出一个非常类似于西方古代科学的科学体系，且墨家学派具有重理论、重逻辑、重实验、重因果关系研究的特点。但由于复杂的原因，墨家科学并没有得到广泛传播与示范，且随着墨家学派自汉代走向衰微而成为绝学。参阅：翟杰全. 墨家科学思想及其历史命运 [J]. 自然辩证法研究，1995（1）：51～57.

学校教育体系，但这一体系主要是为满足儒家经典教育而发展起来的，科学技术知识和方法既不是主要内容，也不受重视，这就造成了科学技术传播体系的高度脆弱性，^① 并导致许多重要的技术与技艺失传。

中国古代科学技术及其传播的境遇与中国传统文化及其制度也有密切关系。中国传统文化从整体上说是一种拥有浓厚人文主义倾向的文化类型，强调社会秩序、社会理想以及个人修养，相对比较忽视（甚至是轻视）自然知识和技术的利用。这一特点在长期居于统治地位的儒家学说身上体现得尤为鲜明。汉代实行了独尊儒学的文化政策，特别是隋唐形成科举制度之后，儒家学说和儒家经典就成了社会教育和文化传播的核心。这种情形实际上一直持续到 19 世纪末。中国传统文化及其制度对科学及其传播造成了许多复杂的影响。^②

2 近代以来的科技传播与普及

中国近代以来的科技传播与普及受到了西方科学技术传入中国的巨大影响。在中国近代引入西方学术和思想的西学东渐过程中，科学技术的传入与传播是一个相当关键性的组成部分，事实上也是中国引入西方学术和思想的"引子"。西学东渐始自明末清初。在当时，西方开始有传教士受耶稣会指派来到中国这片神秘土地播撒基督教义。在最初的受阻之后，传教士开始探索借科学来传教的方式，尝试通过介绍西方科学技术赢得中国士大夫的好感和皇帝对传教的允许。

传教士的这种策略的确取得了成效。1582 年来到中国的利玛窦就利用所掌握的科技知识博得了一些官员的信任，并获得了觐见皇帝的机会；1619 年来到中国的汤若望因精通天文历算曾在明代供职于钦天监，在清代还曾被封为"光禄大夫"。在明末清初的第一次西学东渐浪潮中，利玛窦、汤若望、邓玉函、南怀仁等一批传教士在传教的同时，翻译介绍了（包括与中国知识分子合作）大量西学著作，其中就包括《几何原本》、《崇祯历书》、《数理精蕴》、《远西奇器图说》等有关数理、天文、技术内容的著作。

明末清初的西学东渐主要是以西方传教士和中国部分知识分子译介西方科学著作为主，影响也主要局限于社会上层知识分子，译介的西学著作在部分士大夫中流传，满足的是他们对西学的好奇而已，并没有普及到社会和民间层面。西学

---

① 翟杰全．中国传统科学：一个为反传播因素所阻滞的脆弱的知识系统［J］．社会科学，1991（8）：69～72.

② 翟杰全．古代中国的文化选择及其对科技发展的影响［J］．自然辩证法研究，1998（2）：51～55；翟杰全．中国古代的文化选择与儒学的文化示范［J］．中州学刊，1999（4）：129～133.

东渐的这次高潮到清代雍正时期采取禁教政策而衰落。虽然这次西学译介活动影响有限，但让士大夫阶层认识到了来自西方的科学技术，引发了对西方科学技术的兴趣和学习，为后来西学大规模引入奠定了基础。

西学东渐的第二次高潮始于鸦片战争和国门洞开之后。经过两次鸦片战争后，清廷已经陷入内忧外患的境地，西方坚船利炮威胁以及"被动挨打"的刺激，使部分当权者开始寻找富国强兵之道，特别是其中的洋务派积极主张发展新型工业、增强国力，积极倡导学习西方科学技术、引进机器生产体制。在积极推行洋务"新政"的过程中，洋务派兴办新式学校，设立翻译机构，培养科学、军事、翻译人才，促进了译介西方科学技术的活动再次活跃起来。

正是在起始于晚清的第二次西学东渐高潮中，科学技术的传播与普及走上了制度化、体系化的道路，出现了中国历史上第一批致力于翻译和传播科学技术的官方或民间机构（如同文馆、江南制造局、墨海书馆等）、第一批致力于宣传科学技术的学术团体（如中国药学会等）、热心传播科学技术的批知识分子队伍、有广泛影响的大批科学书籍、介绍科学技术的报纸杂志（如《格致汇编》、《农学报》、《新学报》、《实学报》、《亚泉杂志》等），特别是兴办了一批传授科学技术内容的新式学堂。

在这次西学东渐浪潮中，科学技术的引进和传播不仅在规模和广度上大大超过了明末清初的第一次西学东渐，而且科学技术的传播普及范围扩展到产业、教育领域和社会、民间的层面。科技传播与普及在近代阶段实现了相对独立和重要转型，科学技术的传播和普及也受到了社会知识阶层的重视。事实上，这次西学东渐浪潮不仅让当时的知识阶层相对系统地学到了来自西方的科学技术，而且逐渐改变了许多人对西方的态度，促进了对西方思想学说的引进，并最终成为引发晚清时期的重要社会思想变革之一。

3 民国时期的科技传播与普及

如果说明末清初和晚清民初的西学东渐促进了中国科技传播与普及从传统到近代的转型，促进了中国近代科技传播与普及的孕育和发展，主要特点是以译介西方科技为主、靠科学翻译驱动，那么民国时期的科技传播与普及则是在中国科学技术体制化和本土化的背景下发展的，现代意义上的科学技术传播与普及逐渐产生，科技传播与普及体系初步建立，面向社会和公众的科学技术普及受到社会重视，并出现了影响广泛的"科学大众化"运动和"科学化运动"。

真正现代意义上的中国科学技术传播与普及应该说是从新文化运动开始的。新文化运动是爆发于 20 世纪初期（1915～1920 年）的一场倡导民主、反对专制，崇尚科学、反对愚昧，猛烈抨击封建思想的文化启蒙运动。尽管新文化运动存在着激进的民主主义倾向，并主要局限于知识分子的圈子里。但新文化运动高举民主和科学两面大旗，通过传播和普及新思想、新理论和新科学，极大地推动了中国社会的思想解放和科学的传播，产生了广泛而深远的社会影响。

新文化运动对中国近代科技传播与普及产生了巨大的推动作用，在社会上掀起了一场近代科学启蒙和科学普及的浪潮，使国内先后出现了许多以推进科学研究与普及为宗旨的科学社团，如 1915 年成立的中国科学社、1917 年成立的中华农学会、1922 年成立的中国天文学会、1927 年成立的中华自然科学社、1932 年成立的中国物理学会等。这些科学社团自成立之初就将科学普及列为自己的宗旨之一，例如中国物理学会的目标就是"一方面谋物理学本身的进步，一方面把已得的物理知识尽量的向大众普及"。[①]

科学团体和科学家在这一时期创办了一大批科普期刊，出版了许多科普书籍，发表了大量科普文章，也涌现了一批热心于科普的科学家、出版家和科普活动家。例如，被誉为人民教育家的陶行知就提出了"把科学下嫁给儿童"、"下嫁给大众"的口号，并且身体力行地邀请科学家一起组织科普活动，创办自然科学园，主编《儿童科学丛书》，向大众普及科学知识；被誉为中国近代科普开拓者的任鸿隽不仅参与创办了中国第一个科学团体"中国科学社"和中国第一本综合性科学杂志《科学》，而且一生都在积极宣传科学新知识。

"科学大众化"在这一时期成为一场轰轰烈烈的社会运动，出现了一大批影响巨大的科普期刊，例如中国科学社创办的《科学》、《科学画报》以及中国天文学会创办的《宇宙》等。同期，商务印书馆、开明书店等出版机构也出版了大量影响广泛的科普读物，其中王云五主编的《万有文库》堪称一部中国式的百科全书，总字数超过 1 亿字，内容涉及国学、自然科学、医学、体育、农学、商学、工学、史地，其中收录的科学图书多达 500 余种，在拓展民智、普及科学方面产生了重要影响。

如果说"科学大众化"主要是由科学家和知识分子发起和倡导的一场社会运动，"科学化运动"则可以说是 20 世纪中国历史上最早开展的面向全国范围、带有政府号召背景、旨在推进科学化民众和科学化社会的科学普及运动。1931 年"九一八"事变后，知识界发出了科学救国的呼声，一批科学家、教育家和部分政府高官于 1932 年发起"中国科学化运动"，成立"中国科学化运动协会"，创办《科学的中国》等刊物，利用报刊和广播宣传科学智识、科学方法、科学精神，在当时产生了广泛的社会影响。

---

① 科学技术普及概论编写组．科学技术普及概论［M］．北京：科学普及出版社，2002：10.

4 苏区和延安时期的科学普及

红色苏区和延安时期的科技传播与普及属于民国时期科技传播与普及的一部分，但却在 20 世纪中国科技传播与普及历史上占有重要地位。中国共产党及其领导的政府在这一时期逐渐形成的科学普及认识、科普工作模式对中国后来科技传播与普及的发展产生了极为重要的影响。事实上，中国共产党最初的领导者大都是新文化运动的中坚力量，在共产党后来创立的根据地和解放区，中国共产党及其领导的政府一直重视科学技术的传播和普及，开展了许多别具特色的科普工作。

例如，在 1931 年在江西瑞金建立的第一个红色革命政权——中华苏维埃共和国时期，中国共产党及其领导的政府紧密结合苏维埃社会建设、增加工农业产值、工农群众的文化教育，开展了许多灵活多样、丰富多彩的科普活动。例如，列宁小学、职业学校以及各种夜校、扫盲班开设有普及科学常识和实用技术的课程；文艺工作者创作了"科技进我家"、"破除迷信"等戏剧演出；中央出版局出版了百余种科普书籍；各大报刊开辟有科普专栏；中央农产品展览所也定期举行大规模农产品展览会等。[①]

在后来的陕甘宁边区、晋察冀边区，中国共产党把开展"自然科学大众化运动"当成一项重要的革命工作。当时，毛泽东同志在谈科普问题时就说："科学普及工作很重要，每个人都要懂得一点自然科学。干部首先要学，还要向边区群众普及科学知识，要帮助他们发展生产，讲究卫生，提高文化。"1940 年成立的延安自然科学研究会把开展"自然科学大众化运动"当成一项重要任务，研究会通过下设的医学、电学、化工等分会，开展了多种形式的科学技术普及工作。

在陕甘宁边区、晋察冀边区时期，把普及科学技术和满足群众需要紧密结合是科普工作的一个重要特点，《陕甘宁边区自然科学研究会宣言》就明确指出："开展自然科学大众化运动，进行自然科学教育，推广自然科学知识，使自然科学能广泛地深入群众，用一般自然科学基本知识教育群众，普及防毒、防灾、防疫、医药卫生等必需的科学常识。破除迷信，并反对复古盲从等一切反科学反进步的封建残余物，使民众的思想意识和风俗习惯都向着科学的、进步的道路上发展，从自然科学运动方面推进中华民族新文化运动的工作。"

当时，科普工作的另一个重要特点是把科学技术普及和发展边区经济紧密结合起来，科学工作和科普的任务是要解决边区经济建设中急需的科学和技术问题，发展边区的工农业生产。面对日本帝国主义和国民党在军事和经济上的包围

---

① 刘小毛. 中央苏区科普工作特点及其启示 [J]. 党史文苑（学术版），2008（24）：13～14.

和封锁，中共中央在延安发出了"用自然科学粉碎敌人经济封锁，打击敌人的文化政策"的战斗口号，开展了许多有成效的科学普及工作，解决了工农业生产中的许多技术问题，促进了边区经济发展，也为边区培养了大批技术工人和红色专家（如恽子强、李强、沈鸿等）。

科普工作在当时受到边区政府和各界的广泛重视，仅在1941年4月至1942年4月的一年中，边区政府就组织过30多次科普报告会；当时的延安出版有《科学季刊》等科普杂志，《解放日报》设有《科学园地》等副刊以及《自然界》、《知识问答》等栏目。边区科技工作者在帮助边区解决工农业生产问题的同时，也积极通过科普报告会、讲座、医疗队下乡，宣传和普及科学、生活和卫生知识。1941年，科技工作者利用日食现象举办了日食讲座；1942年，还召开过纪念伽利略逝世300周年和牛顿诞生300周年大会，举办了纪念讲座。

除结合边区生产发展和群众需要开展科学技术普及之外，科普工作在边区也被当成宣传和传播马克思主义自然观的重要手段。边区政府自1940年起就在广大干部中开展了自然发展史和社会发展史的普及教育，目的是使边区广大干部以及八路军战士"获得先进的宇宙观、社会观与人生观，获得自然和社会发展规律的知识与民族解放、社会解放的知识。"于光远、徐特立、温济泽等专家就曾担负向边区广大干部讲授《自然与自然发展史》课程以及"自然科学概论"、"最新自然科学简介"巡讲任务。[1]

新中国成立后的科普工作继承了苏区和边区时期形成的许多科普工作传统。新中国成立后，当时分管科教文卫的副总理、中国科学院院长郭沫若在《科学的普及与提高》的文章中就曾阐述科学普及的任务与功能：人民的中国正集中大部分力量来促进生产，科学家们以前不能和生产实际配合，不能和人民生活联系，而今天不能不配合、不能不联系；普及科学知识也就是提高人民的文化水平，通过不断地迈步前进，让所有的工农生产者都成为优秀的科学技术家，所有进步的科学技术都浸润到一切的生产部门。[2]

5 中华人民共和国科普工作的发展[3]

中华人民共和国的成立为科普事业的发展开辟了新天地，使科普工作走上了

---

① 申振钰. 中国科普历史考察（连载）[N]. 大众科技报，2003-02-18～2003-03-18.

② 原文参见：申振钰. 中国科普历史考察（连载）[N]. 大众科技报，2003-03-20.

③ 关于中华人民共和国成立以来科普发展情况更系统的一个研究，请参阅：朱效民. 建国以来我国科普发展的历史回顾 [A] //刘华杰. 科学传播读本 [C]. 上海：上海交通大学出版社，2007：45～58. 本节部分数据即引自该文。

建制化的发展阶段。在 20 世纪 60 年代中期之前的十几年中，中国的科普工作获得了全面快速的发展，形成了五四运动时期以后另一个重要的繁荣发展期，科普工作被纳入了国家建设纲领，得到政府和各界的高度重视，成立了全国性的科普协会和科普工作领导机构，完善了科学普及工作的管理体制，建立了政府和地方的科普组织机构，培养了大批科普工作者，为科普工作开展创造了良好的条件。

早在中华人民共和国成立前夕召开的中国人民政治协商会议上，根据科学家们的建议，"努力发展自然科学，以服务于工业、农业和国防建设，奖励科学的发现和发明，普及科学知识"被写进具有临时宪法作用的《中国人民政治协商会议共同纲领》（以下简称《共同纲领》）。到 1954 年中华人民共和国第一届全国人民代表大会第一次会议通过第一部《中华人民共和国宪法》时，"国家发展自然科学和社会科学事业，普及科学和技术知识，奖励科学研究成果和技术发明创造"被明确写进了宪法（总纲第 20 条）。

根据《共同纲领》的要求，中央人民政府一成立就在文化部设立了科学普及局，领导和管理全国的科学普及工作。1950 年 8 月，在中华全国自然科学工作者代表会议上，成立了中华全国自然科学专门学会联合会（简称"全国科联"）和中华全国科学技术普及协会（简称"全国科普协会"）两大团体。全国科普协会"以普及自然科学知识，提高人民科学技术水平为宗旨"，面向人民群众开展广泛的科学普及活动，并承担了原来文化部科学普及局推动和组织科学普及工作的职能。[①]

由于党和政府的重视和全国科普协会的推动，科普工作在这一时期呈现出快速全面的发展局面，全国先后有 27 个省、直辖市、自治区成立了科普协会，县级科普协会也达到 2000 多个，初步形成了一个庞大的科学普及网络，涌现出一大批科普积极分子。据有关资料统计，1950 年 8 月～1958 年 9 月，全国科普协会在全国范围内共开展科普讲演 7200 万次，举办了大小科普展览 17 万次，放映电影、幻灯 13 万次，参加人数超过 10 亿人次，出版的《科学大众》、《科学画报》、《知识就是力量》、《学科学》等科普期刊也在全国受到欢迎。

1956 年 10 月，全国第一次职工科普工作积极分子代表大会召开，表彰了1000 多名开展科普工作的积极分子和学习科学技术的知识分子，提高了全社会对科普工作的认识，对动员科技界积极参加科普工作产生了深远影响。此次大会被认为是中华人民共和国成立以后第一次科普高潮到来的重要标志。在 20 世纪

---

① 有关这一时期科普工作的详细资料，可参阅：尹传红. 从科学普及局到中国科学技术协会（连载）[N]. 大众科技报，2010 - 03 - 02～2010 - 04 - 20.

五六十年代的中国，广大人民群众也掀起学科学的热潮，《十万个为什么》丛书由上海少年儿童出版社出版，全套 8 册，收入科学文章 1000 余篇，到 1964 年就印了 580 万套，成为当时最畅销的科普读物。

1958 年 9 月，全国科联和全国科普协会联合召开全国代表大会，合并成为中华人民共和国科学技术协会（简称"中国科协"）。作为科学技术工作者的群众组织，中国科协由全国性的学会、协会、研究会和地方科协组成，宗旨是团结和动员科学技术工作者，促进科学技术的繁荣和发展，促进科学技术的普及和推广。1962 年春，周恩来总理参加在广州召开的全国科学技术工作会议时曾明确要求中国科协的任务是一手抓学术活动、一手抓科学普及。

就当时科学普及的重要工作任务而言，中国科协在成立之初就明确了围绕解决生产中的关键性科学技术问题，总结、交流并推广生产中具有普遍意义的重大发明创造和先进经验的工作任务，并根据确定下来的工作任务和国家的要求，开展了一系列服务生产建设的科学普及推广活动，成为当时我国科普事业的重要组织者和领导者。当时的中国科协及各级科协特别重视围绕群众性试验研究活动、先进技术总结推广、科学技术知识宣传普及、专业技术人才培训等内容开展形式多样的科学普及活动。

例如，在 1961 年 4 月召开的全国工作会议上，中国科协就特别要求针对农、林、牧、副、渔生产需要，广泛组织开展群众性农村科学实验运动经验总结和试验研究、培训和技术上门等科普活动。在中国科协的号召和不断推动下，以及受 1963 年召开的全国农业科学技术工作会议的鼓舞，全国各地农村普遍掀起了建立群众科学实验小组的热潮，到 1965 年的时候，农村科学实验小组达到 100 多万个，成员达到 700 万人，有力地推动了当时的农村科普工作。

在"文化大革命"之前的十几年间，我国的科普工作在各个层面上都呈现出一片繁荣的景象，围绕党和政府的中心任务，广泛开展了爱国卫生知识、农业生产知识、破除迷信等宣传普及活动；配合国家提出的逐步实现社会主义工业化的目标，广泛开展了以广大干部为对象的工业化科学知识讲座，以产业工人为对象的工业技术知识讲座；配合农业合作化运动和农业科技的推广应用，编印了大量农业科普读物，开展了群众性科学实验活动；配合国家"12 年科学发展规划"，举办了自动化、计算机、半导体等大量新兴科技知识讲座；等等。

6 新时期科技传播与普及的繁荣

五四运动以来我国科技传播与普及第二次繁荣发展期随着"文化大革命"的开始而结束。"文化大革命"期间，科普工作遭受破坏，中国科协被停止活动。

直到"文化大革命"结束，中国科协组织工作和全国科普工作才得到恢复。1978年3月18日，全国科学大会在北京召开，邓小平同志在开幕式上作了重要讲话，提出并阐述了"科学技术是生产力"的论断，强调要大力发展科学研究事业和科学教育事业。这次大会不仅标志着我国科学春天的到来，也给全国科普工作带来了春风，揭开了新时期科普工作繁荣发展的序幕。

1978年12月18日，中国共产党召开了具有重大历史意义的十一届三中全会，确立了改革开放的重大决策，从此我国进入了改革开放的历史新时期。改革开放不仅为我国各项事业的发展提供了活力，也极大地推动了我国科学技术教育、传播和普及事业的快速发展。特别是根据新科技革命迅猛发展以及我国现代化建设的实际需要，我国确立了大力发展和运用科学技术的基本国策，科学普及工作重又得到党和政府的高度重视，科普工作由此进入另一个新的繁荣发展时期。

例如，1979～1988年，全国出版了2万多种科普图书，科普杂志也由"文化大革命"前的百十来种猛增到247种。在20世纪80年代初期，面向农村的"科技报"更是异军突起，不仅全国各省、自治区、直辖市都有了"科技报"，而且发行量巨大，许多省、市的科技报发行量超过百余万份，其中《湖南科技报》发行曾经达到180万份，《山东科技报》达到200万份。这些报纸对改革开放后实行家庭联产承包责任制的农业发展，对传播农业科学技术新成果，普及先进适用技术，培养农民技术骨干，推动农村技术进步，发挥了巨大的推进作用。[①]

20世纪90年代之后的科普工作逐步被提升到国家战略的高度，科普政策法规体系也逐步建立起来，科普事业迈入全面发展的新阶段。1994年12月，中共中央、国务院发布了中华人民共和国成立以来第一个科普工作的纲领性文件——《关于加强科学技术普及工作的若干意见》，明确了科普工作的任务要求，提出了推动科普工作的具体措施。根据该文件的要求，国务院于1996年4月成立了以国家科委为组长单位的国家科普工作联席会议制度，由国家科普工作联席会议负责统筹管理和组织协调全国的科普工作。

随后，国家和政府有关部门先后出台了《关于加强科普宣传工作的通知》、《关于进一步组织好科技下乡活动的通知》等一系列重要的政策文件，组织开展了"科技下乡"等重要的科普活动，全国许多省、自治区、直辖市自20世纪90年代中期之后也先后制定和颁布了地方性的科普条例。2002年，全国人民代表大会通过并颁布了《科普法》，首次以法律的形式对科学技术普及工作的任务、属性、各类机构组织和公民的权力与义务等内容作出了明确规定。

2005年底，国务院颁布实施《国家中长期科学和技术发展规划纲要

---

① 申振钰. 新中国迎来第二次科普高潮［N］. 大众科技报，2003－06－12.

（2006—2020 年）》，提出了实施全民科学素质行动计划。随后，国务院于 2006 年初颁布了《全民科学素质行动计划纲要（2006—2010—2020 年）》，并成立了全民科学素质工作领导小组。《全民科学素质纲要》是我国科普政策历史上又一个具有里程碑意义的重要文件，对全民科学素质建设工作做出了全面规划，提出了全民科学素质行动计划的方针、目标、主要行动、基础工程、保障条件和组织实施，使公民科学素质建设工作自此成为一项国家行动。①

正是在这一系列重要政策和措施的推进之下，我国在近十几年中逐步形成了独具特色的科学普及工作体系，建立了一个包括全国、地方、基层在内，覆盖农村、城市、学校、企业等各方面，规模庞大的组织网络体系和普及工作队伍，在科学普及工作的各个层面（例如农村科普、城镇科普、西部科普、青少年科普、科普设施建设等）都取得了快速发展。经常性的科普活动丰富多彩，全国性的大型科普活动和科普项目（例如科技活动周、全国科普日、科技下乡、科技示范县建设等）不断向纵深发展。

特别是近些年来，在全面实施《全民科学素质纲要》的推动之下，我国科技传播与普及事业全面发展，政府部门和各地方围绕青少年、农村农民、城镇居民、领导干部和公务员科学素质提升以及科学教育与培训、科普资源开发与共享、传媒科技传播能力、科普基础设施等重点任务，组织开展了许多有针对性的科学普及工作，强化了科普基础设施建设，促进了科普资源的开发，推进了科学教育改革，开展了针对各类重点人群的科技培训，使我国科普服务能力整体上得到明显提高。

我国近些年来的科普工作充分结合节约能源资源、保护生态环境、保障安全健康、促进创新创造等时代发展要求和人民群众需要，积极向广大人民群众传播普及科学知识、科学方法、科学思想、科学精神，促进了广大人民群众科学素质的提高。中国科协组织的我国公民科学素质调查显示，我国公民科学素质水平近几年来有了明显提升。2010 年，我国公民具备基本科学素质的比例达到了 3.27%，比 2005 年提高了 1.67 个百分点，基本上达到了国际主要发达国家和地区 20 世纪 80 年代末、90 年代初的水平。

---

① 任福君. 新中国科普政策的简要回顾 [N]. 大众科技报，2008 - 12 - 16.

中共中央、国务院关于加强科学技术普及
工作的若干意见

(1994 年 12 月 5 日)

　　科学技术普及工作是普及科学知识、提高全民素质的关键措施，是社会主义物质文明和精神文明建设的重要内容，也是培养一代新人的必要措施。

　　为适应国际、国内形势对科普工作的新要求，进一步加强和改善我国的科学技术普及工作，特提出以下意见。

　　1. 科学技术是第一生产力，是推动经济、社会发展的第一位变革力量。世界范围内新技术革命的日新月异，促使全球经济、社会的发展乃至人们生活方式不断发生重大变革。科技竞争、特别是人才竞争，已经成为世界各国竞争的焦点。许多国家都把提高国民的科学文化素质看成是 21 世纪竞争成功的关键。为适应世界潮流，迎接下一世纪的挑战，普及科学文化教育，将人们导入科学的生产、生活方式，是把经济建设转移到依靠科技进步和提高劳动者素质轨道、实现我国经济发展战略目标的关键环节。依靠科技进步和知识传播，促进社会主义物质文明和精神文明建设，维护社会稳定，是当前我国的重要任务，也是今后我国经济发展、科技进步和社会稳定的重要保证。

　　2. 建国 45 年来，在广大科技、教育、文化工作者，特别是在科普工作者的辛勤努力下，我国的科普工作取得了令人瞩目的成就，科普事业有了长足的发展，科普组织网络日益健全。全国许多省（直辖市）每年都举办一些大型科普宣传活动，国家和有关部门组织实施的科技、教育计划及有关活动也在增强全民科技意识、普及科技知识方面起到了重要的推动作用。特别是结合技术推广和技术培训，农村技术普及工作取得了显著的成效。由于各部门通力合作和全社会共同参与，一个群众性、社会性的科普工作局面已经初步形成。

　　虽然科普事业已经有了相当的基础，但与我国经济、社会发展的需求相比仍有较大的差距。特别是近些年来，由于有些地方对科普工作的重视程度有所下降，致使科普工作面临重重困难，科普阵地日渐萎缩。与此同时，一些迷信、愚

昧活动却日渐泛滥，反科学、伪科学活动频频发生，令人触目惊心。这些与现代文明相悖的现象，日益侵蚀人们的思想，愚弄广大群众，腐蚀青少年一代，严重阻碍着社会主义物质文明和精神文明建设。因此，采取有力措施，大力加强科普工作，已成为一项迫在眉睫的工作。

3. 科学技术的普及程度，是国民科学文化素质的重要标志，事关经济振兴、科技进步和社会发展的全局。因此，必须从社会主义现代化事业的兴旺和民族强盛的战略高度来重视和开展科普工作。贫穷不是社会主义，愚昧更不是社会主义。加强科普工作，提高全民族的科学、文化素质，就是从根本上动摇和拆除封建迷信赖以存在的社会基础。在提高全国人民物质生活水平的同时，要努力提高精神生活的水准，使科普工作真正成为"两个文明"建设的重要内容，成为实现经济建设转移到依靠科技进步和提高劳动者素质轨道的重要途径，成为实现决策科学化的有力保障，成为培养一代新人的重要措施。提高全民科学文化素质，引导广大干部和人民群众掌握科学知识、应用科学方法、学会科学思维，战胜迷信、愚昧和贫穷，为我国社会主义现代化事业奠定坚实基础，是当前和今后一个时期科普工作的重要任务。

4. 要把提高全民科技素质，保障国民经济持续、快速、健康发展，促进"两个文明"建设作为科普工作的中心任务。在提高和统一全党、全社会对科普工作认识的基础上，改善和加强各级党委、政府对科普工作的领导，把它作为一项长期的战略任务常抓不懈，使之成为社会主义精神文明建设和科技工作的重要组成部分。要适应社会主义市场经济发展的要求，充分利用现有的科普队伍和设施，根据经济和社会发展的需要有成效地组织开展科普工作；要通过深化改革，逐步建立、健全科普工作的政策法律体系和支撑服务体系；要动员全社会力量，多形式、多层次、多渠道地开展科普工作，传播科技知识、科学方法和科学思想，使科普工作群众化、社会化、经常化。

5. 要进一步加强和改善党和政府对科普工作的领导。科普工作是国家基础建设和基础教育的重要组成部分，是一项意义深远的宏大社会工程。各级党委和政府要把科普工作提到议事日程，通过政策引导、加强管理和增加投入等多种措施，切实加强和改善对科普工作的领导。全国的科普工作，由国家科委牵头负责，制订计划，部署工作，督促检查，实行政策引导。为适应新形势下科普工作面临的新任务，将建立由国家科委牵头、各有关部门参加的联席会议制度，统筹协调和组织全国的科普工作。中国科协以及其他各群众团体、学术组织都要继续发挥主动性，大力开展日常性、群众性的科普活动。

国家将进一步组织制订科普工作的总体规划，将其纳入国家"九五"计划，并逐级纳入各部门和地方的经济、科技和社会发展的规划。有关部门和地方政府要按照总体目标和要求确定科普工作的规划和计划，以利监督执行。要特别注意科普工作同其他经济、科技、教育和社会发展计划的衔接，更好地发挥这些计划在提高国民素质和综合国力方面的重要作用。

6. 科普活动涉及全社会，有必要对政府、团体、公众对普及科学技术知识的行为、权利和义务进行法律规范。国家将根据《中华人民共和国宪法》和《中华人民共和国科学技术进步法》关于"普及科学技术"的总要求，制定专项法规或实施细则，加快科普工作立法的步伐，使科普工作尽快走上法制化、制度化的轨道。

各地可以通过开展"科技（科普）周"等形式，规范本地区的科普活动，促进科普工作的群众化和社会化。

7. 根据我国经济、社会发展的具体情况，当前科普工作的重点应放在以下几个方面。

从科普工作的内容上讲，要从科学知识、科学方法和科学思想的教育普及三个方面推进科普工作。在继续做好科学知识和适用技术普及宣传的同时，要特别重视科学思想的教育和科学方法的传播，培养公众用科学的思想观察问题，用科学的方法处理问题的能力。

从科普工作的对象上讲，要把重点继续放在青少年、农村干部群众和各级领导干部身上。要努力发挥教育在科普工作中的主渠道作用，结合中小学教育改革，多形式、多渠道地为青少年提供科普活动阵地，培养他们的思维能力、动手能力和创造能力，帮助他们树立正确的科学观、人生观和世界观。要继续面向亿万农民，特别是贫困地区、少数民族地区的农民，传播和普及先进适用技术，因地制宜、扎实有效地开展农村科普工作。要增强领导干部的科技意识和对科学技术的理解能力，帮助他们不断扩大知识面，了解科技发展动态，认识科学技术对国家政治、经济和社会的广泛而深刻的影响，推进决策的科学化和民主化进程。

要始终高举科学旗帜，引导教育人民，净化社会环境，用科学战胜封建迷信和愚昧落后，提高全社会的科技意识，搞好社会主义物质文明和精神文明建设。

8. 以改革促发展，努力开创科普工作的新局面。作为整个科技工作的一个重要组成部分，科普工作也要深入贯彻"稳住一头，放开一片"的科技体制改革的方针，结合社会公益事业的特点，逐步形成开放、竞争、流动的新机制，适应科普工作社会化、现代化的要求。"稳住一头"指的是采取积极、有效的措施，稳定和建设一支精干的专业科普工作队伍。要进一步创造环境和气氛，使专业科普工作者和其他科技工作者从事科普工作的劳动成果得到应有的承认；同时要在工作、生活、进修、奖励、职称等方面给予适当的倾斜，以稳定队伍，繁荣创作。对在科普工作中作出突出贡献的科普工作者，国家将给予表彰和奖励。"放开一片"主要是放开放活一大批基层科普组织和机构，引导它们面向社会、面向市场，按市场经济规律运行，开展多种形式的有偿服务。特别是对于从事先进适用技术推广和信息服务的机构和人员，要鼓励他们按照"自愿组合，自筹资金，自负盈亏，自我发展"的原则，走自我发展的道路。要把科普组织体系的建设同社会化服务体系的建设结合起来，鼓励、支持各种形式的民营科技服务组织的发展。

9. 随着经济、社会的不断发展和财政收入的不断增加，国家将逐步增加对科普工作的投入，并给予长期、持续、稳定的支持。各级政府也要采取切实可行的措施，保证对科普工作的经费投入。

要进一步改革资金使用方式，统一思想，加强集成，集中有限资源办大事，提高资金使用效益。各级政府都要对科普设施建设予以优先重视，并根据经济、社会发展的需要和可能，将其纳入有关规划和计划。各地应把科普设施、特别是场馆建设纳入各地的市政、文化建设规划，作为建设现代文明城市的主要标志之一。当前，主要是把现有场馆设施改造和利用好，充分发挥其效益。各省、自治区、直辖市、特别是经济较发达地区，应该尽可能地创造条件，对现有的科普设施进行改造，使之逐步完善。

10. 国家鼓励全社会兴办科普公益事业，并将制定有关公益事业的法规和政策。在严格界定的基础上，明确公益事业产权，使公益事业法人化，鼓励企业、社会团体和其他事业单位捐助科普事业，兴办为社会服务的科普公益设施。各有关部门要积极配合，广泛吸收海外资金支持和兴办这类公益性机构。

11. 要充分利用大众传播媒介，开展多种形式的科普宣传。要从提高全民素质和培育下一代的高度认识科普宣传的重要性，重视传媒的科学教育功能，把科普宣传作为整个宣传工作的重要内容。要在报刊、图书、广播、电视和电影等大众传播媒介中加大科普宣传的力度和数量，通过政策发动、舆论引导，造成声势，逐步形成"学科学、爱科学、讲科学、用科学"的社会风尚。要鼓励和提倡新闻工作者学习科技知识，加强对科普宣传的鼓励和支持。对科普报刊图书、科普影视声像作品的创作与发行，应给予扶植，充分发挥这些现代化传播手段的作用。各类公益广告要增加科普宣传的含量，宣传科学、正确的生活方式和工作方式，创造有利于科普工作的全方位的舆论环境。

各级文化、宣传部门要进一步加强对新闻出版等大众传媒中科技内容的管理，创造科学、文明的社会氛围。要明令禁止有关涉及封建迷信或尚无科学定论、有违科学原则和精神的猎奇报道以及不良生活方式的宣传。对某些不易划清界限或暂时不能定论的内容或活动，应严格加以控制。对确实造成不良影响的机构和个人，应予以相应处罚；对个别触犯刑律的，要予以制裁。

12. 要充分认识破除反科学、伪科学的长期性、复杂性和艰巨性，把这项工作始终不懈地坚持下去。对利用封建迷信搞违法犯罪活动的要坚决依法打击，对反动会道门组织要坚决依法取缔，对参与封建迷信活动的人要进行批评教育。各级领导干部要以身作则，自觉加强对现代科学文化知识、科学方法和科学思想的学习，自觉反对和抵制各种反科学思潮的冲击和影响，不准参与、鼓励各种封建迷信和伪科学活动。禁止党政干部参神拜庙、求卦占卜、大办丧事，为树立良好的社会风气起模范带头作用。

要通过行政和法律手段，清理和整顿现有的神怪洞府，取缔求神问卜等封建迷信活动。要在认真贯彻党的宗教、民族政策的基础上，加强对人文景观、旅游设施建设的管理，提高导游人员的素质，充分发挥其科普教育功能。

13. 要充分利用现有资源，调动社会各方面的力量，广泛、深入地开展科普工作，使之逐步走上群众化、社会化、经常化的轨道。在继续发挥各级科普专业队伍主力军作用的同时，要鼓励和支持全社会共同参与，齐抓共管。教育、宣传、文化、旅游、共青团、工会、妇联等有关部门要积极发挥作用，充分利用现有的渠道和阵地，开展多种形式的科普教育和宣传活动。各科技机构、大专院校和科技工作者要积极投身于科普事业，通过举办公开讲座、开放实验室、参观等多种方式进行科普宣传，积极发挥宣传、教育职能。要鼓励从事科技工作的专家、学者，特别是院士、老科学家走向社会，到青少年中去，带头宣讲科技知识。

科学技术普及工作是关系到我国 21 世纪发展的根本性、战略性的工作，全党、全社会都要高度重视，认真抓好。各有关部门要研究制定加强和改善科普工作的实施方案，并认真督促执行。各级党委和政府要根据各地的实际情况和经济、社会发展条件，研究制定贯彻本文件的具体实施办法，并尽快落实。

附录三

中华人民共和国科学技术普及法

（2002 年 6 月 29 日第九届全国人民代表大会常务委员会
第二十八次会议通过）

第一章　总则

第一条　为了实施科教兴国战略和可持续发展战略，加强科学技术普及工作，提高公民的科学文化素质，推动经济发展和社会进步，根据宪法和有关法律，制定本法。

第二条　本法适用于国家和社会普及科学技术知识、倡导科学方法、传播科学思想、弘扬科学精神的活动。

开展科学技术普及（以下称科普），应当采取公众易于理解、接受、参与的方式。

第三条　国家机关、武装力量、社会团体、企业事业单位、农村基层组织及其他组织应当开展科普工作。

公民有参与科普活动的权利。

第四条　科普是公益事业，是社会主义物质文明和精神文明建设的重要内容。发展科普事业是国家的长期任务。

国家扶持少数民族地区、边远贫困地区的科普工作。

第五条　国家保护科普组织和科普工作者的合法权益，鼓励科普组织和科普工作者自主开展科普活动，依法兴办科普事业。

第六条　国家支持社会力量兴办科普事业。社会力量兴办科普事业可以按照市场机制运行。

第七条　科普工作应当坚持群众性、社会性和经常性，结合实际，因地制宜，采取多种形式。

第八条　科普工作应当坚持科学精神，反对和抵制伪科学。任何单位和个人不得以科普为名从事有损社会公共利益的活动。

第九条　国家支持和促进科普工作对外合作与交流。

第二章 组织管理

第十条 各级人民政府领导科普工作，应将科普工作纳入国民经济和社会发展计划，为开展科普工作创造良好的环境和条件。

县级以上人民政府应当建立科普工作协调制度。

第十一条 国务院科学技术行政部门负责制定全国科普工作规划，实行政策引导，进行督促检查，推动科普工作发展。

国务院其他行政部门按照各自的职责范围，负责有关的科普工作。

县级以上地方人民政府科学技术行政部门及其他行政部门在同级人民政府领导下按照各自的职责范围，负责本地区有关的科普工作。

第十二条 科学技术协会是科普工作的主要社会力量。科学技术协会组织开展群众性、社会性、经常性的科普活动，支持有关社会组织和企业事业单位开展科普活动，协助政府制定科普工作规划，为政府科普工作决策提供建议。

第三章 社会责任

第十三条 科普是全社会的共同任务。社会各界都应当组织参加各类科普活动。

第十四条 各类学校及其他教育机构，应当把科普作为素质教育的重要内容，组织学生开展多种形式的科普活动。

科技馆（站）、科技活动中心和其他科普教育基地，应当组织开展青少年校外科普教育活动。

第十五条 科学研究和技术开发机构、高等院校、自然科学和社会科学类社会团体，应当组织和支持科学技术工作者和教师开展科普活动，鼓励其结合本职工作进行科普宣传；有条件的，应当向公众开放实验室、陈列室和其他场地、设施，举办讲座和提供咨询。

科学技术工作者和教师应当发挥自身优势和专长，积极参与和支持科普活动。

第十六条 新闻出版、广播影视、文化等机构和团体应当发挥各自优势做好科普宣传工作。

综合类报纸、期刊应当开设科普专栏、专版；广播电台、电视台应当开设科普栏目或者转播科普节目；影视生产、发行和放映机构应当加强科普影视作品的制作、发行和放映；书刊出版、发行机构应当扶持科普书刊的出版、发行；综合性互联网站应当开设科普网页；科技馆（站）、图书馆、博物馆、文化馆等文化场所应当发挥科普教育的作用。

第十七条 医疗卫生、计划生育、环境保护、国土资源、体育、气象、地震、文物、旅游等国家机关、事业单位，应当结合各自的工作开展科普活动。

第十八条 工会、共产主义青年团、妇女联合会等社会团体应当结合各自工作对象的特点组织开展科普活动。

第十九条 企业应当结合技术创新和职工技能培训开展科普活动，有条件的可以设立向公众开放的科普场馆和设施。

第二十条 国家加强农村的科普工作。农村基层组织应当根据当地经济与社会发展的需要，围绕科学生产、文明生活，发挥乡镇科普组织、农村学校的作用，开展科普工作。

各类农村经济组织、农业技术推广机构和农村专业技术协会，应当结合推广先进适用技术向农民普及科学技术知识。

第二十一条 城镇基层组织及社区应当利用所在地的科技、教育、文化、卫生、旅游等资源，结合居民的生活、学习、健康娱乐等需要开展科普活动。

第二十二条 公园、商场、机场、车站、码头等各类公共场所的经营管理单位，应当在所辖范围内加强科普宣传。

第四章 保障措施

第二十三条 各级人民政府应当将科普经费列入同级财政预算，逐步提高科普投入水平，保障科普工作顺利开展。

各级人民政府有关部门应当安排一定的经费用于科普工作。

第二十四条 省、自治区、直辖市人民政府和其他有条件的地方人民政府，应当将科普场馆、设施建设纳入城乡建设规划和基本建设计划；对现有科普场馆、设施应当加强利用、维修和改造。

以政府财政投资建设的科普场馆，应当配备必要的专职人员，常年向公众开放，对青少年实行优惠，并不得擅自改作他用；经费困难的，同级财政应当予以补贴，使其正常运行。

尚无条件建立科普场馆的地方，可以利用现有的科技、教育、文化等设施开展科普活动，并设立科普画廊、橱窗等。

第二十五条 国家支持科普工作，依法对科普事业实行税收优惠。

科普组织开展科普活动、兴办科普事业，可以依法获得资助和捐赠。

第二十六条 国家鼓励境内外的社会组织和个人设立科普基金，用于资助科普事业。

第二十七条 国家鼓励境内外的社会组织和个人捐赠财产资助科普事业；对捐赠财产用于科普事业或者投资建设科普场馆、设施的，依法给予优惠。

第二十八条 科普经费和社会组织、个人资助科普事业的财产，必须用于科普事业，任何单位或者个人不得克扣、截留、挪用。

第二十九条 各级人民政府、科学技术协会和有关单位都应当支持科普工作者开展科普工作，对在科普工作中做出重要贡献的组织和个人，予以表彰和奖励。

第五章 法律责任

第三十条 以科普为名进行有损社会公共利益的活动，扰乱社会秩序或者骗取财物，由有关主管部门给予批评教育，并予以制止；违反治安管理规定的，由公安机关依法给予治安管理处罚；构成犯罪的，依法追究刑事责任。

第三十一条 违反本法规定，克扣、截留、挪用科普财政经费或者贪污、挪用捐赠款物的，由有关主管部门责令限期归还；对负有责任的主管人员和其他直接责任人员依法给予行政处分；构成犯罪的，依法追究刑事责任。

第三十二条 擅自将政府财政投资建设的科普场馆改为他用的，由有关主管部门责令限期改正；情节严重的，对负有责任的主管人员和其他直接责任人员依法给予行政处分。

扰乱科普场馆秩序或者毁损科普场馆、设施的，依法责令其停止侵害、恢复原状或者赔偿损失；构成犯罪的，依法追究刑事责任。

第三十三条 国家工作人员在科普工作中滥用职权、玩忽职守、徇私舞弊的，依法给予行政处分；构成犯罪的，依法追究刑事责任。

第六章 附则

第三十四条 本法自公布之日起施行。

全民科学素质行动计划纲要(2006 —2010 —2020 年)

（2006 年 3 月 20 日公布）

根据党的十六大和十六届三中、四中、五中全会精神，依照《中华人民共和国科学技术普及法》和《国家中长期科学和技术发展规划纲要 （2006—2020 年)》（国发 ［2005］ 44 号），制定并实施《全民科学素质行动计划纲要 （2006—2010—2020 年)》（以下简称《科学素质纲要》）。

一、前言

科学素质是公民素质的重要组成部分。公民具备基本科学素质一般指了解必要的科学技术知识，掌握基本的科学方法，树立科学思想，崇尚科学精神，并具有一定的应用它们处理实际问题、参与公共事务的能力。提高公民科学素质，对于增强公民获取和运用科技知识的能力、改善生活质量、实现全面发展，对于提高国家自主创新能力、建设创新型国家、实现经济社会全面协调可持续发展、构建社会主义和谐社会，都具有十分重要的意义。

根据有关调查，我国公民科学素质水平与发达国家相比差距甚大。公民科学素质的城乡差距十分明显，劳动适龄人口科学素质不高；大多数公民对基本科学知识了解程度较低，在科学精神、科学思想和科学方法等方面更为欠缺，一些不科学的观念和行为普遍存在，愚昧迷信在某些地区较为盛行。公民科学素质水平低下，已成为制约我国经济发展和社会进步的瓶颈之一。

公民科学素质建设是坚持走中国特色的自主创新道路，建设创新型国家的一项基础性社会工程，是政府引导实施、全民广泛参与的社会行动。改革开放以来，特别是实施科教兴国战略以来，我国公民科学素质建设有了较大的发展，但仍存在许多问题。人均接受正规教育年限低于世界平均水平；因长期受应试教育影响，学生科学素质结构存在明显缺陷；社会教育、成人教育的发展尚不全面和深入，公民缺少接受终身教育的机会。科普长效运行机制尚未形成；科普设施、队伍、经费等资源不足；大众传媒科技传播力度不够、质量不高。公民科学素质建设的公共服务未能有效满足社会需求，公民提升自身科学素质的主动性尚未充分调动。

全民科学素质行动计划旨在全面推动我国公民科学素质建设，通过发展科学技术教育、传播与普及，尽快使全民科学素质在整体上有大幅度的提高，实现到本世纪中叶我国成年公民具备基本科学素质的长远目标。本《科学素质纲要》提出了全民科学素质行动计划在"十一五"期间的主要目标、任务与措施和到2020年的阶段性目标。

二、方针和目标

指导方针：

以邓小平理论和"三个代表"重要思想为指导，坚持科学发展观，发挥政府主导作用，充分调动全社会力量共同参与，大力加强公民科学素质建设，促进经济社会和人的全面发展，为提升自主创新能力和综合国力、全面建设小康社会和实现现代化建设第三步战略目标打下雄厚的人力资源基础。

今后15年，实施全民科学素质行动计划的方针是"政府推动，全民参与，提升素质，促进和谐"。

政府推动——各级政府将公民科学素质建设作为全面建设小康社会的重要工作，加强领导。各级政府将《科学素质纲要》纳入有关规划计划，制定政策法规，加大公共投入，推动《科学素质纲要》的实施。社会各界各负其责，加强协作。

全民参与——公民是科学素质建设的参与主体和受益者，要充分调动全体公民参与实施《科学素质纲要》的积极性和主动性，在全社会形成崇尚科学、鼓励创新、尊重知识、尊重人才的良好风尚。

提升素质——提高公民科学素质是《科学素质纲要》的出发点和落脚点。通过实施《科学素质纲要》，推动形成全民学习、终身学习的学习型社会，促进人的全面发展。

促进和谐——认真落实科学发展观，以人为本，实现科学技术教育、传播与普及等公共服务的公平普惠，促进社会主义物质文明、政治文明、精神文明建设与和谐社会建设全面发展。

目标：

到2020年，科学技术教育、传播与普及有长足发展，形成比较完善的公民科学素质建设的组织实施、基础设施、条件保障、监测评估等体系，公民科学素质在整体上有大幅度的提高，达到世界主要发达国家21世纪初的水平。

到2010年，科学技术教育、传播与普及有较大发展，公民科学素质明显提高，达到世界主要发达国家 20 世纪 80 年代末的水平。围绕公民科学素质建设最关键、最具基础性的问题，实现以下目标：

——促进科学发展观在全社会的树立和落实。重点宣传普及节约资源、保护生态、改善环境、安全生产、应急避险、健康生活、合理消费、循环经济等观念和知识，倡导建立资源节约型、环境友好型社会，形成科学、文明、健康的生活方式和工作方式。

——以重点人群科学素质行动带动全民科学素质的整体提高。未成年人对科学的兴趣明显提高，创新意识和实践能力有较大增强；农民和城镇劳动人口的科学素质有显著提高，城乡居民科学素质水平差距逐步缩小；领导干部和公务员的科学素质在各类职业人群中位居前列。

——科学教育与培训、科普资源开发与共享、大众传媒科技传播能力、科普基础设施等公民科学素质建设的基础得到加强，公民提高自身科学素质的机会与途径明显增多。

三、主要行动

根据指导方针和目标，在"十一五"期间实施以下主要行动：

（一）未成年人科学素质行动。

任务：

——宣传科学发展观，重点宣传我国人口众多、资源有限、人均占有资源远低于世界平均水平的基本国情，使未成年人从小树立人与自然和谐相处和可持续发展的意识。

——完善基础教育阶段的科学教育，提高学校科学教育质量，使中小学生掌握必要和基本的科学知识与技能，体验科学探究活动的过程与方法，培养良好的科学态度、情感与价值观，发展初步的科学探究能力，增强创新意识和实践能力。

——普及农村义务教育，切实提高农村中小学科学教育质量。为农村未成年人提供更多参与科普活动的机会，培养改善生存状况、提高生活质量和自我发展的能力。

——开展多种形式的科普活动和社会实践，增强未成年人对科学技术的兴趣和爱好，初步认识科学的本质以及科学技术与社会的关系，培养社会责任感以及交流合作、综合运用知识解决问题的能力。

措施：

——通过实施新世纪素质教育工程，推进新科学课程的全面实施。针对不同年龄段学生特点，注重课程的综合性与连贯性；开展学龄前科学启蒙教育，采取有效措施，积极推广义务教育阶段综合性科学课程，逐步推进高中科学课程改革；深化中小学科学课程教材、教学内容和教学方法改革，充分发挥现代教育技术的作用，改革科学教育评价制度，定期监测科学教育质量。

——提高农村未成年人科学教育水平和质量。结合农村实际，加强农村中小学现代远程教育的科学教育资源建设，发展针对农村校外未成年人的非正规教育，开展生活能力和生产技能培训等科普活动。

——开展课外科技活动，引导未成年人增强创新意识和实践能力。普及保护生态环境、节约资源能源、心理生理健康、安全避险等知识。加强"珍爱生命、远离毒品"和崇尚科学文明、反对愚昧迷信的宣传教育。发挥未成年人在家庭和社区科普宣传中对成年人的独特影响作用。

——通过"大手拉小手科技传播行动"、科技专家进校园（社区、科普基地）、中学生进科研院所（实验室）等活动，组织科技工作者与未成年人开展面对面的科普活动。

——提高母亲的科学素质，重视家庭教育在提高未成年人科学素质中的重要作用。

——新闻出版、广播电视、文化等机构和团体加大面向未成年人的科技传播力度，用优秀、有益、生动的科普作品吸引未成年人，为未成年人的健康成长营造良好的舆论环境。

——整合校外科学教育资源，建立校外科技活动场所与学校科学课程相衔接的有效机制。利用科技类博物馆、科研院所等科普教育基地和青少年科技教育基地的教育资源，为提高未成年人科学素质服务；加强现有青少年宫、儿童活动中心等综合性未成年人校外活动场所的科普教育功能，在有条件的地区建设青少年科技活动中心等专门的科普活动场所。发挥社区教育在未成年人校外教育中的作用。

（二）农民科学素质行动。

任务：

——面向农民宣传科学发展观，重点开展保护生态环境、节约水资源、保护耕地、防灾减灾，倡导健康卫生、移风易俗和反对愚昧迷信、陈规陋习等内容的宣传教育，促进在广大农村形成讲科学、爱科学、学科学、用科学的良好风尚，促进社会主义新农村建设。

——围绕科学生产和增效增收，激发广大农民参与科学素质建设的积极性，增强科技意识，提高获取科技知识和依靠科技脱贫致富、发展生产和改善生活质量的能力，并将推广实用技术与提高农民科学素质结合起来，着力培养有文化、懂技术、会经营的新型农民。

——提高农村富余劳动力向非农产业和城镇转移就业的能力。

——提高农村妇女及西部欠发达地区、民族地区、贫困地区、革命老区农民的科学文化素质。

措施：

——逐步建立内容丰富、形式多样、适应需求的农村科学教育、宣传和培训体系。制定《农民科技教育培训体系建设规划》和《中国农民科学素质教育大纲》，指导面向农民的各类科学教育活动。

——大力开展农民科技培训。结合实施全国农村党员干部现代远程教育、农村党员基层干部适用技术和市场经济知识培训计划、绿色证书工程、星火科技培训专项行动、双学双比、巾帼科技致富工程等，开展针对性强、务实有效、通俗易懂的农业科技培训，多渠道加大培训力度。使参加绿色证书培训达 1000 万人；重点培育 100 万个科技示范户，辐射带动 2000 万个农户。发挥好农业广播电视学校、农村成人文化技术学校、农村致富技术函授大学、农业科教与网络联盟、有关大中专院校和其他农村成人教育机构在农村科技培训中的作用。

——广泛开展各种形式的科技下乡和群众性、社会性、经常性科普活动。深入开展文化科技卫生"三下乡"、科技活动周、全国科普日等活动，总结推广科技特派员、科技入户、科技 110、科普之冬（春）、科普大集、专家大院、科技咨询服务站、科技大王下乡、科教兴村等行之有效的做法，探索科技人员与农民互动的科技咨询服务长效机制。

——开展农村科技、科普示范活动，建立和完善示范体系。深入开展全国科技进步示范市（县、区）和全国科普示范县（市、区）、乡（镇）、村、户等建设活动，大力发展科技、科普示范基地，发挥好它们的示范作用。

——开展农村富余劳动力转移就业科技培训。建立健全农村劳动力转移培训机制，按照《2003—2010 年全国农民工培训规划》要求，积极开展农民工的引导性培训、职业技能培训和岗位培训。

——建立健全农村科技教育、传播与普及服务组织网络和人才队伍。发展农业技术推广机构、农村基层科普组织和农民合作经济组织，重点扶持 1 万个农村专业技术协会。组织专家咨询服务和志愿者队伍，形成动员科技人员为"三农"服务的有效机制；培养农民技术员队伍，提高农村实用人才的学习能力、实践能力和传播能力。

——加强农村基层科普能力建设。依托农村中小学、村党员活动室、农村成人文化技术学校、文化站和有条件的乡镇企业、农村专业技术协会等农民合作组织，发展乡村科普活动场所。推动乡村科普橱窗、宣传栏等建设，开发和充实适应需求、富有特色的展示教育内容。加强民族地区科普工作队建设，提高西部地区特别是边疆民族地区基层的科普能力。

（三）城镇劳动人口科学素质行动。

任务：

——在广大城镇宣传科学发展观，重点倡导和普及节约资源、保护环境、节能降耗、安全生产、健康生活等观念和知识，促进经济增长方式的转变和科学文明健康生活方式的形成。

——围绕走新型工业化道路和发展现代服务业的需求，以学习能力、职业技能和技术创新能力为重点，提高第二、第三产业从业人员科学素质，更好地适应经济社会和自身发展的要求。

——围绕城镇化进程的要求，提高进城务工人员的职业技能水平和适应城市生活的能力。

——提高失业人员的就业能力、创业能力和适应职业变化的能力。

措施：

——加强对劳动者科技教育培训的宏观管理，进行专门的规划、组织和监督实施。统筹协调各相关部门的关系，合理分工、加强合作。

——将劳动人口应具备的基本科学素质内容纳入各级各类职业教育和成人教育的课程内容和培训教材，将有关科学素质的要求纳入国家职业标准，作为各类职业培训、考核和鉴定的内容。

——开展各种形式的劳动预备制培训、再就业培训、创业培训、农民工培训和各类从业人员的在岗培训和继续教育。城镇职工在职培训达到 2.5 亿人次，失业人员再就业培训 1500 万人，农民工培训 2 亿人。使新增劳动力接受劳动预备制培训的比例由目前的 70％提高到 90％。

——在企业广泛开展科普宣传、技能培训和创建学习型组织、争做知识型职工等活动，着力加强科学方法、科学思想和科学精神教育，提高职工的科学文化素质。鼓励群众性技术创新和发明活动。充分发挥企业科协、职工技协、研发中心等组织和机构的作用。

——建立企业事业单位从业人员带薪学习制度，鼓励职工在职学习，形成用人单位和从业人员共同投资职业培训的机制。在职业培训中，加大有关科学知识的内容。

——优化整合各种教育培训资源，实现资源共享，形成广覆盖、多层次的教育培训网络，为劳动者提高科学素质提供更多机会和途径。

——以城镇社区为依托，通过社区科普活动室、科普学校、科普画廊等机构和设施，开展多种形式的科普宣传，建设学习型社区，发挥社区在提高劳动者科学素质方面的作用。

（四）领导干部和公务员科学素质行动。

任务：

——在面向领导干部普及科学技术知识的同时，突出弘扬科学精神，提倡科学态度，讲究科学方法，增强领导干部贯彻落实科学发展观的自觉性和科学决策的能力。

——围绕贯彻落实科学发展观和建设学习型机关，调动公务员提高自身科学素质的积极性和主动性，增强终身学习和科学管理的能力。

措施：

——将提高科学素质列为公务员和事业单位、国有企业负责人培训教育规划和相关计划的重要内容。

——各级机关在创建学习型机关中，其学习培训制度应体现提高领导干部和公务员科学素质的要求。

——各级行政院校和干部学院将提高学员科学素质列入教学计划，采取切实措施加以落实。

——举办讲座、报告会等科普活动，编辑出版相关的科普读物，向领导干部和公务员介绍现代科技知识及发展趋势，传播科学思想、科学方法、科学精神。组织公务员参与科普活动。

——报刊、电台、电视台和各级政府网站创办有关提高领导干部和公务员科学素质的栏目和节目。

——在公务员录用考试大纲及题库中，列入与科学素质要求有关的具体内容。

四、基础工程

配合上述行动计划，"十一五"期间重点实施以下基础工程：

（一）科学教育与培训基础工程。

任务：

——加强教师队伍建设，培养一支专兼结合、结构合理、素质优良、胜任各类科学教育与培训的教师队伍。

——加强教材建设，改革教学方法，形成适应不同对象需求、满足科学教育与培训要求的教材教法。

——加强教学基础设施建设，充分利用现有的教育培训场所、基地，配备必要的教学仪器和设备，为开展科学教育与培训提供基础条件支持。

措施：

——加强中小学科学教育教师队伍建设。采取多种途径，开展中小学和农村成人文化技术学校科学教育教师培训工作，尤其重视县以下中小学科学教育教师的培训，提高学历层次和实施科学教育的能力和水平。鼓励师范院校设置科学教育专业，培养具有较高专业水平和职业能力的科学教育教师。

——建立科技界和教育界合作推动科学教育发展的有效机制。动员组织高等院校、科研院所的科技专家参与中小学科学课程教材建设、教学方法改革和科学教师培训。

——加强科学教育与培训志愿者队伍建设。发挥老科技工作者协会、老教授协会的作用，动员组织离退休科技工作者、教育工作者、公务员和企业事业单位管理者参与科学教育与培训。发展青少年科技辅导员队伍，提高辅导员的素质和能力。

——加强科学教育研究，按照普及性、基础性、发展性的要求，促进科学课程的完善与发展，更新课程内容，提高中小学科学课程的教材质量，改进教学方法。以创新意识和实践能力的培养为重点，促进学习方式的变革。

——加强职业教育、成人教育和各类培训中科学教育的教材建设。根据农民、城镇劳动人口、领导干部和公务员的特点和需求，以科学发展观、先进适用技术、职业技能、现代科技知识为主要内容编写教材。重视少数民族文字的教材编写和音像类教材的开发制作。

——加强中小学特别是农村中小学科学教育基础设施建设。根据科学课程的需要，建立健全实验室、图书室，充实实验仪器、教具、音像设备、计算机等教学器材，并面向社会提供服务。

——增强行政院校和干部学院，高等院校、科研院所，职业学校、函授学校、广播电视学校等机构的科学教育和培训功能。

——利用社会资源开展科学教育和培训。鼓励和支持科技馆等科普场馆、社区学校、成人文化技术学校等开展科学教育与培训。构建不同职业、不同工种、布局合理的职业技能培训基地。

（二）科普资源开发与共享工程。

任务：

——引导、鼓励和支持科普产品和信息资源的开发，繁荣科普创作。围绕宣传落实科学发展观，创作出一批紧扣时代发展脉搏、适应市场需求、公众喜闻乐见的优秀作品，并推向国际市场，改变目前科普作品"单向引进"的局面。

——集成国内外科普信息资源，建立全国科普信息资源共享和交流平台，为社会和公众提供资源支持和公共科普服务。

措施：

——建立有效激励机制，促进原创性科普作品的创作。以评奖、作品征集等方式，加大对优秀原创科普作品的扶持、奖励力度，吸引和鼓励社会各界参与科普作品创作；调动科技工作者科普创作的积极性，把科普作品纳入业绩考核范围；建立将科学技术研究开发的新成果及时转化为科学教育、传播与普及资源的机制；鼓励和支持科普创作、科技传播专业团体发挥作用；制定优惠政策和相关规范，鼓励和吸引更多社会力量参与科普资源开发。

——加强合作与交流。推动科普、科技、教育、传媒界的有效合作，引进国外优秀作品，借鉴国际先进创作理念和方法，促进我国科普创作整体水平的提高。

——集成国内外现有科普图书、期刊、挂图、音像制品、展教品、文艺作品以及图片、科普志愿者等各类科普信息，建成数字化科普信息资源库和共享交流平台，通过互联网为社会和公众提供资源支持和公共科普服务。

——开展优秀科普作品的推介、展演、展映、展播和展示活动，扩大科普信息资源的共享范围。针对公众生产生活的实际需求，组织编制简明生动的科普资料，以公众易于获得的方式送达基层。

——制定相关法规、规章和标准，充分保护知识产权，创造公共科普信息资源公平使用的法制环境。

（三）大众传媒科技传播能力建设工程。

任务：

——加大各类媒体的科技传播力度。电视台、广播电台科技节目的播出时间，各类科普出版物的品种和发行量，综合性报纸科技专栏的数目和版面，科普网站和门户网站的科技专栏等大幅度增加。

——打造科技传播媒体品牌。提高科技频道、专栏制作传播质量，培育一批读者量大、知名度高的综合性报纸科技专栏、专版和科普图书、报刊、音像制品、电子出版物，形成一批在业内有一定规模和影响力的科普出版机构。

——发挥互联网等新型媒体的科技传播功能，培育、扶持若干对网民有较强吸引力的品牌科普网站和虚拟博物馆、科技馆。

措施：

——鼓励、支持"科技博览"、"科技之光"、"科普大篷车"等电视科技栏目进一步提高质量，使其成为有广泛影响的媒体精品。择优扶持若干有特色、覆盖率高的知名科普网站。

——制定优惠政策和相关规范，积极培育市场，推动科普文化产业发展。

——建立与市场、公众需求相适应的管理体制与运行机制，树立以消费者为中心的经营理念。引进现代营销模式与先进编创技术，注重市场调研，提高播出和编辑出版质量。

——建立与市场经济相适应的科普出版物发行渠道，加强网点建设，大力扶持科普出版物在农村和边远地区、民族地区的发行工作。

——提高各类媒体对公共卫生事件和重大自然灾害等突发事件的反应能力，指导公众以科学的行为和方式应对突发事件。

——研究开发网络科普的新技术和新形式。开辟具有实时、动态、交互等特点的网络科普新途径，开发一批内容健康、形式活泼的科普教育、游戏软件。

（四）科普基础设施工程。

任务：

——拓展和完善现有基础设施的科普教育功能。对现有科普设施进行机制改革和更新改造，充实内容、改进服务、激发活力，满足公众参与科普活动的需求。整合利用社会相关资源，充分发挥科研基础设施的资源优势，发展青少年科技教育基地和科普教育基地。

——多渠道筹集资金，在充分研究论证的前提下，新建一批科技馆、自然博物馆等科技类博物馆。各直辖市和省会城市、自治区首府至少拥有 1 座大中型科技馆，城区常住人口 100 万人以上的大城市至少拥有 1 座科技类博物馆，全国科技类博物馆的接待能力有显著增长。

——发展基层科普设施。在城乡社区建设科普画廊、科普活动室、运用网络进行远程科普宣传教育的终端设备等设施；增强综合性未成年人校外活动场所的科普教育功能，有条件的市（地）和县（市、区）可建设科技馆等专门科普场馆；在一些市（州、盟和县）配备科普大篷车，以"流动科技馆"的形式为城乡社区、学校特别是贫困、边远地区提供科普服务。

措施：

——突出社会公益性，加强对科普基础设施建设的宏观指导。制定科普设施的发展规划、建设标准、认定办法和管理条例，规范科普设施的建设与管理。

——科普基础设施建设纳入国民经济和社会事业发展总体规划及基本建设计划，加大对公益性科普设施建设和运行经费的公共投入。

——对科普教育功能薄弱的设施进行更新改造，完善基层科普设施的功能；引进和开发适应公众需求的活动项目，创新活动方式，增强吸引力，提高管理水平和服务质量。增强社区科普设施为老年人服务的功能，为他们老有所学、老有所乐、老有所为提供条件和机会。落实科普场馆对未成年人和老年人的优惠措施。

——鼓励社会力量参与科普基础设施建设。落实有关优惠政策，鼓励社会各界对公益性科普设施建设提供捐赠、资助；吸引境内外资本投资兴建和参与经营科普场馆；鼓励有条件的企业事业单位根据自身特点建立专业科普场馆；落实有关鼓励科普事业发展的税收优惠政策，鼓励社会力量参与科普基础设施建设。

——国家级青少年科技教育基地和科普教育基地总数由目前的 300 余座增加至 500 座，省部级青少年科技教育基地和科普教育基地总数由目前的 1000 余座增加至 2000 座，定期对公众免费或优惠开放。有条件的科研院所、高等院校、自然科学和社会科学类团体向公众开放实验室、陈列室和其他场地设施；鼓励高新技术企业对公众开放研发机构和生产车间。

——培育科普展览、展品市场，推动设计制作社会化；制定技术规范和设计制作机构的资质认定办法；择优扶持一批设计制作机构，提高设计制作水平。

五、保障条件

（一）政策法规。

完善有关公民科学素质建设的政策法规，明确政府、社会组织、企业及公民个人在公民科学素质建设中的责任、权利和义务。根据形势发展需要，对现有政策法规进行修订、补充和调整。

——在国民经济和社会发展计划和有关科学技术教育、传播与普及的法律法规中，体现公民科学素质建设的目标和要求。

——制定《中华人民共和国科学技术普及法》实施细则。

——制定鼓励和吸引境内外机构、个人独资或合作兴办科学技术教育、传播与普及机构的政策。

——制定表彰和奖励政策。

（二）经费投入。

采取多种措施，加大政府和社会投入，形成多渠道投入机制，为《科学素质纲要》的实施提供资金保障。

——加大财政保障力度。切实执行《中华人民共和国教育法》和《中华人民共和国科学技术普及法》的有关规定，各级政府根据财力情况和公民科学素质建设发展的实际需要，逐步提高教育、科普经费的增长速度，并将科普经费列入同级财政预算，保障《科学素质纲要》的顺利实施。中央财政根据财力状况，逐步加大对地方的转移支付力度。各级政府要从中央财政的财力性转移支付资金中安排一定的经费用于公民科学素质建设。

——落实各相关部门实施经费。各有关部门、事业单位和人民团体根据承担的《科学素质纲要》实施任务，按照国家预算管理的规定和现行资金渠道，统筹考虑和落实所需经费。

——鼓励捐赠，广辟社会资金投入渠道。进一步完善捐赠公益性科普事业个人所得税减免政策和相关实施办法，广泛吸纳境内外机构、个人的资金支持公民科学素质建设。

（三）队伍建设。

培养专业化人才，发掘兼职人才，建立志愿者队伍，加强理论研究，为公民科学素质建设提供人才保障和智力支撑。

——开展多种形式的培训和进修活动，加强业务学习，全面提升在职科学技术教育、传播与普及人员的科学素质和业务水平。

——通过高等院校和有关研究机构培养大批科学技术传播与普及专门人才；改革文博专业课程内容，为不同类型科普场馆培养适应性广泛的专业人才。

——建立有效机制和相应激励措施，充分调动在职科技工作者、大学生、研究生和离退休科技、教育、传媒工作者等各界人士参加公民科学素质建设的积极性，发挥他们的专业和技术特长，形成一支规模宏大、素质较高的兼职人才队伍和志愿者队伍。对在公民科学素质建设中作出重要贡献的个人和组织予以表彰和奖励。

——增强科技界的责任感，支持科技专家主动参与科学教育、传播与普及，促进科学前沿知识的传播。

——开展公民科学素质建设理论研究，加强国内外学术交流，把握基本规律和国际发展趋势，为公民科学素质建设的实践提供指导。

六、组织实施

（一）组织领导。

——国务院负责领导《科学素质纲要》的实施工作，成立《科学素质纲要》实施领导小组，进行统一动员部署和检查监督。各有关部门、事业单位和人民团体按照《科学素质纲要》的要求，将有关任务纳入相应工作规划和计划，充分履行相关工作职责，发挥各自优势，密切配合，形成合力，切实推进公民科学素质建设。

——地方各级政府将公民科学素质建设纳入当地国民经济和社会发展的总体计划，将《科学素质纲要》的实施纳入政府的议事日程，纳入业绩考核。

——建立和完善实施《科学素质纲要》的工作机制。《科学素质纲要》实施领导小组办公室设在中国科学技术协会，承担领导小组的日常工作，并定期向领导小组汇报。

（二）监测评估。

——制定《中国公民科学素质基准》。根据社会主义现代化建设的战略目标，结合我国国情，借鉴国外相关经验和成果，围绕公民生活和工作的实际需求，提出公民应具备的基本科学素质内容，为公民提高自身科学素质提供衡量尺度和指导，并为《科学素质纲要》的实施和监测评估提供依据。

——建立公民科学素质状况和《科学素质纲要》实施的监测指标体系，并纳入国家社会发展指标体系。

——委托有关监测评估机构对公民科学素质状况和《科学素质纲要》实施情况进行监测评估，并提出相应对策和建议。

参 考 文 献

［1］胡锦涛．坚持走中国特色自主创新道路 为建设创新型国家而努力奋斗——在全国科学技术大会上的讲话［EB/OL］．［2006 - 01 - 09］．http：//news. xinhuanet. com/st/2006 - 01/09/content _ 4030855. html.

［2］胡锦涛．在纪念中国科协成立 50 周年大会上的讲话［EB/OL］．［2008 - 12 - 15］．http：//news. xinhuanet. com/newscenter/2008 - 12/15/content _ 10509648. html.

［3］胡锦涛．在中国科学院第十五次院士大会、中国工程院第十次院士大会上的讲话［EB/OL］．［2010 - 06 - 07］．http：//www. gov. cn/ldhd/2010 - 06/07/content _ 1622343. html.

［4］中共中央关于深化文化体制改革、推动社会主义文化大发展大繁荣若干重大问题的决定［EB/OL］．［2011 - 10 - 25］．http：//news. xinhuanet. com/politics/2011 - 10/25/c _ 122197737. html.

［5］国家中长期科学和技术发展规划纲要（2006—2020 年）［EB/OL］．［2006 - 02 - 09］．http：//www. gov. cn/jrzg/2006 - 02/09/content _ 183787. html.

［6］国家统计局．2005 年全国 1‰人口抽样调查主要数据公报［EB/OL］．［2011 - 02 - 20］．http：//www. stats. gov. cn/tjgb/rkpcgb/qgrkpcgb/t20060316 _ 402310923. html.

［7］国家统计局．中华人民共和国 2010 年国民经济和社会发展统计公报［EB/OL］．［2011 - 02 - 28］．http：//www. stats. gov. cn/tjgb/ndtjgb/qgndtjgb/t20110228 _ 402705692. html.

［8］国务院办公厅印发《全民科学素质行动计划纲要实施方案（2011—2015）》［EB/OL］．［2011 - 07 - 04］．http：//www. cast. org. cn/n35081/n35668/n35743/n36659/n39195/13079119. html.

［9］科学技术部政策法规司，中国科学技术信息研究所．全国科普统计培训教材［EB/OL］．［2011 - 03］．http：//www. istic. ac. cn/Portals/0/documents/sgdt/附件 4：2010 年度科普统计培训教材 . doc.

［10］全民科学素质行动计划纲要（2006—2010—2020 年）［EB/OL］．［2006 - 03 - 20］．http：//www. gov. cn/jrzg/2006 - 03/20/content _ 231502. html.

［11］中华人民共和国国民经济和社会发展第十二个五年规划纲要［EB/OL］．［2011 - 03 - 16］．http：//www. gov. cn/2011lh/content _ 1825838. html.

［12］全民科学素质行动计划制定工作领导小组办公室．全民科学素质行动计划课题研究论文集［C］．北京：科学普及出版社，2005.

［13］全民科学素质纲要实施办公室，中国科普研究所．2009 全民科学素质行动计划纲要年

报——中国科普报告［M］.北京：科学普及出版社，2009.

［14］全民科学素质纲要实施办公室，中国科普研究所.2010全民科学素质行动计划纲要年报——中国科普报告［M］.北京：科学普及出版社，2010.

［15］中国科普研究所.中国科普报告（2007）［M］.北京：科学普及出版社.2007.

［16］中国科普研究所.中国科普报告（2008）［M］.北京：科学普及出版社.2008.

［17］中国科普研究所《中国科普效果研究》课题组.科普效果评估理论和方法［M］.北京：社会科学文献出版社，2003.

［18］中国科学技术部.2010中国科普统计［M］.北京：中国统计出版社，2010.

［19］［美］埃弗雷特·M·罗杰斯.创新的扩散［M］.辛欣，译.北京：中央编译出版社，2002.

［20］［美］希拉·贾撒诺夫，等.科学技术论手册［C］.盛晓明，等，译.北京：北京理工大学出版社，2004.

［21］［美］美国科学促进协会.科学素养的基准［M］.中国科学技术协会，译.北京：科学普及出版社，2001.

［22］［美］施拉姆，波特.传播学概论［M］.陈亮，等，译.北京：新华出版社，1984.

［23］［英］J.D.贝尔纳.科学的社会功能［M］.陈体芳，译.北京：商务印书馆，1982.

［24］［英］李约瑟.中国古代科学思想史［M］.陈立夫，译.南昌：江西人民出版社，2001.

［25］［英］柯林·罗南.中华科学文明史（卷一）［M］.上海交通大学科学史系，译.上海：上海人民出版社，2001.

［26］［英］亚·沃尔夫.十八世纪科学、技术和哲学史［M］.周昌忠，等，译.北京：商务印书馆，1997.

［27］［英］英国皇家学会.公众理解科学［M］.唐英英，译.北京：北京理工大学出版社，2004.

［28］［英］英国上议院科学技术特别委员会.科学与社会［M］.张卜天，张东林，译.北京：北京理工大学出版社，2004.

［29］［德］迈诺尔夫·迪克尔斯等主编.在理解与信赖之间：公众、科学与技术［C］.田松，等，译.北京：北京理工大学出版社，2006.

［30］［德］马尔库斯·加布里尔.2005爱因斯坦年评估报告［M］.王保华，译.北京：科学普及出版社，2008.

［31］樊春良.全球化时代的科技政策［M］.北京：北京理工大学出版社，2005.

［32］郭庆光.传播学教程［M］.北京：中国人民大学出版社，1999.

［33］郭治.科技传播学引论［M］.天津：天津科技翻译出版公司，1996.

［34］华林，梅杨编译.二十世纪科学技术的进展［M］.北京：科学普及出版社，1981.

［35］黄时进.科学传播导论［M］.上海：华东理工大学出版社，2010.

［36］科学技术普及概论编写组.科学技术普及概论［M］.北京：科学普及出版社，2002.

［37］刘光磊.网络传播导论［M］.北京：经济日报出版社，2001.

［38］刘华杰.科学传播读本［C］.上海：上海交通大学出版社，2007.

[39] 任福君，陈玲，等．中国科普研究进展报告（2002—2007）［M］．北京：科学普及出版社．2009.

[40] 任福君，保罗·库尔茨．提升科学精神与建设和谐社会（论文集）［C］．北京：中国科学技术出版社，2010.

[41] 任福君，等．中国科普基础设施发展报告（2009）［M］．北京：社会科学文献出版社，2010.

[42] 任福君，等．中国公民科学素质报告（第一辑）［M］．北京：科学普及出版社，2010.

[43] 任福君，等．中国公民科学素质报告——第八次中国公民科学素养调查［M］．北京：科学普及出版社，2011.

[44] 任福君，等．中国科普基础设施发展报告（2010）［M］．北京：社会科学文献出版社，2011.

[45] 任福君，翟杰全．科技传播与普及概论［M］．北京：中国科学技术出版社，2012.

[46] 孙宝寅．科技传播研究［C］．北京：清华大学出版社，1996.

[47] 孙宝寅．科技传播导论［M］．北京：清华大学出版社，1997.

[48] 王伦信，等．中国近代民众科普史［M］．北京：科学普及出版社，2007.

[49] 杨文志，任福君，等．全民科学素质行动发展报告（2006—2010）［M］．北京：科学普及出版社，2011.

[50] 袁清林．科普学概论［M］．北京：中国科学技术出版社，2002.

[51] 曾国屏，刘立．科技传播普及与公民科学素质建设的理论实践［C］．呼和浩特：内蒙古人民出版社，2007.

[52] 翟杰全．让科技跨越时空：科技传播与科技传播学［M］．北京：北京理工大学出版社，2002.

[53] 翟杰全．技术的转移与扩散：技术传播与企业技术传播［M］．北京：北京理工大学出版社，2009.

[54] 张义芳．科普评估理论初探与案例指南［M］．北京：科学技术文献出版社，2004.

[55] 张正伦．中国公众的科学技术素养［M］．北京：中国科学技术出版社，1991.

[56] 张仲梁．中国公众对科学技术的态度［M］．北京：中国科学技术出版社，1991.

[57] 郑念．科普效果评估研究案例［M］．北京：中国科学技术出版社，2005.

[58] 周寄中，梁捷．科技教育谈［M］．北京：科学出版社，1992.

[59] 周孟璞，松鹰．科普学［M］．成都：四川科学技术出版社，2007.

[60] 任福君，张晓梅，等．全国少数民族科普状况调查报告［R］．中国科普研究所，2007.

[61] 任福君，郑念，等．科普资源调查总报告［R］．中国科普研究所，2007.

[62] 任福君，等．科普资源建设的理论与实践研究总报告［R］．中国科普研究所，2008.

[63] 任福君，周建强，张义忠，等．科普产业发展"十二五"规划研究报告［R］．中国科学技术协会，2010.

[64] 任福君，张志敏，等．全国科普日北京主场活动评估报告（2007 - 2010）［R］．中国科普研究所，2011.

[65] 任福君，谢小军，等．科普资源理论与实践研究总报告［R］．中国科普研究所，2011.

[66] 郑念．科普资源建设的基础理论研究报告［R］．中国科普研究所，2007.

[67] ［美］简·贝德诺，爱德华·贝德诺．博物馆展览：过去与未来［J］．宋向光，译．中国博物馆通讯，2000（5）：18～21.

[68] ［澳大利亚］T. W. 伯恩斯，D. J. 奥康纳，S. M. 斯托克麦耶．科学传播的一种当代定义［J］．李曦，译．科普研究，2007（6）：19～33.

[69] 程东红．关于科学素质概念的几点讨论［J］．科普研究，2007（3）：5～10.

[70] 程东红．科普——可持续发展的重要支柱［J］．科学决策，2005（9）：25.

[71] 侯强，刘兵．科学传播的媒体转向［J］．科学对社会的影响，2003（4）：45～49.

[72] 江兵，耿江波，周建强．科普产业生态模型研究［J］．中国科技论坛，2009（11）：43～47.

[73] 劳汉生．我国科普文化产业发展战略框架研究［J］．科学学研究，2005（2）：213～219.

[74] 李大光．中国科普研究历史回顾［J］．科普研究，2008（4）：15～21.

[75] 李大光．科学素养：不同的概念和内容［J］．科学对社会的影响，2000（1）：45～49.

[76] 李大光．"公众理解科学"进入中国15年回顾与思考［J］．科普研究，2006（1）：24～32.

[77] 李大光．中国公众科学素养研究20年［J］．科技导报，2009（7）：104～105.

[78] 李红林，曾国屏．米勒体系的结构演变及其理念解析［J］．科普研究，2010（2）：11～17.

[79] 李健民，刘小玲，张仁开．国外科普场馆的运行机制对中国的启示和借鉴意义［J］．科普研究，2009（3）：23～29.

[80] 李正伟，刘兵．公众理解科学的理论研究：约翰·杜兰特的缺失模型［J］．科学对社会的影响，2003（3）：12～15.

[81] 李正伟，刘兵．对英国有关"公众理解科学"的三份重要报告的简要考察与分析［J］．自然辩证法研究，2003（5）：70～74.

[82] 林坚．科技传播的结构和模式探析［J］．科学技术与辩证法，2001（4）：49～53.

[83] 刘兵，侯强．科学传播中的议程设置［J］．科技导报，2005（10）：76～78.

[84] 刘兵，侯强．国内科学传播研究：理论与问题［J］．自然辩证法研究，2004（5）：80～85.

[85] 刘兵，江洋．日本公众理解科学实践的一个案例：关于"转基因农作物"的"共识会议"［J］．科普研究，2006（1）：41～46.

[86] 刘兵，李正伟．布赖恩·温的公众理解科学理论研究：内省模型［J］．科学学研究，2003（6）：581～585.

[87] 刘华杰．科学传播的三种模型与三个阶段［J］．科普研究，2009（2）：10～18.

[88] 刘华杰．科学传播的四个典型模型［J］．博览群书，2007（10）：32～35.

[89] 刘华杰．论科普的立场与科学传播的信条［J］．自然辩证法研究，2004（8）：76～80.

[90] 刘华杰．整合两大传统：兼谈我们所理解的科学传播［J］．南京社会科学，2002（10）：

15～20.

[91] 刘锦春. 公众理解科学的新模式：欧洲共识会议的起源及研究 [M]. 自然辩证法研究，2007（2）：84～88.

[92] 刘立，常静. 中国科普政策及科普政策文化初探 [J]. 河池学院学报，2010（4）：1～5.

[93] 刘为民. 试论"科普"的源流发展及其接受主体 [J]. 科学学研究，2000（1）：75～78.

[94] 刘小毛. 中央苏区科普工作特点及其启示 [J]. 党史文苑（学术版），2008（24）：13～14.

[95] 刘彦君，等. 英国科学节效果评估模式分析及思考 [J]. 科普研究，2010（2）：60～66.

[96] 莫扬，甘晓. 中美科技类博物馆科学传播的若干对比研究 [J]. 自然辩证法研究，2011（3）：89～95.

[97] 莫扬. 我国科普资源共享发展战略研究 [J]. 科普研究，2010（1）：12～16.

[98] 莫扬. 我国科技馆建设理念发展研究 [J]. 社会科学研究，2009（6）：188～190.

[99] 莫扬，孙昊牧，曾琴. 科普资源共享基础理论问题初探 [J]. 科普研究，2008（5）：23～28.

[100] 彭炳忠. 论科学精神 [J]. 自然辩证法研究，1998（10）：25～29.

[101] 任定成.《全民科学素质行动计划纲要》解读 [J]. 科普研究，2006（1）：19～23.

[102] 任定成. 公共科学服务体系的框架 [J]. 科普研究，2007（4）：11～12.

[103] 任福君. 加强科普资源建设，提高全民科学素质 [J]. 科技中国，2006（10）：46～47.

[104] 任福君. 关于科技资源科普化的思考 [J]. 科普研究，2009（3）：60～65.

[105] 任福君，翟杰全. 我国科普的新发展和需要深化研究的重要课题 [J]. 科普研究，2011（5）：8～17.

[106] 任福君，张义忠，刘萱. 科普产业发展若干问题研究 [J]. 科普研究，2011（3）：5～13.

[107] 任福君. 搭建科普研究资源平台，促进科普事业发展 [J]. 科普研究，2006（3）：8～13.

[108] 任福君."公共科学服务体系"建设的理论研究框架设想 [J]. 科普研究，2007（4）：13～14.

[109] 任福君，张晓梅. 我国少数民族地区科普状况调查研究初探 [J]. 科普研究，2008，1（12）：36～43.

[110] 石顺科. 英文"科普"称谓探识 [J]. 科普研究，2007（4）：63～66.

[111] 谭超. 大型科普活动前期宣传效果评估的探讨 [J]. 科普研究，2011（3）：81～83.

[112] 田德录，方衍.《科学素质纲要》实施的监测评估理论框架研究 [J]. 科普研究，2008（3）：18～23.

[113] 佟贺丰. 公众理解科学中的"公众"身份辨析 [J]. 科学技术与辩证法，2006（1）：97～98.

[114] 徐善衍. 科学文化的传播普及与国民素质 [J]. 自然辩证法研究，2005（12）：67～71.

[115] 徐善衍．关于我国公众科学技术普及的文化反思［J］．科普研究，2006（3）：5～7.

[116] 徐善衍．最有效的科学传播是适应需求服务——再谈公民科学服务体系建设［J］．科普研究，2007（4）：5～6.

[117] 徐善衍，雷润琴．试论公众理解科学在中国的理解与实践［J］．科普研究，2008（3）：9～13.

[118] 徐善衍．关于当代科普的人文思考［J］．科普研究，2010（3）：5～7.

[119] 尹霖，张平淡．科普资源的概念和内涵［J］．科普研究，2007（5）：34～41.

[120] 曾国屏．国家创新系统视野中的科学传播与普及［J］．科普研究，2006（1）：13～18.

[121] 曾国屏．关注科普与文化产业发展的结合［J］．新华文摘，2007（10）：122.

[122] 曾国屏．公共文化服务体系建设与公共科学服务体系建设的互动［J］．科普研究，2007（4）：6～7.

[123] 曾国屏，古荒．关于科普文化产业几个问题的思考［J］．科普研究，2010（1）：5～11.

[124] 翟杰全．中国传统科学：一个为反传播因素所阻滞的脆弱的知识系统［J］．社会科学，1991（8）：69～72.

[125] 翟杰全．古代中国的文化选择及其对科技发展的影响［J］．自然辩证法研究，1998（2）：51～55.

[126] 翟杰全．中国古代的文化选择与儒学的文化示范［J］．中州学刊，1999（4）：129～133.

[127] 翟杰全，郑爽．网络时代的科技传播［J］．北京理工大学学报（社会科学版），2000（3）：48～50.

[128] 翟杰全．构建面向知识经济的国家科技传播体系［J］．科研管理，2001，（1）：8～13.

[129] 翟杰全．国家科技传播体系内的知识交流研究［J］．科研管理，2002（2）：5～12.

[130] 翟杰全．科技传播事业建设与发展机制研究［J］．科学学研究，2002（2）：167～171.

[131] 翟杰全．科技传播事业的社会援助［J］．科学管理研究，2002（3）：27～30.

[132] 翟杰全．宏观科技传播研究：体制、政策与能力建设［J］．北京理工大学学报（社会科学版），2004（3）：22～25.

[133] 翟杰全，杨志坚．加速科技传播职业化进程［J］．北京理工大学学报（社会科学版），2004（5）：54～57.

[134] 翟杰全．科技公共传播的传播主体及其参与动机［J］．北京理工大学学报（社会科学版），2005（5）：13～16.

[135] 翟杰全．国家科技传播能力：影响因素与评价指标［J］．北京理工大学学报（社会科学版），2006（4）：3～6.

[136] 翟杰全．国内科技传播研究：三大方向与三大问题［J］．自然辩证法研究，2007（8）：68～71.

[137] 翟杰全，张丛丛．科技传播研究：“普及范式”和“创新范式”［J］．北京理工大学学报（社会科学版），2008（1）：9～11.

[138] 翟杰全．科技公共传播：知识普及、科学理解、公众参与［J］．北京理工大学学报（社会科学版），2008（6）：29～32.

[139] 翟杰全，杨恋洁，周小磊．科技类博物馆的科技传播［J］．北京理工大学学报（社会科学版），2012（1）：121～124.

[140] 张凤帆，李东松．我国科普评估体系探析［J］．中国科技论坛，2006（3）：69～73.

[141] 张晶．科普项目评估：理论模式、指标框架及相关问题研究［D］．中国科学技术信息研究所，2003.

[142] 张瑞山．欧洲公众理解科学的历史考察［J］．世界科学，2007（6）：41～43.

[143] 张晓芳．论 Miller 的 PUS 研究思路：热心公众理论—科学素养概念—公众科学素养测量［J］．科学学与科学技术管理，2003（11）：57 - 60.

[144] 张晓芳．PUS 研究的两种思路［J］．自然辩证法研究，2004（7）：55～60.

[145] 张义忠，汤书昆．我国公民科学素质建设的法律保障体系分析［J］．科普研究，2007（5）：14～18.

[146] 张玉玲．科学文化：当代中国科学传播的核心内容［J］．河南大学学报（自然科学版），2005（3）：123～126.

[147] 张增一．提升科学素质，促进经济发展方式转变［J］．科普研究，2011（1）：7～8.

[148] 张增一，李亚宁．科学素质概念的演变［J］．贵州社会科学，2008（8）：11～15.

[149] 张增一，李亚宁．把科技传播给公众：MIT 案例分析［J］．科普研究，2009（3）：5～11.

[150] 张志敏．科普展览巡展的社会效益评估指标体系研究［J］．科普研究，2010（6）：45～49.

[151] 郑念．我国科普人才队伍存在的问题及对策研究［J］．科普研究，2009（2）：19～29.

[152] 郑念．我国科普人才队伍发展的历程和取得的成绩［J］．科普研究，2009（4）：5～15.

[153] 郑念，张义忠，孟凡刚．实施科普人才队伍建设工程的理论思考［J］．科普研究，2011（3）：20～26.

[154] 郑念，廖红．科技馆常设展览科普效果评估初探［J］．科普研究，2007（1）：43～46.

[155] 郑念，张利梅．科普对经济增长贡献率的估算［J］．技术经济，2010（12）：102～106.

[156] 郑念．全国科技馆现状与发展对策研究［J］．科普研究，2010（6）：68～74.

[157] 郑念．重视科普工作，增强转变经济发展方式的内生动力［J］．科普研究，2011（1）：10.

[158] 郑念，杨光．简论经济增长方式转变与提高公民科学素质的关系［J］．科普研究，2010（2）：5～10.

[159] 朱效民．30 年来中国科普政策与科普研究［J］．中国科技论坛，2008（12）：9～13.

[160] 朱效民．建国以来我国科普发展的历史回顾［A］//刘华杰．科学传播读本［C］．上海：上海交通大学出版社，2007：45～58.

[161] 李伯聪．科学技术工程三元论［A］//"工程科技论坛"暨首届中国自然辩证法研究会

工程哲学委员会学术年会工程哲学与科学发展观论文集［C］，2004：24～26.

［162］刘立．我国公民科学素质的基本内涵与结构［A］//全民科学素质行动计划制定工作领导小组办公室．全民科学素质行动计划课题研究论文集［C］．北京：科学普及出版社，2005：29～58.

［163］刘立，刘玉仙．低碳概念在中国的传播与普及初探——对《人民日报》和《新民晚报》的计量分析［A］//任福君．中国科普理论与实践探索——2010《全民科学素质行动计划纲要》论坛暨第十七届全国科普理论研讨会［C］．北京：科学普及出版社，2010：212～222.

［164］任福君．关于科普资源研究的思考［A］//任福君．中国科普理论与实践探索——2008《全民科学素质行动计划纲要》论坛暨第十五届全国科普理论研讨会文集［C］．北京：科学普及出版社，2008：36～43.

［165］张锋．对我国"科普惠农兴村计划"效果评估的探索［A］//任福君．中国科普理论与实践探索——2010科普理论国际论坛暨第十七届全国科普理论研讨会论文集［C］．北京：科学普及出版社，2010：486～493.

［166］张志敏．对科普讲座开展评估的一般方法研究［A］//任福君．中国科普理论与实践探索——2008《全民科学素质行动计划纲要》论坛暨第十五届全国科普理论研讨会文集［C］．北京：科学普及出版社，2008：166～170.

［167］张志敏，雷绮虹．对大型科普活动进行综合评估的角度及相关探讨［A］//任福君．中国科普理论与实践探索——2009《全民科学素质行动计划纲要》论坛暨第十六届全国科普理论研讨会文集［C］．北京：科学普及出版社，2009：501～505.

［168］朱利荣．科普活动策划的要素研究［A］//任福君．中国科普理论与实践探索——2010科普理论国际论坛暨第十七届全国科普理论研讨会论文集［C］．北京：科学普及出版社，2010：252～257.

［169］边晓岚．关于我国自然科学类博物馆展览选题的前置性研究［D］．东北师范大学，2007.

［170］黄小勇．大型科普活动评估方法研究［D］．哈尔滨工业大学，2006.

［171］陈瑜．我国科普研究格局已初步形成［N］．科技日报，2010-05-17. http：//www.stdaily.com/kjrb/content/2010-05/17/content_187849.html.

［172］大众科技报．有益的探索 积极的贡献——中国科普研究所建所30周年巡礼［N］．大众科技报，2010-05-18. http://www.stdaily.com/other/dzkj/2010/0518/B1-1.html.

［173］李大光．对"公众理解科学"的理解［N］．中华读书报，2005-04-13.

［174］李大光．理解科学是否就能信赖科学［N］．中华读书报，2006-01-25.

［175］刘华杰．面对国家利益与民众需求的科学传播［N］．光明日报，2003-05-13.

［176］任福君，谢小军．应高度重视科普资源建设［N］．学习时报，2010-10-09.

［177］任福君，谢小军．发展科普产业的三个"不能忽视"［N］．学习时报，2011-02-21.

［178］任福君．新中国科普政策的简要回顾［N］．大众科技，2008-12-16.

［179］任福君，张义忠．科普人才的内涵亟需界定［N］．学习时报，2011-07-25.

［180］申振钰．中国科普历史考察（连载）［N］．大众科技报，2003－02－18～2003－03－20．

［181］申振钰．新中国迎来第二次科普高潮［N］．大众科技报，2003－06－12．

［182］吴国盛．从科学普及到科学传播［N］．科技日报，2000－09－22．

［183］吴国盛．科学传播与科学文化再思考［N］．中华读书报，2003－10－29．

［184］徐善衍．在"大科普"时代中探索［N］．大众科技报，2010－06－22．

［185］徐善衍．科学传播与普及的走向［N］．学习时报，2009－03－09．

［186］徐延豪．全民科普堵在哪里？［N］．光明日报，2011－09－26．

［187］尹传红．回眸中国科普研究三十年——访中国科普研究所所长任福君教授［N］．大众科技报，2010－5－18．http：//www.stdaily.com/other/dzkj/2010/0518/B2－1.html．

［188］尹传红．从科学普及局到中国科学技术协会（连载）［N］．大众科技报，2010－03－02～2010－04－20．

［189］翟杰全．论科技传播［N］．光明日报，1998－09－04．

［190］郑念．科普资源开发的几个理论问题［N］．大众科技报，2010－08－10．

［191］科普人才规划课题组（执笔人郑念）．实施科普人才工程服务经济社会发展［EB/OL］．［2010－10－12］．http：//www.cast.org.cn/n35081/n12030994/n12031026/12292344.html．

［192］任福君．第十三届中国科协年会系列访谈：科普人才的培养与发展［EB/OL］．［2011－09－16］．http：//www.cast.org.cn/n35081/n35623/index.html．

［193］Sir Arnold Wolfendale. Report of the Committee to Review the Contribution of Scientists and Engineers to Public Understanding of Science, Engineering and Technology［R］. London：Her Majesty's Stationary Office, 1995.［EB/OL］. http：//collections.europarchive.org/tna/20060215164354/http：//www.dti.gov.uk/ost/ostbusiness/puset/report.html．

［194］Research International. Science and the Public：Mapping Science Communication Activities［R］. London：1999［EB/OL］. http：//www.wellcome.ac.uk/stellent/groups/corporatesite/@msh_peda/documents/web_document/wtd003418.pdf．

［195］The Select Committee appointed to consider Science and Technology, House of Lords. Third Report：Science and Society［R］. London：2000.［EB/OL］. http：//www.publications.parliament.uk/pa/ld199900/ldselect/ldsctech/38/3805.html．

［196］Office of Science and Technology And Wellcome Trust. Science and the public：A review of science communication and public attitudes to science in Britain［R］. London：2000.［EB/OL］. http：//www.wellcome.ac.uk/stellent/groups/corporatesite/@msh_peda/documents/web_document/wtd003419.pdf．

［197］Donghong Cheng, Michel Claessens, Toss Gascoigne, Jenni Metcailf, Bernard Schiele, Shi Shunke. Communicating Science in Social Contexts：New models, new practices［C］. Springer Press, 2008．

［198］Gauhar Raza, REN Fujun, Hasan Jawaid khan, HE Wei. Constructing Culture of Science：Communication of Science in India and China［C］. A CSIR publication, 2011，09．

[199] Ren Fujun, Yin Lin, Li Honglin. Science Popularization Studies in China. Science Communication in the World [C]. Springer Press, 2012.

[200] T. W. Burns, D. J. O'Connor, S. M. Stocklmayer. Science communication: a contemporary definition [J]. Public Understanding of Science, 2003 (12): 183~202.

[201] Bruce V. Lewenstein. Models of public communication of science and technology [EB/OL]. Version: 16 June 2003. [2009 – 12 – 09]. http: www. dgdc. unam. mx/Assets/pdfs/sem _ feb04. pdf

[202] Walter E. Massey. Science Education in the United States : What the Scientific Community Can Do [J]. Science, 1989 (245): 915.

[203] Office of Science and Technology And Wellcome Trust. Science and the public: A review of science communication and public attitudes to science in Britain [J]. Public Understanding of Science, 2001 (10): 315~330.

[204] Ren Fujun, He Wei, Zhang Chao. Channels and Ways for Chinese Public to Obtain Information about Science and Technology [J]. PICMET' 08, 2008, Vol. 1 – 5: 2305~2311.

[205] Ren Fujun, Li Chaohui. Institutionalization and Infrastructure of Science popularization in China [A] // Gauhar Raza, REN Fujun, Hasan Jawaid khan, HE Wei. Constructing Culture of Science: Communication of Science in India and China [C]. 2011, 09: 67~84.

[206] Ren Fujun, Li Zhaohui, Zheng Nian. Study on Popularization of Science and Technology Infrastructure Development in China [J]. PICMET' 11, Vol. 1 – 5: 321~327.

[207] Ren Fujun, Zhang Xiaomei. Development Strategies of Science Popularization in the Minority Area of China [J]. PICMET' 09, Vol. 1 – 5: 230~237 2009.

[208] Ren Fujun, Zhang Zhimin. Analysis on Science Communication Effect of the Exhibition of China Adolescents Science & Technology Innovation Contest [J]. International Journal on Science on Hands, Volume 4, Number 1: 4~9, April 2011.

[209] D. Treise , M. Weigold. Advancing science communication: a survey of science communicators [J]. Science Communication , 2002 (3): 310~322.

[210] Danish – style, citizen – based deliberative consensus conferences on science & technology policy worldwide [EB/ OL]. http: //www. loka. org/TrackingConsensus. html.